KÖLN
Bibliothek

4

Emons

Brigitte und Fritz Bilz

Diesen Menschen hat man mir totgeschlagen

Briefe aus Gestapohaft und KZ

EMONS VERLAG

Gefördert aus Mitteln des
Nikolaus-Gülich-Fonds von Bündnis 90/Die Grünen
und der Hans **Böckler Stiftung** ■■

© Hermann-Josef Emons Verlag
Alle Rechte vorbehalten
Umschlaggestaltung: Atelier Schaller, Köln
Umschlaglithographie: Media Cologne GmbH, Köln
Druck und Bindung: Clausen & Bosse GmbH, Leck
Printed in Germany 1999
ISBN 3-89705-160-5

Helene Adams-Ballin, geb. Sälzer,
geb. am 7.12.1912

Gottfried Ballin,
geb. am 9.4.1914,
ermordet 1942 in Auschwitz

Inhalt

7 Einleitung

9 Gottfried Ballin – Helene Sälzer:
Zwei Lebensgeschichten

16 Briefe aus der Haft

185 Die SAPD in Köln

197 Anhang
Urteil des Sondergerichts Hamm vom 2.7.1935 (Faksimile)

Einleitung

Als wir uns in der Werkstatt für Ortsgeschichte Köln-Brück mit der Nazizeit befaßten, machte uns ein älterer Brücker mit Helene Adams-Ballin bekannt. Ihre Lebensgeschichte werde uns interessieren, meinte er.
Wir lernten eine ungewöhnliche Frau kennen. Klein, zierlich, hellwach und umtriebig lebt sie – inzwischen 87-jährig – in einem mit Büchern und Erinnerungen vollgestopften Häuschen in Rösrath und unterhält rege briefliche und telefonische Kontakte in alle Welt. Ihre lebhafte und offene Art nahm uns von der ersten Begegnung an gefangen. Als sie Vertrauen zu uns gefaßt hatte, erzählte sie uns ihre und Gottfried Ballins Geschichte. Es war eine Liebesgeschichte, die – geprägt von politischem Widerstand gegen die Nationalsozialisten – schließlich tragisch endete. Gottfried Ballin kämpfte in der SAP gegen den Nationalsozialismus, wurde wegen Hochverrats zu fünf Jahren Zuchthaus verurteilt und nach Absitzen dieser Strafe in Auschwitz ermordet, weil er Jude war.

Es ist eine Geschichte unter Millionen. Weil sie aber der Anonymität dieser unfaßbaren Zahl entrissen werden kann, muß sie geschrieben werden. Ein Einzelschicksal, in das man sich hineinversetzen kann, zeigt den Terror der Nationalsozialisten vielleicht anschaulicher, als es Zahlen und Statistiken vermögen.

Hinzu kommt, daß Helene Adams-Ballin die Briefe, die ihr Gottfried aus den verschiedenen Haftanstalten und den Konzentrationslagern schrieb, gerettet und uns zur Veröffentlichung anvertraut hat. Sie zeichnen auf sehr persönliche Art das Bild eines jungen Mannes aus einem wohlhabenden und kultivierten jüdischen Elternhaus in Köln. Seine Großeltern besaßen die Lengfeldsche Buchhandlung, die es heute noch gibt.

Die Briefe ermöglichen uns durch ihren Schreiber die Sicht auf eine barbarische Zeit. Sie zeugen von Lebensfreude, von Hoffnung, von der Liebe zu seiner Familie und zu Helene und von einem ungeheuren Hunger nach Büchern. Sie spiegeln aber auch die politischen Zustände seiner Zeit wider, soweit die Zensur dies zuließ. Wir veröffentlichen sie vollständig. Gottfried Ballins eigene Schreibweise wurde weitgehend beibehalten; zugunsten der Lesbarkeit wurden kleine Korrekturen in Orthographie und Interpunktion vorgenommen. Wir ergänzen die Briefe durch Helenes Berichte über jene Zeit und durch Fotos und Dokumente, die sie uns überlassen hat.

Ein Bericht über die Arbeit der SAP in Köln, die bisher noch nicht dargestellt worden ist, und der erstmalige Abdruck des Gerichtsurteils gegen die SAP-Gruppe Kalk sollen das Bild vervollständigen.

Brigitte Bilz, Fritz Bilz

Gottfried Ballin – Helene Sälzer
Zwei Lebensgeschichten

Helenes Großvater, Heinrich Sälzer, war Zimmermann. Nach seiner Lehre ging er auf Wanderschaft. In Hamm an der Sieg lernte er Magdalena Demmer kennen, verliebte sich Hals über Kopf in sie und blieb. Sie heirateten. Heinrich Sälzer baute für sich und seine Frau ein schönes Fachwerkhaus und wurde Bauer. Er war ein eingefleischter Sozialdemokrat und gab seine politischen Ideen an seine Kinder weiter. Zehn Kinder zog das Ehepaar groß, acht Jungen und zwei Mädchen. Alle acht Söhne lernten ein Handwerk.

Der Sohn Heinrich, Helenes Vater, wurde Fräser. Ganz im Sinne seines Vaters trat er schon vor 1900 in die SPD ein und in den Metallarbeiterverband, die Vorläuferorganisation der heutigen Industriegewerkschaft Metall. Er wurde erst ehrenamtlicher Mitarbeiter bei der Gewerkschaft, dann hauptamtlicher Sekretär und arbeitete im Volkshaus in der Severinstraße in Köln.

Helenes Mutter, Wilhelmine Schophaus, kam aus Schernbeck an der holländischen Grenze. Ihre Mutter, Charlotte Sörte, starb bei der Geburt des vierten Kindes. Als der Vater, Wilhelm Schophaus, wieder heiratete, wollte die neue Frau sich nicht mit den Kindern belasten. So mußten Wilhelmine und ihre Geschwister bei fremden Leuten aufwachsen. Das Mädchen verliebte sich in einen jungen Mann aus gutem Hause. Seine Eltern verhinderten diese Verbindung aber, weil sie ihren Sohn lieber mit einem wohlhabenden Mädchen verheiraten wollten.

Wilhelmine arbeitete zwei Jahre lang für den Baron Puttkamer in Berlin. Freunde holten die junge Frau dann nach Köln und suchten per Annonce einen Mann für sie. Aber sie lehnte alle Bewerber ab, bis schließlich einer mit einer roten Krawatte kam. Der gefiel ihr. Es war Heinrich Sälzer. Sie heirateten, und am 7. Dezember 1912 kam ihr einziges Kind Helene zur Welt.

Eines Tages wurde Heinrich Sälzer bei einer der damals üblichen politischen Auseinandersetzungen so zusammengeschlagen, daß er längere Zeit im Krankenhaus verbringen mußte. Helene war gerade ein Jahr alt.

Ihre Mutter mußte nun für den Lebensunterhalt sorgen und kochte in ihrer Wohnung in der Mülheimer Windmühlenstraße für Leute, die aus den naheliegenden Fabriken in der Mittagspause zum Essen kamen. Weil sie so wenig Zeit für ihre Tochter hatte, holten die Großeltern das Kind in den Westerwald, wo es in der ländlichen Umgebung sehr glücklich aufwuchs. Die Dorfkinder bewunderten das kleine Mädchen aus der Stadt. Helene genoß dies sehr und begleitete ihre neuen Freunde sogar in die Dorfschule.

Als Helene sechs Jahre alt wurde, holten ihre Eltern sie nach Köln zurück, damit sie dort in die Schule gehen konnte. Sie besuchte zuerst die Volksschule in Mülheim und ab dem fünften Schuljahr die Freie Schule, die sie mit sechzehn Jahren abschloß. Die Freie Schule war eine Gründung der Arbeiterbewegung und als Gegenpol zu den herkömmlichen katholischen Schulen gedacht. Der Abschluß war vergleichbar mit der heutigen Mittleren Reife. Helene war zwar evangelisch getauft und konfirmiert, trat aber mit einundzwanzig Jahren aus der Kirche aus. Sie folgte damit dem Vorbild ihres Großvaters und ihres Vaters, die Freidenker waren.

Mit etwa fünfzehn Jahren schloß sich Helene der sozialistischen Arbeiterjugend »Die Falken« an. Sie war ein kleines schmales Persönchen und sah in ihren Hosen wie ein Junge aus. Ihre Freunde waren alle in der SPD. 1928 trat auch Helene ein. Viele Mitglieder der SPD fanden, daß ihre Partei zu wenig gegen den aufkommenden Nationalsozialismus tat, und spalteten sich mit einem eigenen Programm als SAP (Sozialistische Arbeiterpartei) ab. Helene gehörte zu ihnen.

Heinrich Sälzer unterstützte die politische Tätigkeit seiner Tochter sehr, während die Mutter fand, daß sich dies alles für ein Mädchen nicht gehörte. Sie hatte längst eine gute Partie für Helene ins Auge gefaßt und wollte ihre Tochter am liebsten mit einem wohlhabenden Arztsohn aus Mülheim verheiraten. Mit achtzehn bekam Helene ihre erste Stelle bei der Konsumgenossenschaft

»Hoffnung« in Köln-Gremberg, die ihr Vater mitbegründet hatte. Sie arbeitete dort im Einkauf. Alle Kolleginnen und Kollegen waren Sozialdemokraten. Sie bildeten eine verschworene Gemeinschaft, und Helene liebte ihre Arbeit sehr.

Im November 1932 schickte die Falkengruppe Mülheim Helene zu einem SAP-Treffen zur Kalker Kapelle. Es war Abend und schon dunkel, als sie sich nach Kalk aufmachte, ohne zu wissen, was sie erwarten würde. Ihr Vater unterstützte auch dieses riskante Unternehmen, während die Mutter die Hände über dem Kopf zusammenschlug. Sie lebte in ständiger Angst um ihr einziges Kind. In Kalk trafen sich zwanzig junge Leute, die rote Nelken als Erkennungszeichen trugen. Einige kannten sich, andere nicht, man stellte sich mit falschen Namen vor. Helene hieß »Paula«. Alle hatten sie Hitlers »Mein Kampf« gelesen und wußten, wo es politisch langgehen sollte. Während SS und SA schon die Straßen auf- und abfuhren, versuchten sie, politischen Widerstand zu organisieren. Als es spät wurde, verabredete sich die Gruppe für den nächsten Morgen in Porz am Rhein. Dort wollte man überlegen, wie es weitergehen sollte.

Ein SAP-Mitglied mietete kurz danach den Turm der Sülzburg in der Nähe von Rösrath, wo sie sich als Musikgruppe getarnt den ganzen Winter über treffen konnten. Das war die Gruppe um Erich Sander, den Sohn des bekannten Kölner Fotografen August Sander, sowie Alexander und Richard Rosendahl. Sie trafen sich dort jede Woche, schrieben für ihre Genossen in Belgien und Holland Berichte über die politischen Zustände in Deutschland und machten Pläne, um den Faschismus zu verhindern. Helene schmuggelte die Briefe über die Grenze. Das zierliche Mädchen erregte vielleicht am wenigsten Verdacht. Dennoch war es ein gefährliches Unternehmen.

An jenem ersten Abend in Kalk war es längst Mitternacht geworden. Sie war das einzige Mädchen unter lauter Jungen. Zu Hause hatte sie vorsichtshalber schon vorher angekündigt, daß sie bei Freunden übernachten würde. Nun wußte sie aber nicht, wo sie bleiben sollte. Da sagte jemand zu ihr: »Gib mir mal deine Hand, du gehst mit mir.« Es war Gottfried Ballin, der Helene einfach in die Wodanstraße 15 in Köln-Königsforst mitnahm. Hier wohnte er mit seiner Mutter Anna und seinen Brüdern Wolfgang und Arnold. Er überließ ihr sein Zimmer. Morgens schaute sich Helene in dem Raum um und war fasziniert von den vielen Büchern. Als sie aus dem Zimmer trat und nach unten schaute, blickte Anna Ballin gerade nach oben und sagte: »Ach, was steht denn da für ein nettes Jüngelchen!« Damit hatte Helene ihren Spitznamen weg. Sie war »das Jüngelchen« oder »der Jung«. Aus einem anderen Zimmer kam Gottfried, genannt »Kick«.

Und hier begann die Liebesgeschichte zwischen Helene, dem »Jung«, und Gottfried, »Kick«. Es sollte eine dramatische und aussichtslose Liebe werden. Nicht nur, weil Gottfried und sie in der verbotenen SAP arbeiteten. Die Ballins waren Juden. Helene und Gottfried konnten nicht heiraten, sie als Christin und er als Jude. Aber Helene zog nach kurzer Zeit in die Wodanstraße und lebte nun mit Anna, Gottfried und seinen beiden Brüdern Wolfgang und Arnold zusammen. Dies war zu jener Zeit eine ganz unübliche Entscheidung für ein junges Mädchen und nur möglich, weil ihr Vater zu ihr hielt. Er meinte, sie müßte über ihr Leben selbst bestimmen und wissen, wo sie hingehörte.

Anna Ballin, Gottfrieds Mutter, war eine Tochter des jüdischen Buchhändlers Alexander Ganz, dem die Lengfeldsche Buchhandlung in Köln gehörte. Von ihrem Vater hatte sie ihr Zeichentalent geerbt. Sie bekam zunächst Zeichenstunden, zu denen sie ihr Bruder Felix immer begleiten mußte, weil Annas Mutter Cläre Künstlern nicht so recht traute. Sie studierte dann in Köln bei dem Maler Toll, an der Kunstakademie Düsseldorf bei Schneider-Diedam, später in Paris und schließlich in Berlin bei Lovis Korinth. Sie war keine große Malerin, fertigte aber sehr schöne Porträts insbesondere von Familienmitgliedern an.

Mit siebenundzwanzig Jahren heiratete Anna den Arzt Martin Ballin, der aus einer alten jüdischen Familie aus Litauen stammte. Die Frau von Annas Bruder Felix beschrieb ihn als einen Ehrfurcht einflößenden und sehr interessanten Mann. Er nahm am ersten Weltkrieg teil, wurde für seine Tapferkeit ausgezeichnet, kehrte aber seelisch und körperlich gebrochen aus dem Krieg zurück und nahm sich 1919 schließlich das Leben. Nach dem Tode ihres Mannes zog Anna mit ihren Kindern zu ihrer Mutter, die sie bis zu ihrem Tode pflegte.

Martin und Anna hatten einen wunderbaren Freundeskreis, und diese Freunde waren es auch, die Anna dann das schöne Haus mit dem großen Garten in der Wodanstraße kauften, in dem sie mit ihren drei Söhnen Wolfgang, Gottfried und Arnold lebte. Anna liebte ihren Garten und zog in ihm Blumen und Gemüse. Sie kochte auch sehr gut. Mit Porträtmalerei besserte sie ihre Witwenrente auf. Von ihrer wohlhabenden Familie wurde sie ebenfalls finanziell unterstützt. Die Möbel in diesem Haus hatte sie zum Teil selbst gebaut und bunt lackiert. Sie besaß einen eher ungewöhnlichen Geschmack. So überraschte sie eines Tages ihre Besucher damit, daß sie die Beine des Eßzimmertisches gekürzt hatte, die Stuhlbeine aber nicht, so daß die Gäste beim Essen nicht so recht wußten, wie sie eigentlich sitzen sollten. Ein anderes Mal strich sie ihren Flügel rosa an.

Anna war eine großzügige, kultivierte und selbstbewußte Frau, die in dem Bewußtsein lebte, daß ihre Söhne nichts Böses tun konnten, ebenso wie sie glaubte, daß ihr nichts Böses zustoßen würde. Der älteste Sohn Wolfgang studierte Medizin, der jüngste, Arnold, genannt »Fleute«, ging noch in die Schule. Gottfried trat nach seinem Abitur im Gymnasium Kreuzgasse 1932 als Lehrling in die Lengfeldsche Buchhandlung bei seinen Großeltern ein und sollte dieses Geschäft später einmal übernehmen.

Die Familie Ganz war sehr wohlhabend und führte ein den Künsten und der Literatur zugewandtes Leben. Man war zwar jüdischen Glaubens, fühlte sich aber in erster Linie als gutbürgerliche deutsche Familie.

Das einzige Familienmitglied, das sich politisch betätigte und seiner Familie ihre bürgerliche Lebensführung und Sorglosigkeit vorwarf, war Gottfried. Auch er liebte die Literatur über alles, kämpfte aber als Sozialist gegen den aufkommenden Faschismus, indem er sich in der SAP engagierte. Bis 1931 war er Mitglied einer Untergliederung der SPD, der Reicharbeitsgemeinschaft der Kinderfreunde gewesen, die er aber verließ, um sich der SAP zuzuwenden. Hier traf er mit Richard Rosendahl und Erich Sander zusammen. Sander beauftragte Gottfried mit dem Verkauf von Parteizeitungen und dem Einsammeln von freiwilligen Beiträgen.

1933 wurden die Wände des Hauses im Königsforst mit Parolen wie »Judenschwein, Judensau« beschmiert. Im gleichen Jahr durchsuchten SS-Leute das Haus nach politischen Schriften. Sie rissen alles heraus, Schubladen, Schrankfächer, sogar die Böden stemmten sie auf. Schließlich fanden sie ein kleines Kästchen mit den Kriegsauszeichnungen des Vaters Martin. Da salutierten sie und gingen. Kurz danach mußte Anna das Haus in der Wodanstraße räumen und für achthundert Mark verkaufen. Auch sie fiel damit der »Arisierung« zum Opfer. Ein Deutscher gelangte für einen Spottpreis an das großzügige Anwesen. Anna hingegen bekam in der Steinfeldergasse in der Innenstadt eine kleine Wohnung zugewiesen. Helene und Gottfried arbeiteten weiter in der SAP, bis im Sommer 1934 alles aufflog. Wer sie verraten hat, ist bis zum heutigen Tag nicht geklärt.

Eines Tages kam Hans Schack, der zu einer einflußreichen sozialdemokratischen Familie gehörte, zu Helene ins Büro und sagte ihr: »Du mußt sofort verschwinden. Alle SAP-Leute aus der Kalker Gruppe sind verhaftet, Kick auch«. Helene lief sofort zu Anna. Gottfried hatte mit Verdacht auf Paratyphus im Bett gelegen und war vom Krankenbett weg verhaftet worden. Einzig die beiden Mädchen der SAP-Gruppe Kalk Helene und Cläre wurden von der Verhaftung verschont, warum, wissen sie bis heute nicht.

Zu dieser Zeit hatte sich die Familie Ganz bereits in alle Himmelsrichtungen zerstreut. Nur Anna blieb, weil sie ihren Sohn Gottfried nicht im Stich lassen wollte.

Hier begann nun die lange Korrespondenz Gottfrieds mit seiner Mutter und Helene, genannt »der Jung«, weil sie so knabenhaft wirkte, und weil diese Anrede ihr in den Briefen eine gewisse Anonymität sicherte. Gottfried schrieb zunächst aus Köln, wo er im September und Oktober 1934 im Klingelpütz in Untersuchungshaft saß und zu den Vernehmungen ins Polizeipräsidium geholt wurde. Im November wurde er nach Dortmund verlegt, da der

Staatspolizei Dortmund die zentrale Ermittlungstätigkeit gegen die westdeutsche SAP übertragen worden war.

Helene pendelte nun zwischen Annas Wohnung in der Steinfeldergasse, der ihrer Eltern in Mülheim und ihrer Arbeitsstelle in Gremberg hin und her. Der Haß gegen die Nazis und ihre Liebe zu ihren Eltern und zu Anna und Gottfried erhielten sie aufrecht. Der Kontakt zu Gottfried beschränkte sich auf Briefe. Er durfte alle zwei Monate schreiben und jeden Monat Briefe empfangen, die natürlich alle durch die Zensur gingen.

Alle drei Monate durften Anna und Helene – »Mutter und Braut« – Gottfried für eine Viertelstunde besuchen. Offenbar konnte sich niemand vorstellen, daß die Braut ein »arisches« Mädchen war. Denn in all den Jahren wurde sie kein einziges Mal kontrolliert. Dennoch waren diese Besuche nicht nur von Wiedersehensfreude geprägt, sondern auch von Druck und Beklemmung. Beim ersten Besuch ließ es ein alter preußischer Beamter noch zu, daß sie sich umarmten. Danach bewachten schlüsselklirrende SS-Leute die Gespräche und unterbanden jede Berührung. Da die Besuchszeit so kurz war, versuchten Anna, Helene und Gottfried, möglichst viele Nachrichten im Gespräch unterzubringen. Sie mußten aber auch vorsichtig sein, um niemanden zu gefährden. So kam es öfter vor, daß in den auf den Besuch folgenden Briefen die Mißverständnisse, die im Gespräch unter Zeitdruck entstanden waren, wieder ausgeräumt werden mußten.

Diese Briefe zeichnen einerseits ein sehr genaues Bild dieses jungen Häftlings Gottfried Ballin und spiegeln andererseits die Ereignisse draußen wider, so wie sie Gottfried durch Briefe, Erzählungen und Zeitungslektüre erfahren hat.

Ihr Inhalt handelt von ganz praktischen Dingen, Wünschen an die Mutter, um das Leben im Gefängnis zu erleichtern: Zahnbürsten, Rasierzeug, saubere Wäsche, Geld. Immer aber schreibt Gottfried in ihnen über Literatur, denn Lesen und Übersetzen sind zunächst seine wichtigsten Tätigkeiten im Gefängnis. Er beschreibt auch, solange die Zensur dies zuläßt, das Leben im Gefängnis und später die Arbeiten, zu denen die Gefangenen herangezogen werden.

Briefe aus der Haft

Abs. Ballin, Gottfried   Köln, den 17.9.1934
Briefbuch Nr. 3797   Klingelpütz 51
(Stempel: Köln, den 19. Sep. 1934 Amtsgericht Abt. 25)

Liebe Mutter,
seit Freitag früh bin ich in Untersuchungshaft im Gefängnis Klingelpütz. Du könntest vielleicht so gut sein und etwas für mich tun, da ich als Untersuchungsgefangener einige Hafterleichterungen haben darf. Ich darf eigene Wäsche tragen und bitte Dich deshalb, mir sobald wie möglich Hemden, Unterhosen, Strümpfe, vor allem aber Zahnbürste und Zahnpasta zu senden. Auch Selbstbeköstigung ist gestattet. Du müsstest zu diesem Zweck eine gewisse Summe an die Anstaltskasse einzahlen, worauf ich dann aus einer Wirtschaft besonderes Essen erhielte. Wieviel du zahlen müßtest, wird man Dir an der Anstaltskasse wohl sagen können, auch wäre ich dankbar, wenn Du dafür sorgen könntest, dass ich täglich etwas Obst bekomme, denn meine Verdauung ist noch immer nicht ganz in Ordnung. Du könntest mir auch vielleicht meinen grünen Anzug schicken, da der braune sehr abgetragen ist. Ich darf mir auch sonst noch Kleinigkeiten durch die Anstalt besorgen, wenn genügend Geld auf meinem Konto in der Anstaltskasse eingezahlt ist. Würdest Du vielleicht dafür sorgen? Die Genehmigung, um mir Bücher zu schicken, Zeitschriften und Zeitung zu abonnieren, und eigenes Briefpapier und Schreibmaterial zu haben, müsstest Du beim Untersuchungsrichter einholen. Ich möchte als erstes gern Lessings Werke lesen und, wenn ich darf, den »Stadt-Anzeiger« abonnieren. Geld für die Zeitung findest Du in meiner rechten oberen Schreibtischschublade, da sind noch 10.– RM vom letzten Gehalt. Ich mache Dir soviel Kummer und muss dann doch wieder an Deinen Großmut appellieren, damit Du mir etwas hilfst. Die Sorgen, die ich Dir bereiten muss, sind ungewollt und unverschuldet. Ich hoffe, dass sich die Angelegenheit bald klären wird. Der Untersuchungs-

richter sagte mir allerdings, dass ich Dich in den ersten 14 Tagen nicht sehen dürfte, und ich muss mich also doch auf eine längere Untersuchungshaft gefasst machen. 2 Wünsche habe ich noch: Eine kleine Schere, um mir die Nägel schneiden und reinigen zu können, und einen neuen Gürtel, da meiner entzweigeht. Es tut mir so schrecklich leid, dass ich Dir zu all der Sorge auch noch Unkosten bereite, aber sieh, wenn ich jetzt in Erholung gegangen wäre, hätte das ja auch etwas gekostet. Also sei nicht bös und verzeih. Eine letzte Bitte: Sieh doch, ob Du nicht dafür sorgen kannst, dass ich nachmittags körperliche Beschäftigung bekomme, morgens möchte ich mich gerne für mich beschäftigen. Schreib bitte viel und sei nicht ärgerlich, wenn ich nicht oft schreibe, denn vorläufig darf ich nicht u. später, wenn ich dürfen sollte, erlebe ich hier ja nicht so viel, wie ihr draussen in der Freiheit.
Viele herzliche Grüsse
Gottfried

Solltest Du mir noch etwas ganz Liebes antun wollen, dann schick mir mein Kopfkissen mit Bezug u. 1 Paar Pantoffel.
Vielen, vielen Dank!

Abs. Ballin, Gottfried   Köln, den 22.9.1934
Briefbuch Nr. 6032   Klingelpütz 51
(Stempel: Köln, den 25. Sep. 1934 Amtsgericht Abt. 25)

Liebe Mutter!
Vielen herzlichen Dank für Deine lieben Bemühungen, besonderen Dank dafür, dass Du mir einen Verteidiger bestellt hast. Deinen Brief vom 17.9., der den Amtsgerichtsstempel vom 20.9. trug, erhielt ich gestern zugestellt. Wäsche, Anzug und Rasierzeug erhielt ich bereits Donnerstag mittag. Heute mittag erhielt ich die Kölnische zugestellt, also erübrigt sich wohl eine Antwort auf die Frage in Deinem Brief. Du glaubst gar nicht, wieviel Freude es mir macht, auf diese Weise mit

der Aussenwelt wieder verbunden zu sein und ausserdem geniessbare Lektüre zu haben. Das war bisher ein Hauptmangel, die Beschäftigungslosigkeit. Auf meine Bitte, mir nachmittags Arbeit zuzuweisen, wurde mir geantwortet, für Untersuchungsgefangene gäbe es im Augenblick keine. Da war also nichts zu machen, und ich mußte deshalb mit den 2 Büchern, die ich pro Woche aus der Anstaltsbibliothek erhalte, sparsam wirtschaften. Das ist Gott sei Dank jetzt ja nicht mehr nötig. Auf die Selbstbeköstigung habe ich selbstverständlich sofort verzichtet, als ich hörte, sie koste 3.– pro Tag. Das Essen ist ausserdem hier ganz erträglich, und wenn ich mir nächsten Dienstag noch Butter, Wurst und Obst kaufen kann, ist es vollständig ausreichend. Im allgemeinen geht es mir ganz gut, Kopf hoch und Augen vorwärts, wie es sich für einen 20-jährigen Menschen gehört, nur kommt leider das dicke »Ende« nach. Der Darm will nicht funktionieren. Ich habe seit meiner Verhaftung noch keine regelmäßige Verdauung gehabt. Einmal habe ich mir schon 2 gehäufte Esslöffel voll Rizinus geben lassen, das genügte gerade für einen ausgiebigen Stuhlgang, und dann hörte es wieder auf. Ich hoffe jedoch, dass ich meinen Bauch schon zur Raison bringen werde, wenn er wieder Obst erhält. Will er dann noch immer nicht, so melde ich mich beim Arzt. Da Du mich so lieb aufforderst, Dir meine Wünsche zu melden, so will ich das tun: Schick mir doch in dem nächsten Wäschepaket (möglichst Donnerstag oder Freitag bei mir eintreffend) meine Strumpfbänder mit (oberste Kommodenschublade), ferner, da es jetzt kühl wird, meinen grauen Pullover u. den braunen Schal (unterste Kommodenschublade). Dann, mein Rasierpinsel reichte noch gerade aus, wenn ich warmes Wasser zur Verfügung hatte, so mit kaltem nimmt er gar keine Seife an; würdest Du mir wohl durch Wolfgang einen neuen besorgen lassen und ein kleines billiges Rasiernäpfchen. Schicke auch, wenn Du Wäsche bringst, direkt je 2 Hemden und Unterzeug u. 3 Paar Strümpfe mit, dann brauchst Du nicht so oft zu kommen, evtl. nur alle 14 Tage. An Büchern möchte ich gern, wie ich schon schrieb, Lessings Werk, dann Lichtenberg, Aphorismen (Deutsche Bibl.) Nietzsche, Zarathustra, und irgendein gutes leichteres Buch von Schopenhauer. Die 3 letzt angeführten Bücher besorgst Du mir wohl, falls wir sie nicht haben, bei

Lengfeld und lässt sie auf mein Konto belasten, da ich ja von Lengfeld für Monat September sowieso noch Geld bekomme. Als letzten Wunsch bitte ich um 2 wollene oder baumwollene Lappen zur Schuhpflege und Nähzeug (Nadeln, schw. u. weiss. Zwirn, ein paar Knöpfe u. etwas ca. 1 m schwarzes Band [Leinen], das ich an die Pantoffeln nähen will, damit sie nicht so schlappen.) Die Genehmigung für die Bücher muss jedoch zuerst beim Untersuchungsrichter eingeholt werden, sonst werden sie mir hier nicht ausgehändigt. Wenn Du mich besuchen willst, musst Du ebenfalls eine Genehmigung des Untersuchungsrichters haben, sonst lässt man mich nicht zu Dir. Noch etwas zur finanziellen Regelung der Affäre. Lebensmittelpakete darfst Du mir keine schicken; würdest Du dann so gut sein und am 1. jedes Monats oder kurz vorher 20 RM auf mein Konto in der Anstalt einzahlen, solange ich in Haft bin. Davon würde dann jeden Monat 4,50 für die Zeitung bezahlt werden, und das übrige hätte ich dann für Zusatzlebensmittel u.a. Kleinigkeiten. Du würdest dann zum erstenmal am 1.10. zahlen, ja? Vielen, vielen Dank im voraus. Ich bin recht froh, dass Wolfgang wieder zu Hause ist, dann hast Du doch wenigstens 1 männliche Stütze; dass aber Arnold fährt, darüber kann ich nur einfach »platt« sein. Ich hätte wirklich nicht gedacht, dass sich seine Pläne so rasch realisieren würden, und gratuliere ihm deshalb umso herzlicher. Ich hatte ihm ja 5 RM versprochen; er bekommt sie, sowie ich wieder bei Euch bin.

Mutter, Du glaubst gar nicht, wie beschämend es für mich ist, Dich um soviel bitten zu müssen. Geben ist viel leichter als nehmen. Aber wenn ich wieder zu Hause bin, will ich versuchen, es wett zu machen.

Sind Pinettes von ihrer Reise zurück, und was haben sie zu dem Vorgefallenen gesagt. Hoffentlich ist Onkel Pino nicht zu ärgerlich. Aber sprich Du mit ihm, Du kannst ihm ja die Geschehnisse mitteilen. Wolfgang herzlichen Dank für seine Grüsse. Schreib bald!
Herzlichen Gruss an Dich, Wolfgang und vor allem
an unseren Jung
Gottfried

(Stempel: Köln, den 10. Okt. 1934 Amtsgericht Abt. 25)

Köln, den 6.10.34

Lieber Wolfgang!

Ich wollte Dir gerade einen Brief schreiben, als ich von dem Wachtmeister unserer Station (Ich »wohne« auf dem ersten Stock) zum Hauptwachtmeister befohlen wurde. Es hiess, ich solle zum Gericht. Ich traute der Sache aber nicht, da die Voruntersuchung noch gar nicht stattgefunden hat und ich nicht wusste, was ich auf dem Gericht machen sollte. Und richtig, es ging auch gar nicht zum Gericht, sondern mit der »grünen Minna«, wie sie im Volksmund ja heisst, zum Polizeipräsidium. Bis zum Abend musste ich in einer dunklen Zelle im Keller des Gebäudes, deren einziges Mobiliar aus einer hölzernen Pritsche besteht, auf die Vernehmung warten. Dann wurde ich gegen 6 – 1/2 7 Uhr auf den 3. Stock zur Geheimen Staatspolizei geführt und dort vernommen und Richard gegenübergestellt. Nach dem Verhör, als ich auf den Polizeibeamten wartete, der mich in die Zelle führen muss, hatte ich den lang entbehrten Genuss, einen Sonnenuntergang sehen zu können. Dann ging es »ohne Tritt marsch« hoch 2 Mann mit 1 Beamten Bedeckung wieder in den Keller. Zum Abendbrot in der nun ganz dunklen Zelle: einen Teller Grießbrei, 1 Stück trockenes Brot und 3 Decken. Dann wird auch im Flur das Licht ausgemacht, und nach einer viertel Stunde dringen aus den benachbarten Zellen die ersten Schnarchtöne von Mitgefangenen. Ich kann nicht einschlafen und liege noch lange wach. Schwaches Licht dringt von dem Hof des Präsidiums zu mir in die Zelle, und leise tönt Radiomusik aus den Unterkunftsräumen der diensttuenden S.A.-Abteilung. Das Schlimme bei den Vernehmungen im Polizeipräsidium sind nicht die Verhöre selbst, sondern das lange Warten in der dunklen Zelle, und so wird selbst die Wiedereinlieferung in den Klingelpütz eine kleine Freude. Aber ganz ausführlich erzähle ich Dir lieber zu Hause, mündlich.

Jetzt, weshalb ich Dir schreibe und nicht Mutter. Du, Mutter hat mir bei ihrem letzten Besuch am Dienstag ganz und gar nicht gefallen. Sie war viel zu aufgeregt und viel zu besorgt um mein Schicksal. Du

musst sie beruhigen und wenn möglich ganz auf ihre Malarbeit konzentrieren. Um mich braucht Ihr Euch wirklich keine Sorgen zu machen, es geht mir gesundheitlich gut, die Verdauung ist wieder O.K. Der einzige Mangel ist im Augenblick Literatur. Die Bücherei hat sich als Lotterie herausgestellt, in der ich voriges Mal die Hauptlose gezogen hatte, denn vorgestern bei der Verteilung erhielt ich Fuchs, Jüdische Geschichte für Volks- und Mittelschulen, und Jakob Seifensieder, Gabriel Riesser, ein deutscher Ulan jüdischen Glaubens. Echte gute Kinder- und Centralvereinslektüre. Da ich aber dem Lotteriespiel von jeher abgeneigt war und meine viele Zeit, die ich hier habe, ausnutzen möchte, wollte ich Euch bitten, die von mir im vorigen Brief gewünschten Bücher zum nächst möglichen Termin für mich abzugeben. (Genehmigung beim Untersuchungsrichter einholen!) Mutter weiss damit Bescheid. In Erwartung eines baldigen Briefes von Eurer Seite.
Herzlichen Gruß auch an Mutter und Jung
Gottfried

Gerade erhalte ich Mutters Brief, und da ich diesen Brief erst morgen abschicken kann, will ich noch schnell antworten. Wenn die Mutter mir jede Woche 2 Briefe schreibt, ist das bestimmt nicht zu viel, da ich ja sonst keine Korrespondenz habe, und wenn für Büchersendungen bestimmte Zeitabstände vorgeschrieben sind, so werden sie schon so lange sein, dass man in der Zwischenzeit die Prüfungen vornehmen kann; ausserdem ist die Durchsicht bei allgemein bekannten Klassikern nicht so schwer wie bei wissenschaftlicher Literatur. Die Übersetzungsarbeit stockte jetzt etwas, teils durch meine Abwesenheit und die damit verbundene Ermüdung, teils durch das schlechte Licht, da ich bei schlechtem Wetter in meiner Zelle kaum lesen kann. Mit den Turmuhren ist das so eine Sache, im Gefängnis ist es nämlich gar nicht so ruhig, wie Du Dir das vielleicht vorstellst. In unserem Flügel liegen ca. 250 Mann, die sprechen zwar nicht, aber durch die dauernden Veränderungen (Zugänge – Abgänge, Spazierengehen, Essenholen usw.) ist doch immer ziemliches Geräusch vorhanden, und mein Flügel liegt nach dem Gereonswall u. Ring zu. St. Ursula und Gereon sind also nicht ganz so nah. Mutter kann vielleicht, wenn mein Brief vor Mittwoch ankommt, mir reine Hemden u. 1 Paar Strümpfe bringen. Dann geht auch meine Zahnbürste mit der Zeit in die ewigen Jagdgründe ein, sie verliert ihre Borsten. Wenn es erschwinglich ist, möchte ich auch ein paar wollene Socken haben (Schuhgrösse 43), da ich trotz Pantoffeln kalte Füsse habe. An und für sich möchte ich furchtbar gern ein Blümchen haben, aber da der Platz hier so gering ist, (mein Tischchen hat eine Oberfläche von ca. 40 x 65) möchte ich doch lieber darauf verzichten, da ein Fensterbrett oder sonst ein Platz für eine Pflanze fehlt. Höchstens auf eine gewisse stille Örtlichkeit könnte ich es stellen, was aber sicher den Unwillen der Wachtmeister erregen würde. Ausserdem weiss ich nicht, ob die ganze Sache an und für sich erlaubt ist. Für das Geld sag der Mutter vielen Dank. Schmutzige Wäsche konnte ich übrigens keine abgeben, da ich Samstag nicht zur rechten Zeit bei der Abgabe hier war. Rechtsanwalt Buhr ist inzwischen bei mir gewesen und versprach, in den nächsten Tagen wiederzukommen.

Es wird jetzt schon ganz empfindlich kalt, und ich freue mich deshalb über die warmen Sachen, die Mutter mir schickte, umso mehr. Den Herbst 33 [Fehler des Verfassers, gemeint ist 34, d. Hrsg.] *darf ich wohl kaum hoffen, zu Hause zu sein, da der Prozeß doch kaum vor einem Monat beginnen wird. Also dann bis zum Winter.*

Jetzt noch etwas Medizinisches für Dich. Die Stellung Deines Kollegen hier scheint mir bestimmt nicht sehr erstrebenswert zu sein; als ich mich wegen meiner schlechten Verdauung mehrere Male dem Arzt vorführen liess, standen immerhin 15–20 Leute vor dem Arztzimmer. Die müssen nun zum größten Teil untersucht werden, so dass bei leichteren Fällen, wie ich bestimmt einer war, der Arzt kaum Zeit hatte mich anzusehen. Das ist aber ein Flügel, wieviel das Gefängnis im ganzen hat und mit wieviel Insassen weiss ich gar nicht, mehr als 4 aber bestimmt. Dann gibt es noch das Lazarett u. die Frauenabteilung, also allerhand Arbeit. Die ärztliche Untersuchung, die nach der Vorschrift bei der Aufnahme in die Anstalt stattfinden muss, besteht deshalb lediglich in der Untersuchung nach Geschlechtskrankheiten und der Frage, ob man früher geschlechtskrank

war. Also ich rate Dir von einer solchen Stellung auch für die Zukunft dringend ab. Interessant mag es ja sein, aber schön ist, glaube ich, selbst für einen Arzt, anders.
Bis zum nächsten Mal
viele Grüße
Gottfried

Ich habe noch etwas vergessen! Ich brauche eine Kopfbedeckung. Schickt mir doch bitte meinen Hut!

(Stempel: Köln, den 22. Okt. 1934 Amtsgericht Abt. 25)

Köln, den 18.10.34

Liebe Mutter,
ich hatte Dir schon einen Brief geschrieben, er gefiel mir aber nicht, weil er nicht klar ausdrückte, was ich Dir sagen wollte, und da ich hier endlos lange Zeit habe, schreib ich Dir neu.
Zuerst vielen herzlichen Dank für die Wäsche, Mantel u. Hut. Du hast ja heute auch schmutzige Wäsche bekommen und wirst Dich vielleicht über deren Zustand wundern, aber der Badeofen hier ist kaputt, und wir haben nun seit einem Monat nicht mehr gebadet. Die Wäsche sieht dann entsprechend aus.
Bei dem Besuch kann man sich leider immer nur das Allerwichtigste berichten, und so will ich Dir hier auch das weniger Wichtige berichten. Das Übersetzen geht nur langsam vorwärts, denn bei dem schlechten Wetter ist es in meiner winzigen Zelle so dunkel, dass ich kaum lesen kann. Das Schreiben verursacht dann sofort Kopfschmerzen, und ich höre lieber auf. Das elektrische Licht wird erst nach 6 Uhr angemacht, und ab 5 Uhr ist es auch bei schönem Wetter bereits so finster, dass ich nicht mehr lesen kann. Die Zeit ist lang, und ich habe Musse, um über allerlei nachzudenken, woran man im gewöhnlichen alltäglichen Leben nicht denkt. Das Gefängnis und seine Menschen sind für

mich eine neue Umgebung, die des Studiums wohl wert ist. Kennst Du Tolstois Auferstehung? Tolstoi nimmt dort Stellung zu der Gefängnisfrage, das heisst, unter anderem, aber ich glaube, es ist im dritten Teil des Buches, da wirft er die Frage auf: »Haben Gefängnisse überhaupt einen Wert?« Die Antwort, die er gibt, ist interessant. Sie kommt aus einem Herzen, das über alles den Menschen liebt, den er mit Rousseau für gut hält. Wenn Du die Menschen hier sehen würdest, sie sehen bestimmt nicht schlechter aus als das gewöhnliche Straßenpublikum, und dabei sind es Defraudanten, Diebe, Einbrecher, Sittlichkeitsverbrecher u.a. mehr. Einige Verbrechertypen sind wohl darunter, die siehst Du aber in genauso grosser Anzahl, wenn nicht noch grösser, auf der Strasse auch. Ich werde mich bemühen, hier möglichst scharf und objektiv zu beobachten; es ist immer besser, wenn man ein Problem nicht nur rein theoretisch beurteilt und bespricht, sondern auch praktische Erfahrungen in die Überlegung einflechten kann. Hat der Mensch das Recht, einem anderen die Freiheit zu nehmen? Tolstoi sagt nein, ich sage ja. Man darf sich nicht von persönlichen Gefühlen leiten lassen. Warum ich sage, man hat unter ganz bestimmten Umständen das Recht, einem Menschen seine Freiheit zu nehmen, das zu erklären würde hier zu weit führen. Gestern habe ich mich bei dem Anstaltslehrer gemeldet und um Lessings Werke gebeten. Ich bin vorgemerkt und nun gespannt, ob ich die Bücher in 8 Tagen erhalte. Heute habe ich wieder Lektüre bekommen, dass Gott erbarm. Warum der Untersuchungsrichter mir eigene Bücher verweigert, ist eigentlich nicht recht verständlich, da ich sie sowohl nach § 87 Abs. 1 wie nach § 82 Absatz 2 der D.V.O. bekommen darf. Die Bücher sind ja für mich nicht nur Erholung, sondern gehören vor allem unter die Rubrik: Selbstbeschäftigung, die dem Untersuchungsgefangenen in der Vollzugsordnung ausdrücklich gestattet ist. Was Du mir schicken darfst, schicke. Den Dank, herzlichst im voraus. Einer der Hausknechte unserer Station wurde gestern entlassen, und ich bewarb mich um den Posten, um mir Bewegung zu schaffen. Unser Stationswachtmeister antwortete mir aber, an und für sich sei ich schon der richtige Mann für den Posten, aber politische Untersuchungsgefangene sollten prinzipiell allein gehalten werden.

Besten Dank auch für das Geld. Quittung darüber erhalte ich jeweils 2–3 Tage nach der Einzahlung. Wolfgang, Jung und die anderen Anverwandten lasse ich herzlich grüssen und ihnen für die Grüsse danken.

Es geht verteufelt rasch auf den Winter zu, im Gefängnishof steht kaum noch Gemüse, und die paar bunten Löwenmäulchen sehen ganz verfroren aus, genau wie die Gefangenen, die sie dort umwandern. Als ich herkam, war es so heiss, dass ich in der Zelle den Rock auszog, und jetzt wird bereits geheizt. Ich habe bisher noch nichts weiter von meiner Sache gehört.

Dr. Caro war gestern bei mir, freundlich und lieb wie in der Schule.

Also liebe Mutter, schreib mir über alles: Umzug, Pussi, Lengfeldsche, Pinos. Schick mir alle Photographien mit und ohne Katze, in allen Stellungen und sei mit allen lieben Menschen, die ich kenne, gegrüsst von Gottfried.

Solltest Du nächsten Mittwoch Wäsche schicken, dann bitte nur ein Hemd. Alles andere ist noch reichlich vorhanden!

Heute mittag habe ich Lessings Werke Bd. 3, 4 und 8 erhalten. Vielen Dank. Schreib aber doch über das Resultat Deiner Verhandlung mit dem Untersuchungsrichter, damit ich ein für allemal weiss, wie sich die Angelegenheit mit Büchern verhält.

(Stempel: Köln, den 26. Okt. 1934 Amtsgericht Abt 25)

Köln, den 22.10.34

Liebe Mutter,
im allgemeinen sollen ja Briefe aus einem Guss sein, aber Gefängnisbriefe sind ja sowieso etwas Anormales, und deshalb kann ich auch eine neue Methode hier erproben. Ich schreibe Dir jeden Tag, was mir gerade einfällt, und wenn ich den Brief für genügend inhaltreich halte, schicke ich ihn ab. Zuerst eine kleine Kritik! Du hattest mir

2 Briefe pro Woche versprochen, zwei Verbindungen zwischen Steinfeldergasse und dem Gefängnis, 4 oder mehr sehnsüchtig erwartete Seiten voll Worten und Gedanken aus dem Leben in die Einsamkeit, die, was sie vielleicht noch drückender macht, vorläufig auf unbestimmte Zeit bestehen bleiben wird. Die Untersuchungshaft hat gegenüber der Strafhaft eben 2 grosse Nachteile, die Ungewissheit der Zukunft und die Isoliertheit. Der Mensch hat nun eben das Bedürfnis, mit seinesgleichen zu reden, Gedanken auszutauschen; es ist ja auch unnatürlich, wenn ein Organ zum Teil zwangsmässig ausser Betrieb gesetzt wird, und der Mund ist ja nicht ausschliesslich zum Essen bestimmt. Stille ist nur dann schön, wenn man sie haben kann, wann man will und wenn es möglich ist, sie nach Wunsch zu unterbrechen. Mein Temperament verlangt von mir, dass ich meinen Worten auch mal freien Lauf gestatten darf. Was die geringste Freiheit wert ist, merkt man erst, wenn man sie ganz verloren hat. Das mag eine alte Erkenntnis sein, für mich ist sie in der Praxis neu.

Ich lese Lessings Briefe mit viel Vergnügen; ein merkwürdiges Verhältnis zu seinen Eltern, mit denen er in seiner Jugend ewig auf Kriegsfuss lebt. Selbst in seinen Briefen an den Vater, den er seiner Biographie nach geliebt haben soll, vermisse ich eigentlich den herzlichen Ton, den er seinen Freunden gegenüber anschlägt. Die Zeit mag da mitspielen, aber ich traue der Biographie doch nicht ganz. – Wieso kamst Du übrigens zu der Auswahl 3, 4 und 8. Band?

Einen so guten Zeitungsleser wie mich hat die »Kölnische« sicher noch nicht gehabt. Ich lese alles, vom politischen Leitartikel bis zu den Geschichten von Franz vom Duffesbach, und lerne eine ganze Menge dabei; die Beilagen, von ersten Kräften redigiert, sind äusserst interessant. In Politik und kleineren Tagesereignissen nicht nur, sondern auch in der Literatur, Naturwissenschaft, Technik usw. bin ich auf dem »Laufenden«. Längst vergessene Schulkenntnisse werden aufgefrischt und erweitert.

Das Übersetzen macht viel Spass, Deine Übersetzung »kunstgeschichtliche Betrachtung« trifft wahrscheinlich den Inhalt besser als »Philosophie der Kunst«. Der Taine, Lessing und die Zeitung, das ist schon abwechslungsreiche Lektüre, mit der es sich eine Zeitlang leben lässt. Aber ich werde jetzt ein Nimmersatt und will nun auch versuchen, ob ich nicht an der Gefängnisschule teilnehmen kann. Der Wachtmeister glaubt zwar nicht, dass es geht, aber probieren kann ich's doch mal. Ich will lernen, wo ich kann. Kritischen Geist und etwas Vorkenntnisse habe ich ja, so dass ich, was ich lerne, abwägen kann.

23.10. Deinen lieben Brief vom 19. habe ich gestern abend bekommen. – Das Essen schmeckte direkt noch mal so gut. Vielen Dank nochmals für die prompte Erledigung meiner Wünsche. Ich werde heute beim Untersuchungsrichter den Antrag stellen, dass Dir mein Schlüsselbund ausgehändigt wird, damit Du meinen Schreibtisch beim Umzug auf- und zuschliessen kannst. Auf die neue Wohnung bin ich recht gespannt, schreib doch mal genauer, wieviel Zimmer usw. Versorg mir bitte meine Bücher gut beim Umzug, nach den Menschen kommen sie bei mir an erster Stelle. Schade, dass ich nicht helfen kann, ich tät es furchtbar gern. Ich soll nach Hause kommen? Ja, sehr gern. Wenn wir hier spazierengehen, und es ist so schönes Wetter wie gestern, dann denke ich bei mir: »Kommt, Kinder, lasst uns nach Hause gehen; was sollen wir hier?« Aber der Untersuchungsrichter scheint vorläufig noch anders zu denken, und so muss ich mich gedulden, bis seine Entscheidung fällt. – Was Du über »Männer« resp. »Kinder« sagst, stimmt wohl zum grössten Teil, denn ein Mann ohne Frau kann nicht als normaler Mensch existieren, umgekehrt aber auch keine Frau ohne Mann, ob das nun Söhne, Gatten, Väter oder Töchter, Frauen, Mütter sind, macht nicht so viel aus, nach Freud ist der »Komplex« immer derselbe. Apropos Freud. Deine »Einführung in die Psychoanalyse« würde ich ganz gern mal lesen. Bei Gelegenheit könntest Du sie mir mitschicken.

Mir geht es hier trotz Einsamkeit noch lange nicht am schlechtesten, ich bin auch nicht der einzige Minderjährige auf unserer Station; also unter ca. 50 Mann befinden sich noch 2 oder 3 Jugendliche, soviel ich weiß, ebenfalls politische Gefangene. Ausserdem ist es nicht jedem gegeben, sich allein zu beschäftigen, und wenn das Alleinsein auch manchmal drückend wird, so komme ich doch meistens gut zurecht. Etwas Merkwürdiges ist mir noch während der Haft aufgefallen; trotz ihrer Eintönigkeit vergehen mir die Tage viel schneller als draussen.

Man sollte doch eigentlich das Gegenteil annehmen, obwohl die wache Zeit durch das frühe Schlafengehen stark abgekürzt wird.
Tante Resi, die Sensation, lasse ich nebst anderen Verwandten herzlich grüssen, sofern sie Grüsse von einem Untersuchungsgefangenen anzunehmen gedenken. Die »Gänse« sollen aber Pino und Tante Lisbeth schön hierlassen; sie haben drüben die Tradition von Erez Israel und noch so einen Haufen von Hebräern, dass sie uns die zwei ruhig lassen können. Was Eva und Heiraten anbetrifft, so würde ich bei ziemlich jedem anderen 20-jährigen Mädchen sagen, wenn sie heiraten will, soll sie es tun. In dem Alter muss ein Mädchen eigentlich schon wissen, ob sie heiraten kann oder nicht. Aber die Schuld tragen die Eltern ganz allein, die Eva derart weltfremd und unnatürlich erzogen haben bzw. erziehen liessen. Als ich Eva das letzte Mal in Köln sah, war sie nach meiner Meinung wirklich noch nicht so weit, um einem Mann eine Gefährtin sein zu können. Aber vielleicht hat sie sich im Gelobten Land schnell entwickelt, bei dem Treibhausklima könnte das doch möglich sein; und steht heute auf derselben Stufe, wie die Mediterranen in ihrem Alter? Aber Eva und illegitimes Verhältnis nach der Erziehung? Das ist ein Treppenwitz der Weltgeschichte und lässt mich laut auflachen.
Bisher habe ich in meiner Sache nichts weiter gehört; dass sie von dem Ermittlungsverfahren gegen Krämer und Genossen abgetrennt sei, ist mir ebenfalls nicht bestätigt worden. R. A. Buhr war vor 10 Tagen zum letzten Mal bei mir, nur um zu fragen, ob ich nichts Neues gehört hätte; da das nicht der Fall war, und er auch nichts Neues wusste, war die Unterredung sehr kurz. Vor 3 Wochen allerdings sagte er mir, die Sache ginge weiter. Ich habe aber bis jetzt nichts davon gemerkt.
Was macht Deine Malerei? Kannst Du sie denn bei diesem Tohu Wabohu überhaupt durchführen: 1 Sohn bei Tante Thildchen, dem man schreiben muß, 1 Sohn im Kaschott, dem man schreiben, Bücher schicken muß und der obendrein noch besucht sein will, und der Umzug. Ist der Saal, in dem Du arbeitest, auch geheizt?

24.10.34
Mittwochs ist hier für mich ein besonderer Tag, dann werde ich rasiert, es ist Einkauf, und der Anstaltslehrer lässt die Bücher tauschen.

Leider war ich heute während des Tausches beim Gottesdienst und konnte ihm so mein Anliegen, wegen Besuchs der Schule, nicht antragen. Ich habe heute auch von der Anstaltsbibliothek einen Band Lessing bekommen, ebenfalls Prosa. Mehr zum Bücherthema sage ich Dir beim Besuch. Gestern war scheussliches Wetter; morgens gegen 10 schrieb ich weiter an diesem Sammelbrief, dann wurde es aber in meiner Zwergzelle so dunkel, dass ich weder schreiben noch lesen konnte, da auch kein Licht gemacht wurde. Ich will doch mal sehen, ob es in absehbarer Zeit nicht möglich ist, in eine grössere Zelle zu kommen. Vielleicht kann Buhr etwas für mich tun, bei seinem nächsten Besuch werde ich ihn mal fragen.

Für heute sei damit Schluss, auf Wiedersehen am Dienstag!

Gruss an alle und besonders an den Jung, der mir in unruhigen Träumen in der letzten Zeit oft begegnete; ein Zeichen, dass ich viel an ihn denke!

Gottfried

Freiheit, die ich meine,	*Magst du nie dich zeigen*
Die mein Herz erfüllt	*der beschränkten Welt*
Komm mit deinem Scheine!	*Führest deinen Reigen*
Süsses Engelsbild!	*Nur am Sternenzelt.*

An das Lied aus der Zeit der Freiheitskriege muss ich jetzt viel denken, besonders, wenn ich beim Rundgang über den Hof am Himmel Wolkenfetzen in wildem Ungestüm dahinfegen sehe. Welcher Gegensatz die Wolken und die Gefangenen. Gefangenschaft ist wider die Natur, man muss erreichen, dass man sie überhaupt abschaffen kann. Der Mensch ist nicht schlecht – die Verhältnisse haben ihn schlecht gemacht. Unter geänderten Verhältnissen würde er allmählich nach einigen Generationen auch wieder gut werden.

Tschüss!

(Stempel: Köln, den 30. Okt. 1934 Amtsgericht Abt. 25)

Köln, den 27.10.34

Liebe, kleine, gute Mutter,
bitte keine solch überraschenden Besuche mehr. Zuerst habe ich mich mal sehr aufgeregt, als ich am Freitag vom Spaziergang zum Besucherzimmer geholt wurde, weil ich dachte, Dir sei etwas passiert. Dann hatte ich mich nicht auf Deinen Besuch vorbereitet und natürlich zum grossen Teil vergessen, was ich Dir sagen wollte; drittens hatte ich Deinen lieben, langen Brief noch nicht, den Du als mir bekannt voraussetztest, und deshalb kam die Verwirrung bei Deinem gestrigen Besuch. Bevor ich Dir auf Deinen langen, sehnsüchtig erwarteten Mutterbrief antworte, will ich Dir zuerst mitteilen, dass Buhr gestern bei mir war und Nachricht über den Gang des Verfahrens bis nächsten Mittwoch versprach. Ich bleibe anscheinend in der Ermittlungssache gegen Krämer und Gen. In den internen Sachen kann Buhr leider nichts machen, so dass ich mich mit meinem Loch zufrieden geben muss. Über die Bücherfrage kannst Du gelegentlich, es hat absolut keine Eile, mal mit ihm sprechen. Du brauchst also nicht extra zu ihm zu gehen. Die Lessingschen Bände hast Du ganz gut ausgewählt, statt Band 3 und 4 hätte ich nur lieber Band 6 u. 7 gehabt mit der Hamburger Dramaturgie und den religionsphilosophischen Schriften. Die letzteren habe ich jedoch schon hier erhalten, allerdings in einer Ausgabe ohne jegliche Anmerkungen, die mir gerade in unserer Ausgabe so wichtig waren. Ich danke Dir auf jeden Fall nochmals herzlich für die Bücher, <u>und es tut mir schrecklich leid, dass Du wegen mir mit dem Beamten Unannehmlichkeiten hattest. Was Du übrigens über diese Affäre schriebst, war im Brief rot angestrichen, was sicher nicht von Deiner Hand stammte.</u> – Auf unsere neue Wohnung bin ich natürlich sehr neugierig; wie werden die drei Zimmer verteilt? Und was sind eigentlich Arnolds Pläne? Will er nach Absolvierung der landwirtschaftlichen Schule nach Palästina gehen oder nach der südafrikanischen Union? Übrigens gibt es, soviel ich weiss, auch in Argentinien eine jüdische, landwirtschaftliche Siedlung; ist vielleicht an die gedacht?
So weit hatte ich bis Samstagmittag geschrieben, habe dann meine

Sachen packen müssen und bin in eine grosse Zelle gelegt worden, die aber leider dunkler ist als mein altes, kleines Loch. Zu gut soll ich es eben nicht haben, das will die Vorsehung nicht. Ich kann jetzt aber wenigstens auf- und abgehen und habe Platz genug, um Gymnastik zu machen. In Einzelhaft bleibe ich jedoch. Die Zelle liegt direkt am Gereonswall und am Ring. Ich höre die Ringbahn, Autos, Radfahrer, kurz, ich bin vom Alltagsleben nur noch durch ein Gitter und 2 Mauern getrennt; aber wie lange noch?

Grüsse alle, die von mir gegrüsst sein wollen, und schreib oft, wenn Du kannst, immer so lange Briefe mit viel Familienklatsch, damit ich weiss, was bei Euch los ist.

Mit der nächsten Wäsche möchte ich gern 1 Hemd, 1 Unterhose, 1 Paar Strümpfe und 2 Taschentücher (u. ein Paar Couverts?).

Ja, Zeit zum Nachdenken habe ich hier, aber vieles andere auch nicht.

Spotte mir nicht über die sogenannte Freiheit; wenn sie verloren ist, wünscht man sie sehr herbei. – Dann eine ganz kleine Ermahnung! Wir können uns alle 14 Tage nur 10-15 Minuten sprechen; aber diese 15 Minuten, diese kurze kostbare Zeit, müssen wir ganz für uns haben; dann darf für Dich kein aufsichtführender Wachtmeister existieren; der ist für Dich erst zu sprechen, wenn ich wieder fort bin. Nicht, beim nächsten Besuch bist Du wieder ganz für mich da? Wann kommst Du übrigens das nächste Mal zum Besuch? Freitag, den 9.11., oder Dienstag, den 6.11. Schreib das bitte auch.

Viele, viele Grüsse bis zum nächsten Brief
Gottfried

[Die unterstrichenen Stellen sind ebenfalls mit Rotstift markiert, offenbar von der Zensur, d. Hrsg.]

Dortmund, den 24.11.34

Liebe Mutter,
ich bin in Dortmund im Polizeigefängnis Steinstr. und nicht, wie Du auf Paket und Karte adressiertest, im Gerichtsgefängnis. Das Geld habe ich nicht erhalten, es wird wohl auf der Kasse des Gerichtsgefängnisses für mich liegen. Wie lange ich hier bleibe, weiss ich noch nicht. Ich habe gestern ein umfassendes Geständnis abgelegt, Leugnen war auf Grund der belastenden Aussagen von Richard und einigen anderen Kameraden zwecklos. Ich hatte bisher Dir und auch Rechtsanwalt Buhr gegenüber alles abgestritten, weil ich keinen Genossen verraten wollte. Beide muss ich deshalb um Entschuldigung bitten, die Du mir ja sicher gewähren wirst. Es wird lange dauern, bis ich wieder in Freiheit bin. Liebe kleine Mutter, gräm Dich nicht, die Zeit wird auch vorbeigehen. Ich hätte Dir das alles gern erspart, aber ich musste handeln, wie mein Gewissen es von mir verlangte. Ich habe vieles wieder gut zu machen und viel abzubitten. Wenn ich frei bin, soll es geschehen.
Herzlichen Dank für Dein Paket. Ich habe es gerade erhalten. Schickst Du mir bitte noch einmal reine Wäsche?
Gruss an Euch alle
Gottfried

Postkarte

Dortmund, den 27.11.34

Liebe Mutter,
besuchen darfst Du mich hier nicht. Ich bleibe auch nicht hier. Wann und wohin ich kommen werde, weiss ich nicht.
Gottfried

Postkarte

Dortmund, den 2.12.34
Liebe Mutter,
vielen Dank für Brief nebst Inhalt. Zusatzlebensmittel kannst Du mir schicken, nur dürfen keine verschlossenen Büchsen dabei sein (Sardinen oder ähnliches). Geld darf ich auch haben, brauche aber nur ganz wenig, da ich mir kaum etwas damit besorgen kann. Wenn Du mir 5 RM schickst, habe ich auf lange damit genug. Zeitung will ich erst wieder im Untersuchungsgefängnis lesen. Besuchen darfst Du mich hier nicht. So wie Du zu mir darfst, schreib ich Dir. Die Vernehmungen scheinen noch nicht beendet zu sein. Wenn Du mir etwas schickst, dann leg doch bitte Bleistift und etwas Schreibpapier bei. Wenn Du ein paar interessante Zeitschriften hast (Woche, Neue Rundschau oder ähnliches), darfst Du sie auch mitschicken. Vielen Dank für alles und herzliche Grüsse
Gottfried

Dortmund, den 6.12.34
Liebe Mutter,
herzlichen Dank für Dein Paket. Bleistift lag nicht bei. Hast Du ihn zu Hause vergessen? Illustrierte Zeitungen schickst Du bitte nicht mehr, da sie mir nicht ausgehändigt werden. Ich darf alle 14 Tage ein Paket bekommen, da ich aber nächste Woche reine Wäsche haben muss, kannst Du dem Wäschepaket auch Lebensmittel beilegen. Die schmutzige Wäsche schicke ich Dir zurück, sowie ich reine erhalten habe. Überweise mir bitte auch etwas Geld, da ich mir hier etwas borgen musste und mir das Gerichtsgefängnis nichts überweist. Das nächste Paket darf ich dann erst 14 Tage nach dem Wäschepaket bekommen. Du bist vielleicht dann so gut und schickst mir Wäsche und Lebensmittel immer zusammen, solange ich hier bin.

Gesundheitlich bin ich in Ordnung.
Ich grüsse Euch alle und Dich besonders
Gottfried

Postkarte

Dortmund, den 10.12.[34]
Liebe Mutter,
besten Dank für Brief und Geld. Schick Wäsche etc. ruhig weiter hierhin. Mir wurde vorige Woche hier gesagt, dass ich die nächsten 14 Tage bestimmt noch hier wäre. Bleistift hat sich nicht gefunden; schicke doch bitte noch mal einen mit, wenn Du hast, auch ein Stück Radiergummi.
Gesundheitlich bin ich in Ordnung.
Schreib doch jetzt auch mal, wie es zu Hause geht, was Brüder und Verwandte machen. Hoffentlich komme ich bald ins Gerichtsgefängnis, damit wir uns sehen können.
Viele Grüsse an Euch alle
Gottfried

Ein Stück Seife bitte noch mitschicken, meine ist aufgebraucht. Besten Dank!

Dortmund, den 12.12.34
Liebe Mutter,
vielen, vielen Dank für Dein inhaltsreiches Nikolauspaket. Ich soll Dir schreiben, Du möchtest kein Paket mehr schicken, da wir in nächster Zeit in das Gerichtsgefängnis überwiesen werden, von wo ich Dir sofort Nachricht geben werde. Gesundheitlich bin ich in Ordnung.

Ich freue mich sehr, dass Du mich bald besuchen können wirst. Anbei erhältst Du meine schmutzige Wäsche und zwar:
2 Hemden
3 Paar Strümpfe
1 Schlafanzug
2 Unterhosen
2 Taschentücher
1 Handtuch.
Nochmals vielen, vielen Dank für Deine Mühe.
Gottfried

Postkarte

Dortmund, den *17.12.34*
Liebe Mutter,
morgen werden wir in das hiesige Gerichtsgefängnis überführt, wo Du mich dann besuchen kannst. Tag und Zeit erfährst Du am besten per Rückantwortpostkarte bei der Direktion des Gefängnisses. Schick mir bitte auch reine Wäsche und Rasierzeug dorthin, also das, was Du in Köln im Gefängnis abholtest. Vom Gerichtsgefängnis werde ich Dir dann noch schreiben, da ich jetzt noch nicht weiss, ob wir in Dortmund bleiben oder nach Köln zurückkommen. Wahrscheinlicher ist jedoch das erstere. Auf jeden Fall bleiben wir die nächste Zeit noch hier in Dortmund, da sonst eine Überführung in das Gerichtsgefängnis keinen Sinn hätte. Meine neue Anschrift ist dann: Dortmund, Lübeckerstr. 21 a.
Viele Grüsse an Euch alle
Gottfried

Postkarte

Dortmund, den 20.12.34

*Liebe Mutter,
meine Mitteilung, dass ich am Dienstag in das Gerichtsgefängnis überführt würde, beruhte auf einem Irrtum. Ich komme hingegen in den nächsten Tagen wieder in das Kölner Gefängnis. Ich werde Dir von dort aus Nachricht geben. Gesundheitlich bin ich in Ordnung. Herzlichen Gruss an Euch alle, und sollten wir uns vor Weihnachten nicht sehen: Frohe Feiertage
Gottfried*

Von Januar bis Mai 1935 war Gottfried noch einmal in Köln.

(Stempel: Köln, den 4. Jan 1935 Amtsgericht Abt. 25)

Köln, den 2.1.35

*Liebe Mutter,
zuerst ein besseres neues Jahr. Möge es für uns alle glücklicher werden als das vergangene. Die Bücher, die Du mir schicktest, haben mir sehr viel Freude gemacht, und solltest Du mir in Zukunft Bücher schicken wollen, so bitte ich für das nächste Mal um den 2. Band Mommsen und aus der Bibliothek Kröner: Darwin, Entstehung des Menschen. Ich möchte von zu Hause nur wissenschaftliche Literatur, da ich mir hier Unterhaltungsliteratur schon aus der Anstaltsbibliothek beschaffen kann. In dem Zarathustra, den Du mir nach Dortmund schicktest, war ein Verzeichnis der Bibliothek Kröner, und wenn es geht und nicht zu unbescheiden ist, möchte ich wohl ab und zu einen Band dar-*

aus haben. Die Zeitung habe ich bisher noch nicht erhalten. Solltest Du mal in die Stadt kommen, bist Du vielleicht so gut und erkundigst Dich mal danach, da ich nicht weiss, ob und wie Du sie bestellt hast. Besten Dank auch für das Geld. Nach Dortmund habe ich wegen meines Geldes geschrieben. Es wird aber wahrscheinlich noch geraume Zeit dauern, bis es hier ankommt.

Schreibzeug bekam ich vor ein paar Tagen ausgehändigt, so dass ich jetzt, wenn ich die Zeitung bekomme, wieder alle Vergünstigungen habe, die ich vor meinem Dortmunder Intermezzo hatte. Ich danke Dir für Deine Bemühungen noch vielmals. Über die Bücher habe ich Dir nur für die Zukunft geschrieben. Ich weiss, dass Du mir nur selber welche bringen darfst.

Gruss und ein glückliches neues Jahr
für Dich, meinen Jung und die anderen
Gottfried

N.S. Wie war das Weihnachtsgeschäft der Lengfeldschen?

(Stempel: Köln, den 18. Jan. 1935 Amtsgericht Abt. 25)

Köln, den 16.1.35

Liebe Mutter,
gestern kam mein Geld aus Dortmund in der Höhe von über 40.- RM hier an. Für die nächste Zeit bin ich also hinreichend sowohl mit Geld als auch mit Wäsche versorgt. Zur Rechtsanwaltsfrage möchte ich Dir folgendes sagen: Wenn es finanziell tragbar ist, will ich Rechtsanwalt Buhr behalten, bis ich aus der Sache Krämer und Genossen abgetrennt bin. Ich glaube bestimmt, dass meine Sache aus diesem Komplex herausgetrennt wird, da es sich hier um ein Verfahren gegen die Kölner kommunistische Jugend handelt, mit der ich nicht das geringste, auch nicht indirekt, zu tun hatte. Der Prozess gegen die SAP wird in Dortmund stattfinden, da die Angeklagten nur zum geringsten Teil

aus Köln und zum überwiegenden aus Duisburg und Dortmund sind. Es würde viel zu teuer werden, wenn mich R.A. Buhr dort verteidigen sollte, weil zu den reinen Rechtsanwaltskosten auch dann noch Spesen für Fahrt und Aufenthalt treten würden. Der Prozess dürfte der Erfahrung gemäss ca. 3-4 Tage dauern. Ich dachte deshalb daran, für den Dortmunder Prozess den Antrag auf Offizialverteidigung zu stellen, da ich in diesem Verfahren weder Hauptangeklagter noch hervorragend schwer belastet bin und sich die Strafen erfahrungsgemäß in einem gewissen Rahmen halten.
Eine andere Möglichkeit sehe ich im Augenblick nicht, aber vielleicht besprichst Du die Angelegenheit mit einem Sachverständigen und sagst mir dann beim Besuch Bescheid. Freilich bin ich im allgemeinen schwer genug belastet, da ich aber keiner Leitung angehörte, nicht vorbestraft und bei Begehung der Straftat erst 19 resp. 20 Jahre alt war, denke ich, dass es sich nicht lohnen wird, die Summen, die Buhr für eine Verteidigung in Dortmund fordern wird, zu zahlen.
Im übrigen bin ich gesund und durchaus nicht kopfhängerisch. Bleibt Ihr nur gesund, dann geht alles gut vorbei.
Es grüsst herzlichst
Gottfried

(Stempel: Köln, den 1. Feb. 1935 Amtsgericht Abt. 25)

Köln, den 30.1.35

Liebe Mutter,
meine Lektüre geht zu Ende. Solltest Du mir neue Bücher schicken dürfen und können, so bitte ich um den zweiten Band Mommsen, Weltreich der Cäsaren, aus meiner Bibliothek. Dann hätte ich gern Platon, Der Staat, und Adam Smith, »Voraussetzungen des Volkswohlstandes«. Beide Bände sind in der Bibliothek Kröner erschienen. Ist es sehr unbescheiden, wenn ich um die beiden Bücher bitte, denn ich glaube nicht, dass sie in einer Leihbibliothek vorhanden sind. Sie

würden zusammen für Dich ungefähr 4.- RM kosten. Wenn Du die Bücher schickst, dann bitte zusammen, da es hier ungern gesehen wird, wenn öfters eigene Literatur kommt. Ich hätte noch 2 Wünsche: ein Brillenetui aus Pappe und ein kleines Lederläppchen zum Putzen der Brille.

Im Auftrage des Oberwachtmeisters, der die Annahme und Abgabe der eigenen Wäsche unter sich hat, sollen wir den Angehörigen mitteilen, dass Seife in Zukunft nicht mehr angenommen wird und dass die Wäsche gut in Papier verpackt sein muss. Das Papier erhalte ich mit der Wäsche und gebe darin auch die schmutzigen Sachen ab, die zukünftig ohne genügend Verpackung nicht mehr angenommen werden.

Würdest Du dann bei Gelegenheit bitte bei einem Juristen um Auskunft über folgende Fragen bitten:
1.) Innerhalb welcher Frist muss ein Antrag auf Offizialverteidigung gestellt werden?
2.) Was sind ausreichende Gründe zur Erlangung einer Offizialverteidigung nach der Prozess-Ordnung?
Gesundheitlich bin ich vollkommen in Ordnung und nehme von Euch das gleiche an. Endlich habt Ihr ja einen, wenn auch verspäteten Winter. Den Schi-Läufern unter Euch ein kräftiges Schi-Heil und frohe Fahrt!
Es grüsst Euch alle herzlichst
Gottfried.

N.S. Zwei Sachen habe ich noch, um deren Lieferung ich, wenn Du irgendwann mal Zeit hast, bitte. 1. Der Kleiderbügel für den Mantel musste in Dortm. bleiben. Schick mir doch mit der Wäsche bitte einen neuen, recht breiten.
Dann ist Dein Photomatonbildchen ganz verblasst, und ich hätte gern eine grosse Photographie von Dir, die mich dann immer begleitet.

(Stempel: Köln, den 16. Feb. 1935 Amtsgericht Abt. 25)

Köln, den 13.2.35
Liebe Mutter,
über meinen Gesundheitszustand brauchst Du Dir wirklich keine Sorgen zu machen. Grippe kommt nicht so leicht, wenn man nur eine halbe Stunde draussen und sonst in der Zelle ist. Sieh Du nur zu, dass Du mir nicht krank wirst, und wenn Du Dich nicht wohl fühlst, so schreib mir lieber und bleibe zu Hause. Ich freue mich ja sehr auf den Besuch, Deine Gesundheit liegt mir aber wesentlich mehr am Herzen.
Der arme Richard! Es scheint ihm aber auch nichts erspart zu werden. Als ich vom Tod seiner Mutter hörte, hat es mich durch und durchgerissen. Was muss der arme Kerl leiden! Ich glaube, man hat ihm noch nicht einmal Urlaub gegeben, und er hat den einzigen Menschen, den er noch draussen hatte, nicht mehr gesehen. Zu seinem Häufchen Elend von Vater stand er, soviel ich weiss, wesentlich schlechter als zu seiner Mutter. Und keinen Freund, keine Freundin sonst. Eine härtere Strafe kann man ihm gar nicht geben.
Mit den politischen Gefangenen soll anscheinend irgend etwas neues geschehen. Wer das Hammer Aktenzeichen hat, bekommt ein schwarzes Kreuz über die Tür und darf nicht mehr zum Gottesdienst. Die Beamten geben über die Bedeutung des Zeichens keine Auskunft. Ich habe zwar weder Aktenzeichen noch Kreuz über der Tür, aber Gottesdienst findet entweder nicht mehr statt, oder ich werde nicht mehr dazu gerufen.
Dann noch etwas zur Rechtsanwaltsfrage. Ich habe gehört, dass Rechtsanwalt Buhr in politischen Prozessen lang nicht so gut sein soll, wie wenn es sich um kriminelle Delikte handelt. Das stimmt mit meinen Beobachtungen, die ich während der Besprechungen mit ihm gemacht hatte, überein. Es soll nun einen ganz ausgezeichneten Rechtsanwalt für politische Angeklagte geben. Ein Dr. v. Achtern, Wohnung angeblich: Hohenzollernring 22, der bereits ganz enorme Erfolge bei der Verteidigung von politischen Gefangenen erzielt hat. Ich weiss nun nicht, was Buhr bereits gekostet hat und ob es sich, zumal in meinem Fall, noch lohnt umzusatteln. Besprich die Sache mal und sag mir

dann Freitag Bescheid. Solltest Du der Ansicht sein, dass ich Buhr besser behalte, so könntest Du, wenn Du mich Freitag besuchst, ihn vielleicht bitten, einmal zu mir zu kommen.
Die Wäsche habe ich bekommen und von meinem Zellengenossen, der früher einmal auf der Kammer war, erfahren, dass man keine Kleiderbügel haben darf.
Lass es Dir gut gehen, und seid alle gegrüsst
von   Gottfried

(Stempel: Köln, 1. März 1935 Amtsgericht Abt. 25)

Köln, den 27.2.35
Liebe Mutter,
lass Dich durch Onkel Leos Jammern über die verlorene Zeit nicht beirren. Ich bin noch jung, und wenn ich schweres Lehrgeld bezahlen muss, so wird mich die Zeit, die ich in Haft verbringe, härter machen für die kommenden Lebensjahre.
Sicher wäre es schöner, angenehmer und besser, wenn ich bei Euch leben könnte, aber wir leben heute in einer Zeit, in der man manches durchmachen muss, um so zu leben, wie Gewissen und moralische Verpflichtung es fordern. In dem halben Jahr habe ich vieles gelernt, was mir draussen nicht so schnell eingegangen wäre. Ich bin in dem halben Jahr älter geworden als ein halbes Jahr.
Überhaupt das Jammern schadet nur und macht weich. Mir wird auch manchmal anders, wenn ich an die nächste Zukunft denke, aber Zähne aufeinandergebissen, Maul halten und durchhalten. Dann noch eins: meine Hose ist am Knie durchgeschlissen. Du bist vielleicht deshalb so gut und legst der nächsten Wäsche meine braune Knickerbockerhose bei. Den neuen Anzug möchte ich im Gefängnis nicht auftragen.
Ansonsten geht es mir gut, wie es eben im Gefängnis gehen kann.
Herzliche Grüsse an Euch alle
Gottfried

(Stempel: Köln, 15. Mrz. 1935 Amtsgericht, Abt. 25)

Köln, den *13.3.35*

Liebe Mutter,
das Finstere an meinem Gesicht wird wahrscheinlich der achttägige Bart gewesen sein, denn mein Herz lacht jedesmal, wenn ich Dich sehe. Dass ich mich nicht unterkriegen lasse, habe ich Dir ja schon oft versichert, und wenn ich mal nicht übers ganze Gesicht strahle, musst Du das nicht gleich tragisch nehmen. Was mir am meisten am Herzen liegt ist Eure Gesundheit, über die ich Euch streng zu wachen bitte. Bei meinen Photosachen liegt noch ein Negativ von einem Bild, das ich in Hervel mittels Selbstauslöser von mir gemacht habe. Wenn Du willst, kann Wolfgang es ja entwickeln.
Mit dem zunehmenden schönen Wetter nehmen auch gewisse »liebe Tierchen« zu und plagen einen nachts ganz anständig. Da es möglich ist, dass sich einige Exemplare dieser vermaledeiten Gattung auch in die schmutzige Wäsche geflüchtet haben, ist Eurerseits Vorsicht geboten.
Im allgemeinen geht es mir gut. Weder Hammer Aktenzeichen noch Anklageschrift sind eingetroffen. Die Untersuchungshaft wird also noch Monate dauern, was mir einerseits wegen der Vergünstigungen lieb, andererseits wegen der Ungewissheit auch unlieb ist.
Die Zeitung – die Zeitung. Je mehr Konfliktstoff sich häuft, desto grösser wird die Explosion sein. Und was wird mit uns bei einem Krieg geschehen?
Seid alle herzlichst gegrüsst von
Gottfried

(Stempel: Köln, 29. Mrz. 1935 Amtsgericht, Abt. 25)

Köln, den 27.3.1935

Liebe Mutter,
Rechtsanwalt Buhr war gestern bei mir und versprach, sich nach dem Sinn der Untersuchung zu erkundigen. Sonst habe ich in meiner Sache nichts Neues gehört. Buhr meint, es käme alles darauf an, wie das Gericht die Angelegenheit auffasse, als jugendlichen Leichtsinn oder als bewusste propagandistische Tätigkeit, und gab auf meine Frage nach dem zu erwartenden Strafmass ausweichende Antwort.
Dass der Frühling da ist, merke ich an dem frischeren Grün des Rasens auf dem Spazierhof und daran, dass ich meinen Mantel nachts nicht mehr zum Zudecken brauche. Wenn es Dir recht ist, will ich ihn Dir nebst Hut nächstes Mal mit zur Wäsche geben, und Du bringst mir dafür Windjacke und Baskenmütze. Die Sachen verdrecken hier furchtbar, und ausserdem kommen noch Motten und Wanzen hinein.
Zu lesen habe ich noch mehr als genug; vorläufig bin ich noch immer am 2. Band Mommsen und latinisiere darüber ganz. Platon und Smith habe ich noch nicht angefangen. Letzteren will ich richtig durcharbeiten und habe mir zu diesem Zweck ein Heft besorgt. Ausserdem habe ich aus der Bibliothek einen Band von Schlossers Weltgeschichte Periode 1848-1863 bekommen, den ich noch vorher lesen will. Also Lektüre genug.
Freitag habe ich einen neuen Zellengenossen bekommen, einen Unterbannführer der H.J., Sohn des Handelskammerpräsidenten von Arnsberg. Das ist mal 'ne ganz nette Abwechslung. Es könnte sein, dass ihm hier ein kleiner Teil seines Antisemitismus flöten geht. Er ist auf einer Bierreise durch Köln unter die Räder gekommen und sitzt nun unter der Anklage des Taschendiebstahls. Allerhand nette Bekanntschaften macht man hier.
Deinen Brief mit Katzenbild habe ich gerade bekommen. Herzlichen Dank! Ist wunderschön. Ist das noch dieselbe Miess, die Högen bei der Hausdurchsuchung erschreckte? Was sagte Tante Thildchen zu meiner Staatspension?

Ich bin auf ein Ende der U-Haft gar nicht so begierig, wie Du vielleicht annimmst, aber was kommt, muss man jetzt eben nehmen. Hast Du mir was eingezahlt für die Zeitung? Weisst Du, ich bin nicht gern lästig und bitte nicht gern so oft um Geld, aber wenn Du die Freude sähest, die die armen Kerls haben, wenn sie mal anständig mitessen können, tätst Du's bestimmt noch mal so gern. Sonst geht mir's gut, und ich grüsse Euch alle recht herzlich
Gottfried

Ich habe gerade Wäsche und Schuhe bekommen und schicke Dir meine Kaputt'nen mit der nächsten Wäsche. Lass bitte Gummiabsätze drunter machen.
Kuss K.

(Stempel: Köln, 12. Apr. 1935 Amtsgericht Abt. 25)

Köln, den 10.4.35
Liebe Mutter,
gestern haben wir meinen Mündigkeitsgeburtstag gefeiert. Zum Frühstück überreichte mir einer meiner Zellengenossen als Geburtstagsstrauss einen Grasbüschel vom Spazierhof in einem leeren Senfglas, und so fehlte an diesem Tag selbst das Grün nicht in unserer Zelle. Ich hatte vom Einkauf meinen Kumpels je 1 Stück Seife und ein Paar Zigarren u. Zigaretten mitgebracht, und so wurde der Tag für Gefängnisverhältnisse sehr würdig verbracht.
Gestern besuchte mich unser neuer Geistlicher, der an Stelle von Dr. Lars uns hier betreuen soll, Lehrer Reinhardt von der Volksschule in der Lützowstr. Mit seinen Söhnen bin ich seinerzeit zusammen im Kadinah gewesen, und er erzählte mir, dass Sidon, den Du wahrscheinlich kennen wirst, jetzt sich in Palästina verheiratet hat.
Ansonsten geht es mir für hiesige Verhältnisse recht gut, meine

Zellengenossen sind nach wie vor dieselben, zu lesen habe ich genug,
die Zeit geht schnell herum.
Einmal kommen wir wieder heraus, dann wird ein schönerer, freierer
Geburtstag gefeiert werden.
Es grüsst alle recht herzlich
das Geburtstagskind

N.S. Am Freitag in 8 Tagen ist Karfreitag u. wahrscheinlich kein Besuch. Sieh zu, ob Du nicht schon kommenden Dienstag mich besuchen kannst.

(Stempel: Köln, 26. Apr. 1935 Amtsgericht, Abt. 25)

Köln, den 24.4.35

Liebe Mutter,
mit der letzten Wäsche habe ich Dir die beiden Bände Mommsen, Römische Geschichte, und Stifter, Erzählungen, zurückgegeben. Zum Zeichen des beginnenden Frühlings habe ich auch den Pullover beigelegt, und Mantel und Hut folgen, wenn es dir Recht ist, mit dem nächsten Mal. Du bist vielleicht so gut und schickst mir dann Windjacke und Baskenmütze und einen vorderen Kragenknopf, denn meinen hat ein Zellengenosse irrtümlich mitgenommen. Lege der nächsten Wäsche bitte keinen Schlafanzug bei, da ich noch 2 hier habe.
Unser Spazierhof ist jetzt auch freundlicher geworden und zeigt frisches Gras, Klee, Schafgarbe, Gänseblümchen mit und ohne roten Kragen und die gelben Blüten des Löwenzahns. Nach allem Dunkel kommt eine Auferstehung, in der Natur, im menschlichen Leben. Sonst ist hier alles beim alten. Über den Termin nichts Neues. Anklageschrift bisher nicht eingetroffen. – Achtung vor Wanzen in der Wäsche! –
Nachträglich: Fröhliche Ostern
Herzlichen Gruß an Euch alle
Gottfried

Köln, den 8.5.35

Liebe Mutter,
da ich nicht weiss, ob ich Dir vor dem 21. Mai noch schreiben kann, will ich Dir meine schriftliche Gratulation schon jetzt schicken. – Das liebste, was ich von einem Menschen sagen kann, ist: er ist mir immer ein guter Kamerad gewesen, und deshalb, lieber Kamerad, gratuliere ich Dir herzlich zum Geburtstag und hoffe für Dich, aber auch für mich: »many happy returns of the day«.
Der Prozess gegen Krämer und Genossen hat am 6. begonnen, ohne uns. Von Hamm habe ich nichts Neues gehört, zwar ist über meiner Zellentür jetzt ein schwarzes Kreuz befestigt worden, das anzeigen soll, dass ich Hammer Aktenzeichen oder Anklage erhalten habe. Bis jetzt ist mir aber nichts ausgehändigt worden.
Meine Literatur geht leider zu Ende, und deshalb wollte ich anfragen, ob Du mir etwas Neues schicken würdest. Es wird ja wahrscheinlich das letzte Mal sein, dass ich eigene Bücher bekommen darf.
Onkel Pino hat mehrere Exemplare einer Weltgeschichte aus dem Verlag Ullstein, die schon ewig herumstehen und schlecht verkäuflich sind. Geschichte von 1870-1925. Würdest Du ihn fragen, ob er mir ein Exemplar leihen will. – Dann hätte ich noch gerne Schopenhauer, Aphorismen zur Lebensweisheit. Vielen, vielen Dank im voraus.
Also, liebes Geburtstagskind, herzliche Grüsse und Glückwünsche von Deinem Sohn

Am 1.6.1935 schrieb Gottfried aus der Strafanstalt Hamm, daß er »wegen Vorbereitung zum Hochverrat« zu fünf Jahren Zuchthaus verurteilt worden war. Dem Rechtsanwalt Buhr, der die Verteidigung übernommen hatte, war es zu verdanken, daß das Strafmaß von möglichen zwölf auf fünf Jahre festgesetzt wurde. Trotzdem zeigen die Briefe, daß Gottfried mit der Verteidigung nicht ganz zufrieden war.

Da die Untersuchungshaft angerechnet wurde, blieben noch vier Jahre und vier Monate zu verbüßen. Zunächst geschah dies in Münster. Gottfried wäre gern nach Rheinbach verlegt worden, da dort seine anderen Genossen saßen. Dies hätte auch der Mutter ihre Besuche erleichtert, weil die Entfernung nach Köln geringer war. Stattdessen kam er nach Herford. Dorthin wurden alle jüdischen Gefangenen gebracht, weil angeblich jüdische Seelsorge möglich war; diese fand allerdings nicht statt. Zunächst lag Gottfried mit seinen Genossen Rosendahl und Ransenberg in einer Zelle.

Er durfte alle zwei Monate einen Brief an die Mutter schreiben, alle drei Monate eine Viertelstunde lang Besuch empfangen. Er begann mit englischen Übersetzungen und berichtete sehr genau über seine Lektüre. Aus dem Gefängnis heraus versuchte er auch, Einfluß auf Helene auszuüben, die ihm z.B. zu unsystematisch las.

Hamm, den 1.6.35

Liebe Mutter,
Rechtsanwalt Buhr wird Dir mitgeteilt haben, dass ich gestern wegen Vorbereitung zum Hochverrat zu 5 Jahren Zuchthaus verurteilt worden bin. Die Untersuchungshaft ist mir in Höhe von 8 Monaten 2 Wochen angerechnet worden, so dass ich jetzt noch 4 Jahre 4 Monate zu verbüssen habe. Zuchthaus ist im allgemeinen eine entehrende Strafe. Wenn man aber, wie ich bei meiner Straftat, von den reinsten Motiven geleitet wurde, wenn die Bestrebungen, für die ich bestraft wurde, darauf gerichtet waren, die Not und das Elend in Deutschland auf immer zu beseitigen, dann kann ich mich selbst durch eine solche Strafe nicht entehrt fühlen.
Liebe, kleine Mutter, Du musst jetzt recht tapfer sein und Dich nicht grämen, die Strafzeit wird auch herumgehen und eine bessere Zeit für uns zwei kommen. Ich lasse den Kopf nicht hängen, und mir wird es in Strafhaft so gehen, wie es Dir draussen geht, also sorg nur dafür,

dass Du gesund und guten Mutes bleibst, dann wird es auch mir gut gehen. Wie heißt doch das Dichterwort: Ein jeder gibt, ein jeder nimmt in dieser Welt, was ihm bestimmt. Das soll jetzt mein Motto sein, und ich will mich in mein Schicksal fügen, so gut es eben geht. Ich danke Dir jetzt noch mal für all das, was Du in der Prozess-Sache für mich getan hast, und wenn ich an all die Mühen und Sorgen denke, die Du meinetwegen hattest, dann fühle ich mich beschämt, weil ich Dir früher Bitten abschlagen konnte. Lass mich nur wieder herauskommen, wir werden dann noch glücklich miteinander leben können.

Die Strafen gegen uns sind furchtbar streng ausgefallen, verglichen mit anderen Strafen, die gegen Mitglieder der KPD gefällt wurden. Die Höchststrafe ist 10 Jahre Zuchthaus, die geringste 1 Jahr 8 Monate Zuchthaus. Richard hat die Höchststrafe bekommen. Das Plädoyer Rechtsanwalt Buhrs war äusserst unglücklich. Anstatt er die idealistischen Beweggründe heraushob, stellte er mich als entarteten Familienspross dar, der, da er seinen Vater verloren habe, nur eine mangelhafte Erziehung gehabt habe, ausserdem bejahte er den subjektiven Tatbestand der Vorbereitung zum Hochverrat, den wir und die anderen Rechtsanwälte mit Recht bestritten.

In 8-10 Tagen werde ich in die Strafanstalt überführt werden, in welche weiss ich noch nicht. Ich werde Dir von dort aus sofort Nachricht geben. Sobald ich in der Strafanstalt bin, kann ich <u>Dir</u> nur noch alle 2 Monate schreiben und von Dir alle 3 Monate besucht werden. Du kannst <u>mir öfter</u> schreiben als jeden 2. Monat.

Wenn Du mich besuchst, dann sei doch so gut und bring Leni mit, ich möchte sie so gern noch mal sehen. Schreiben werde ich ihr mit dem Brief an Dich.

Dann habe ich noch eine letzte Bitte: ich habe in Köln beim letzten Mal nicht eingekauft, und ein Zellengenosse hat mir ausgeholfen, würdest Du ihm bitte an die Adresse seiner Frau 7.– RM einzahlen. Die Adresse ist: Frau Nikol. Schmitz, Köln-Sülz, Neuenhöferallee 57 II. Vielen Dank im voraus.

Also Mutter, Kopf hoch und nimm es nicht so schwer. Das Bewusstsein, das Beste gewollt zu haben, wenn ich auch vielleicht irrte, wird mich auch in der kommenden Zeit aufrechterhalten.

*Herzliche Grüße an Dich, Leni und die anderen
von Deinem nicht gebrochenen Sohn
Gottfried*

Strafanstalt Münster, den 19.6.35

*Liebe Mutter,
vorgestern bin ich in die hiesige Strafanstalt eingeliefert worden und sitze nun allein auf einer Zelle, deren grösster Vorzug es ist, dass sie blanke Fenster hat und ich den Himmel mit den ziehenden Wolken sehen kann. Auf dem Transport wurde ich mit einem meiner Tatgenossen, Ransenberg, aneinandergefesselt und stand so wohl eine Viertelstunde auf dem Hammer Bahnhof, begafft von der umstehenden Menschenmenge. Eine immerhin eigenartige Situation. Vorläufig habe ich keine Arbeit und wenig zu lesen, will aber versuchen, ob ich nicht an der Schule teilnehmen und fremdsprachliche Lektüre bekommen kann.
Heute war ich zum ersten Mal bei der Freistunde auf dem Hof. Die ist hier wesentlich besser als in Köln. Zuerst Freiübungen, dann Rundgang, später am Tage noch einmal Marschübungen: also ein reichhaltiges Programm, so dass ich meine Sorge, als steifes Brett wieder nach Hause zu kommen, aufgeben darf.
Du fragtest in Deinem letzten Brief, warum dem Paket aus Hamm keine Anzüge beilagen. Die Sache verhält sich folgendermassen: Mein grüner Anzug hatte in der Hose ein grosses Loch am Knie, ferner waren die Ärmel der Jacke an beiden Ellenbogen durchgeschabt. Ich habe den Anzug, der ausserdem völlig verwanzt war und die chemische Reinigung nicht mehr lohnte, deshalb dem Kölner Gefängnis vermacht. Den neuen Anzug hatte ich bis vorgestern an. Der bleibt hier auf der Kammer, wo er genau so gut hängt wie zu Hause.
Eine Bitte habe ich noch. Würdest Du vielleicht durch unseren Rechtsanwalt bei dem Hammer Generalstaatsanwalt ein Gesuch*

machen lassen zwecks meiner Überführung in die Strafanstalt Rheinbach, die zwischen Bonn und Euskirchen liegt. Bei der weiten Entfernung wirst Du mich hier ja kaum regelmässig besuchen können. Ausserdem wäre es mir auch aus anderen Gründen lieb, wenn ich meine Strafe in Rheinbach verbüssen könnte. Ich bin in die hiesige Anstalt gekommen, weil in Rheinbach, wo alle nichtjüdischen Verurteilten aus unserem Prozess sitzen, keine jüdische Seelsorge existiert.
Viele herzliche Grüsse und Kopf hoch
Gottfried

Strafanstalt Münster, den 6.7.35

Liebe Mutter,
Du wirst Dich wundern schon wieder einen Brief von mir zu bekommen, da ich aber in einem bestimmten Turnus schreiben muss, und zwar in den Monaten mit einer ungeraden Zahl: also Juli, September, November u.s.w., will ich diese Gelegenheit nicht ungenutzt vorübergehen lassen. Ich werde Dir also das nächste Mal Anfang September schreiben können.
Deine Karte habe ich bekommen. Bei meinem vorigen Brief hatte ich einen Besuchsschein für dich und Leni beantragt; es wurde mir aber gesagt, dass ich erst Besuch bekommen könnte, wenn seit dem letzten Besuch drei Monate verstrichen sind. Da wir uns zuletzt Mitte Mai in Köln gesehen haben, könntest Du mich also Mitte August besuchen. Dann wollte ich Dir noch etwas zur Sache betr. des Antrags zwecks meiner Überführung in die Strafanstalt Rheinbach schreiben. Man sollte, falls der Antrag noch nicht gestellt ist, erwähnen, dass ein einziger Besuch von Dir hierhin nach Münster teurer sein würde als meine Überführung nach Rheinbach und die Kosten für einen Besuch in Rheinbach.
Ich hatte mich zur Schule gemeldet. Als einziges kommt für mich ein Stenographiekursus im nächsten Jahr in Frage.

Solltest Du mich hier besuchen wollen, so gib mir doch bitte ungefähr 14 Tage vorher per Postkarte Bescheid. Die Anschrift lautet übrigens folgendermassen:
G.B. Münster i.W. Gartenstr. 26 (Strafanstalt)
Ich liege nach wie vor allein und lese meine Bücher zweimal und öfter, damit ich die Zeit herumkriege. Ich habe mir englische Literatur bestellt und soll von Zeit zu Zeit auch ein englisches Buch bekommen. Schreibt mir bald und schreibt mir viel. Herzlichen Gruss an Dich, Leni und die übrigen
Gottfried

Da mir die Haare ausfallen, lasse ich mir den Kopf scheren. Erschrick also nicht, wenn Du mich besuchen solltest.

Strafanstalt Münster, den 7.9.35

Liebe Mutter,
Euer Besuch ist wie ein Rausch an mir vorübergegangen, kaum, dass ich Eure lieben Gesichter richtig gesehen habe. Ich hatte mich so auf Euren Besuch gefreut, erst die Tage und dann die Stunden gezählt, mir eine Menge überlegt, über das ich mit Euch sprechen wollte. Dann wart Ihr da, und ich, gespannt bis zum Platzen, brachte, wenn vielleicht auch äußerlich ruhig, vieles überspitzt vor, wie z.B. die Angelegenheit mit Buhr. – Unser Anwalt hat trotz dieses einen üblen Missgriffs, über den ich Dir berichtete, zweifelsohne doch etwas für mich bewirkt. Dass ich keinen Ehrverlust bekommen habe, ist sicherlich sein Verdienst. Wie das Zeitmass der Strafe ohne ihn ausgefallen wäre, lässt sich bei der Unberechenbarkeit dieser Sondergerichte schwer sagen. Es ist aber auch da wohl möglich, dass sein Plädoyer auf das Strafmaß gedrückt hat. Es wäre mir peinlich, wenn ich bei Dir den Eindruck erweckt hätte, als wäre das Geld für Buhr ganz umsonst ausgegeben worden, denn das ist gewiss nicht so.

Wegen Eurer Befürchtungen über meine geistige Verkümmerung kann ich Euch ganz beruhigen, die wird so leicht nicht eintreten. Ich bekomme ja alle 14 Tage ein wissenschaftliches Werk und lesen und lesen ist ja auch zweierlei. Die wissenschaftliche Lektüre arbeite ich morgens richtig durch und lasse mir die Unterhaltungsbücher für nachmittags. Mit der Zeit werde ich wahrscheinlich auch bzgl. der Auswahl der Bücher Wünsche äussern können. Besonders nach philosophischer Literatur habe ich Verlangen, vielleicht so wie ein religiöser Mensch nach der Bibel. Die vergangenen Ereignisse haben mich aus dem Tran und der Denkweise des Alltagslebens herausgerissen und mich vor Fragen gestellt, die tiefer gehen als die, auf die man bei einem einigermassen regelmässigen Leben stösst.

Die Einzelhaft wird weniger unangenehm je länger sie ist, deshalb sind Lenchens Besorgnisse, dass die Einsamkeit mich überwältigen könnte, unbegründet. Wenn ich Selbstbeschäftigung haben könnte, würde ich mich gar nicht in Gemeinschaftshaft melden. Ist man allein, ist die geistige Konzentration grösser, man hat auch mehr von der Lektüre, und ein sehr materieller Vorteil, die Luft ist besser als die, die 3 Mann in demselben Raum fabrizieren.

Besten Dank, liebe Mutter, für Deinen Brief. Nächsten Sonntag werde ich um Selbstbeschäftigung bitten, und zwar um englische Übersetzungsarbeit. Da ich Dir das Ergebnis erst in zwei Monaten mitteilen könnte, fragst Du am besten nach dem 17. September (dann erhalte ich Bescheid) bei der Leitung der Anstalt an, ob Du mir Beschäftigung schicken darfst. Vergiss aber das Rückporto nicht! Sollte ich die Genehmigung erhalten, so möchte ich am liebsten ein englisches Geschichtswerk übersetzen, z.B. eine englische Ausgabe von H.G. Wells, History of the World, oder eine Geschichte Englands. Das zu übersetzende Buch soll möglichst dick sein, am liebsten Lexikonformat, dass ich mindestens 1 Jahr damit auskommen kann. Schick dann bitte ein englisches Lexikon, Tinte, Fülli, 2 dicke Kladden, Bleistift, Gummi und einen Stenogrammblock für Notizen mit. Das heisst aber alles, <u>wenn</u> ich die Erlaubnis erhalte. Halte mir also Dienstag in 8 Tagen, am 17.9., einen Daumen, dann habe ich ausserdem das erste Jahr meiner Strafzeit um. Über das Ergebnis Deiner Anfrage

schreibst Du mir dann bitte. Dir in diesem Brief schon mitteilen, ob ich mich selbst beschäftigen darf, wie Du mich in Deinem Brief batest, konnte ich nicht, da ich heute schreiben muss und mich nur sonntags zu Herrn Direktor melden lassen kann.
Während Eurer Fahrt habe ich jeden Tag nach dem Wetter geschaut und um einen wolkenlosen Himmel für Euch gebeten. War's schön? Ich bin auf Lenchens Brief recht gespannt.
Einen Tag nach Deinem Brief bekam ich einen von der »Fleute« von seinem Dampfer aus, »auf der Höhe von Portug. Westafrika«. Er erzählt äusserst vergnügt von seiner Reise und offeriert mir grosszügig, wie er ja ist, einen Arbeitsplatz an seiner Seite. Hoffentlich geht es ihm weiterhin so gut wie augenblicklich. Grüss ihn recht herzlich von mir und gratulier ihm nachträglich noch in meinem Namen zum Geburtstag. Wolfgang lasse ich ebenfalls, aber praenumerando gratulieren. Was macht er eigentlich? Von ihm habt Ihr mir weder was erzählt noch geschrieben. Dann habe ich Dir und Leni noch etwas ans Herz zu legen: Ihr wisst, ich bin ein Büchernarr, und wenn ich von vielem Logierbesuch höre, dann wird es mir um meine unlebendigen Lieblinge bang. Seht zu, dass mir die Bibliothek nicht vertragen wird. Da ich sie leider jetzt nicht mehren kann, möchte ich sie wenigstens auf dem status quo erhalten wissen.
Ich lasse Onkel Rudolf und Tante Berta nebst Kinder, Minna mit Mann und Schwager und alle, die mich grüssen liessen, vielmals wiedergrüssen, zum Besuch möchte ich aber doch nur Euch zwei liebsten Frauensleut' sehen. Ich schliesse wie die »Fleute«
Halt' Euch senkrecht!
Gottfried

Habt Ihr meine Aktentasche gefunden?

Strafanstalt Herford, den 25.9.35

*Liebe Mutter,
seit Dienstag sind wir in die Strafanstalt Herford verlegt worden, da es in Münster keine jüdische Seelsorge gab und wir über die hohen jüdischen Feiertage nicht ohne Geistlichen bleiben sollten. Alle Juden, die in Münster lagen, gingen am Samstag auf Transport. Über Sonntag waren wir in zwei grossen Massenzellen in Hamm und kamen Montagabend in Herford an. Wir liegen jetzt alle auf Gemeinschaftshaft zu drei Mann, alle Juden in Zellen nebeneinander. Die Aussicht auf Arbeit wird hier ebenso gross sein wie in Münster, ich will aber doch sehen, ob es mir nicht gelingt, in die Bibliothek zu kommen und dort mich für meinen Beruf weiter zu bilden.
Den versprochenen Bericht über Eure Ferienfahrt habe ich bis jetzt nicht bekommen. Schreibt doch ein bisschen mehr. – Gesundheitlich geht es mir gut, wie es mir hier ansonsten gehen wird, muss ich abwarten. Eine Bitte hätte ich noch: Könntest Du, kurz bevor Du mich im November besuchen kommst, bei der hiesigen Direktion anfragen, ob Du mir englische Bücher und Schreibmaterial, möglichst auch eine englische Grammatik mitbringen darfst, damit ich perfekt Englisch lernen kann. Da man es mir hier in Deutschland unmöglich gemacht hat, meinen Beruf als Buchhändler auszuüben, werde ich wahrscheinlich nach meiner Entlassung mich nach England oder einer seiner Kolonien begeben. Insofern würde das Englische aus <u>Berufsgründen</u> für mich unbedingt nötig sein.
Grüss Leni recht herzlich von mir, sie soll jetzt erst recht den Kopf nicht hängen lassen. Bis ich wieder bei Euch bin, kann vieles anders geworden sein. Entschlüsse, welcher Art sie auch seien, auf längere Sicht zu fassen, ist heute unmöglich. Gruss auch an Eva und ihren Verlobten, Wolfgang, die »Fleute«
und vor allem an Dich
Gottfried*

Die folgenden Abbildungen befinden sich, falls nicht anders angegeben, im Besitz von Helene Ballin.

Anna Ballin mit ihren Söhnen Wolfgang und Gottfried, 1914

Anna Ballin mit ihrem Sohn Gottfried, ca. 1915

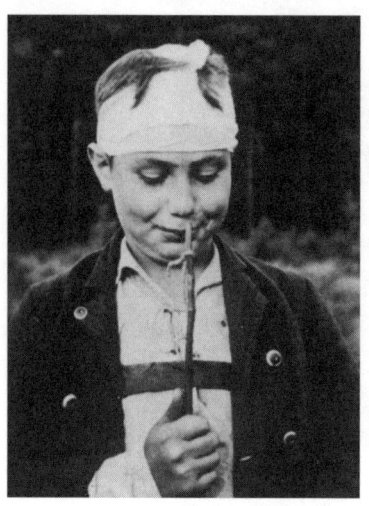 

Gottfried Ballin mit ca. zehn Jahren   *Gottfried Ballin als Schüler, Ende der 20er Jahre*

Gottfried Ballin, ca. 1932

*Anna Ballins Haus
in der Wodanstraße 15.
Hier wohnte die
Familie bis 1933.
Foto: Fritz Bilz (1999)*

*Anna Ballin in ihrem Garten
in der Wodanstraße 15, ca. 1933*

Anna Ballin, ca. 1934

Anna Ballin, ca. 1934

Anna Ballin, ca. 1934, in ihrem Garten in Königsforst

*Die Steinfelder Gasse,
in der Anna, Gottfried und
Helene 1934 für eine kurze
Zeit wohnten*

*Die Belegschaft der Lengfeldschen Buchhandlung, Anfang der 30er Jahre,
4.v.r.: Gottfried Ballin*

Cläre Schmitz, die mit Helene in der Kalker Gruppe der SAPD arbeitete und auch von der Verhaftung verschont blieb

Gottfried Ballin ca. 1934, kurz vor der Verhaftung

Ernst Ransenberg, der mit Gottfried in der Kalker Gruppe der SAPD kämpfte. Er wurde kurz nach seiner Entlassung aus dem Zuchthaus 1940/41 mit seinen Eltern verhaftet und im Konzentrationslager ermordet.

*Der Turm der Sülzburg,
wo die Kalker Gruppe der SAPD
ihre konspirativen Treffen abhielt
Foto: Fritz Bilz (1999)*

*Eine Gruppe der SAPD vor einem Naturfreundehaus.
Vorne links (sitzend): Ernst Ransenberg*

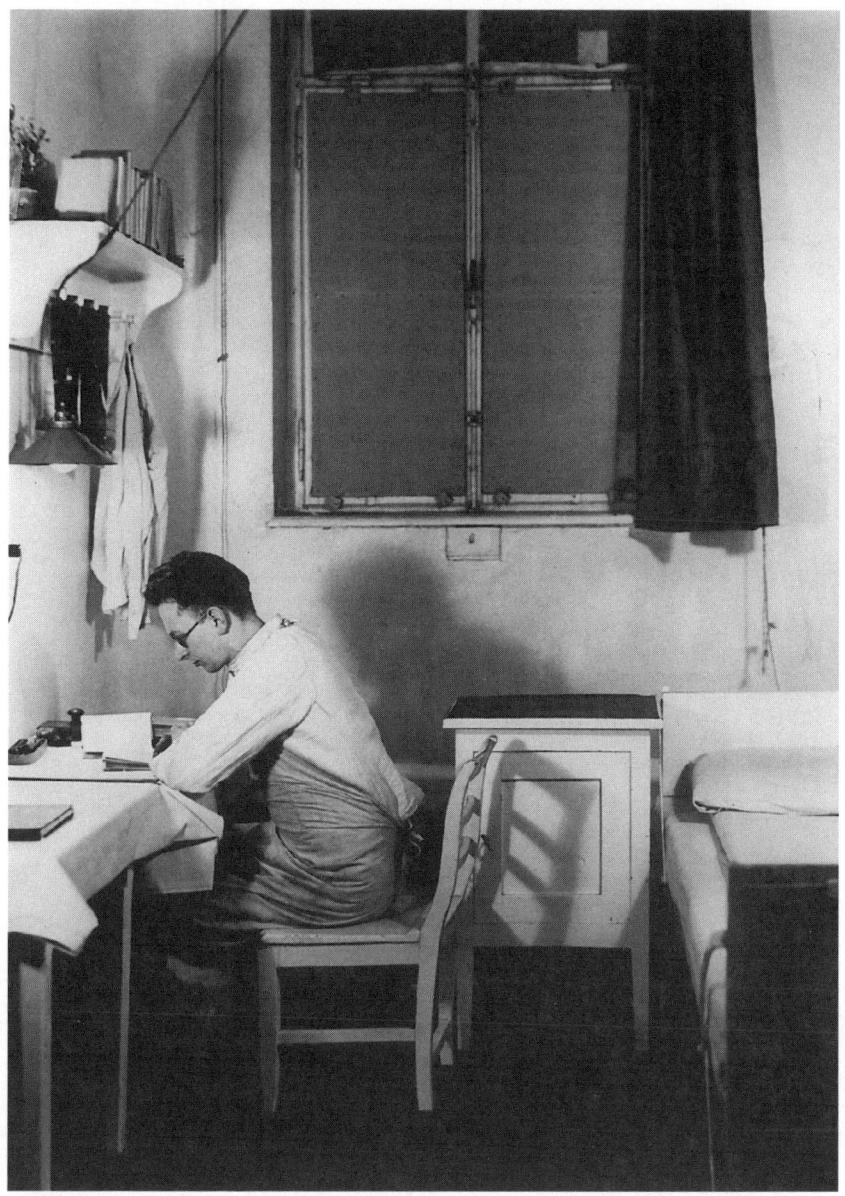

Erich Sander, der Sohn des berühmten Fotografen August Sander, ca. 1937 in seiner Gefängniszelle in Siegburg (Quelle: Die Photographische Sammlung/SK Stiftung Kultur, August Sander Archiv)

Anna und Helene, ca 1935

Helene Sälzer in den 40er Jahren

Die zugewiesenen Wohnungen wurden immer kleiner; Anna Ballin in den 40er Jahren in Köln

Gottfrieds Bruder Wolfgang Ballin
in den 50er Jahren

Wolfgang Ballin in Amerika
in den 50er Jahren

Gottfrieds Brüder Wolfgang und Arnold Ballin treffen sich nach dem
Krieg in Amerika

Herford, den 12.10.35

Liebe Mutter,
vorerst vielen Dank für Deinen Brief. Im allgemeinen wünsche ich Dir einen recht guten Schlaf. Solltest Du aber nur schreiben wollen, falls Du zu früh aufwachst, so muss ich meine Segenswünsche ändern. Wenn Ihr Euch eine Vorstellung machen würdet, wie sehr wir uns über Briefe von zu Hause freuen, würdet Ihr doch öfters eine Stunde aufbringen, um zu schreiben. Als einziges Informationsmaterial über die Vorgänge draussen habe ich die Anstaltszeitung, den »Leuchtturm«, der spärlich genug berichtet. Ich würde mich deshalb freuen, wenn Du mir auch kurz in den Briefen über wichtige Ereignisse, die in den Zeitungen stehen, schreiben würdest.
Seit unserer Ankunft in Herford sind wir bereits wieder verlegt worden und ich liege jetzt mit 2 Kölnern: Rosendahl und Ransenberg zusammen auf einer Zelle. Dass ich mich darüber freue, kannst Du Dir denken. Die Juden liegen alle zusammen, gehen allein spazieren, und... der Rebbe kommt nicht. Bisher haben wir von jüdischer Seelsorge noch nichts gemerkt, was mir teilweise unangenehm ist, da ich von ihm eine Bibel haben wollte.
Bücher gibt es nur sehr wenig, 1 Buch pro Kopf und Woche. An Arbeit, vor allem in einer Werkstatt, ist nicht zu denken, da wir nicht ausserhalb der Zelle mit anderen zusammenkommen sollen.
Von Rosendahl habe ich erfahren, dass der Besuch nur sehr kurz ist, 10 – höchstens 15 Minuten lang. Überlegt Euch deshalb, ob es überhaupt Zweck hat, dass Ihr kommt. Schreibt lieber etwas häufiger und gebt das Geld für Euch aus.
Mit dem Antrag betreffs englische Bücher und Schreiberlaubnis wartest Du am besten bis Mitte Dezember, da mir in Münster gesagt wurde, dass der Antrag dann Aussicht auf Erfolg hätte.
Lenis Gründlichkeit in allen Ehren, aber fast 2 Monate für einen Brief sind doch recht lang, und ein Brief, der einen Umfang von über 5 Seiten hat, wird sicherlich beanstandet werden. Zeit hingegen für einen Brief hat man, wenn man will.
Wolfgang wünsche ich guten Erfolg in seinem Examen und lasse Arnold herzlich grüssen.

Wenn der Bauer allein ist und viel Zeit hat, könnte er mir einen Gefallen tun. Ich habe vor, wenn ich Schreiberlaubnis habe, auf Deinen Vorschlag im vorletzten Brief einzugehen und Erinnerungen zum allerprivatesten Gebrauch niederzuschreiben. Dazu könntest Du mir eine Tafel unserer Vorfahren, soweit Du sie kennst, anfertigen mit Name, Geburts- und Todesdatum, Beruf und ganz skizzenhaftem Lebenslauf. Willst Du? Ich würde mich sehr darüber freuen. Es kann ja ruhig solange dauern, wie Du willst.

Ich kann Leni nur dann Antwort schreiben, wenn sie mir schreibt, da ich absolut nichts Neues erlebe und der Betrieb in den verschiedenen Anstalten sich fast völlig gleicht. Das Essen ist hier etwas besser, die Stunde Wehrsport wie in Münster, und die Freiübungen gibt es hier nicht. Sonst hat sich für uns nichts geändert.

Viele Grüsse an Onkel Rudolf und Tante Berta, Onkel Pino, Tante Lisbeth, die Brüder und andere Interessenten
vor allem an Dich und Leni
Gottfried

Bitte ermässigt die Zeitabstände der Briefe auf 14 Tage. Was macht die Aktentasche?

Herzliche Grüße sendet
Ernst Ransenberg [von Ransenberg handschriftlich angefügt, d. Hrsg.]

Herford, den 15.12.35

Liebe Mutter,
vielen, vielen, herzlichen Dank für das englische Schreibmaterial, das so prompt bei mir eintraf. Montagmorgen hatte ich bereits alles in Händen. Ich bin wirklich glücklich, dass damit das öde und stupide Zeitvertrödeln aufgehört hat und an dessen Stelle systematische Tageseinteilung treten kann. Onkel Pino lass ich für seine Freigebigkeit herzlich danken. Ich hatte beim Empfang der Bücher schon einen

Schreck bekommen, dass Du Dich so in Unkosten gestürzt hast. Grüss ihn und Tante Lisbeth nochmals recht herzlich von mir. Die Bibel habe ich gestern bekommen. Vorbedingung für ihre Aushändigung war merkwürdigerweise, dass sie Eigentum der Anstalt wurde. Ich bin gesund, habe gute Bücher zu lesen und biete keinerlei Anlass zu irgendwelcher Beunruhigung. Was Du über Zellengenossen und Tageseinteilung wissen willst, entnimm bitte aus Lenis Briefteil, der diesmal so überwiegend gross ist, weil das Kind Geburtstag hatte. Fühle Dich deshalb bitte nicht benachteiligt. Der nächste Brief wird ehrlich geteilt, und im April erhältst Du den Löwenanteil. Im Gegensatz zu Dir hatte ich von Arnold Post, hier eintreffend am 27.11. Ich lege den Brief bei, da er Dich sicher mehr als interessieren wird. Hab nochmals innigen Dank für das Arbeitsmaterial, bei dem Du so an alle meine Wünsche gedacht hast. Du hast sie voll und ganz befriedigt. Schick bitte den Brief so schnell wie möglich zu Leni nach Köln, damit sie ihn nicht zu lange nach ihrem Geburtstag erhält. Sei nicht böse wegen der Kürze, grüsse Tante Anna, die Oppenheimers und sonstigen Kasseler und später Kölner Verwandten und Bekannten, frohe Weihnachten, ein besseres neues Jahr und gute Gesundheit.
Gottfried

Den autobiographischen Versuch beginne ich aus Gründen, die ich Dir noch schreiben werde, im Februar.
Falls ich Arnolds Brief nicht mitschicken darf: Es geht ihm gut, und er ist sehr vergnügt. Grüss ihn von mir, da ich ihm nicht schreiben kann.
Liebe Leni, liebes Mädel, viele herzliche Glückwünsche zum Geburtstag. »Spät kommt Ihr, doch Ihr kommt...«, und mein später Schreibtermin muss auch den späten Geburtstagsbrief entschuldigen. Schenken kann ich Dir diesmal nichts mehr, denn was mir gehört, gehört sowieso auch Dir mit, und so bleibt mir nur übrig, Dir etwas zu wünschen. Also alles Liebe, Gute, Schöne und dass wir bald wieder zusammenkommen. Hab zuerst noch vielen Dank für Deinen lieben Besuch. Du glaubst nicht, wieviel Freude er mir gemacht hat. Die Mehrarbeit, die Du Dir dadurch auferlegtest, habe ich als liebes Geschenk dankbar angenommen. Als ich wieder auf der Zelle war, da war es in mir so hell und froh, als ob ich wieder in Freiheit mit Dir zusammengewesen wäre.

Dass Du so tapfer, über alle Hindernisse hinweg, zu mir hältst und halten willst, macht mich glücklicher, als ich in Worten sagen kann. Weisst Du, Leni, im Glück miteinander leben ist keine Kunst, das bringen auch schwache Menschen fertig. In Not zusammenstehen fordert zwar Mut und Ausdauer, bindet aber später auch fester als eine nur frohe Vergangenheit. Ich weiss, Du hast es jetzt oft schwer, ich manchmal auch. Kämpfen wir dagegen, jeder still für sich, dann leuchtet uns später aus dem dunklen Vergangenen die Zukunft umso heller. Trauere deshalb nicht darum, dass die Tage so schnell vergehen; jeder bringt Dich ja auch mir näher, und wieder zusammen werden wir die Tage besser, voller und länger ausnutzen. – Du wolltest gern wissen, wie ich den Tag verbringe und ob ich eine feste Tageseinteilung habe. Ja, ich habe eine. Morgens um 6 Uhr aufstehen, im Geschwindtempo gewaschen, im Winter manchmal im Dunklen, denn, wenn ich auf das Licht warte, werde ich mit der Zellensäuberung nicht fertig. Zelle kehren, Kaffee empfangen. Danach Blechzeug putzen, bestehend aus 2 Deckeln, 1 Schippe, 1 Eimer und 1 Waschschüssel aus Zinkblech, bis sie spiegeln. Dann 1/2 Stunde Spaziergang, 2. Zellensäuberung. Englisch bis zum Mittagessen, Lesen bis zum Kaffee, 1/2 Stunde Freiübungen, Lesen bis zum Abendbrot, Lesen – Schlafengehen um 8 Uhr. Da hast Du mein Tagesprogramm, das im allgemeinen eingehalten wird, doch habe ich mir eine Ausnahme gestattet, insbesondere dann, wenn ich ein besonders interessantes Buch aus der Bibliothek habe. Zur Zeit lese ich ein Geschichtswerk über die Zeit von 1815-1900. Ganz erträglich. Ich sehe überhaupt zu, dass ich möglichst viel wissenschaftliche Literatur kriege, um so viel wie möglich von der unfreiwilligen Musse zu profitieren. Die englischen Bücher waren mir auch deshalb so willkommen, da ich durch sie in die Lage gekommen bin nur die besten Bücher zu lesen, und wenn ich Kitsch habe, ihn liegen lassen zu können und nur Englisch zu treiben. Den Macauly lese ich laut auf Englisch, dann schlage ich die unbekannten Wörter nach, übersetze zuerst wörtlich, dann in gutes Deutsch, schreibe nieder und lese die Stelle noch mal laut auf Englisch, um das Ohr an den Klang zu gewöhnen. Ich würde gern mit anderen zusammen lernen, aber die ziemlich indolente Mentalität meines, im Augenblick einzigen Zellengenossen, lässt das nicht zu. Statt *dessen lese ich ihm von Zeit zu Zeit wissenschaftliche Artikel aus dem »Leuchtturm« vor, und wir sprechen dann über den Inhalt. Jetzt, wo ich die Bibel habe, wollen wir auch daraus manchmal vorlesen. Mit meinen ehemaligen Zellenkameraden bin ich nicht wieder zusammengekommen und vermisse deren geistige Fähigkeiten oft. Dagegen ist der kriminelle Gefangene, der auf unserer Zelle lag, verlegt worden, und wir warten auf einen dritten Mann. Hoffentlich kommt ein einigermassen anständiger Mensch. Du glaubst kaum, wie es die Haft erleichtert, mit ruhigen, sympathischen Menschen zusammenzuleben, und wie sehr das Gegenteil einen quält. Das Verhältnis zwischen politischen und kriminellen Gefangenen ist meist recht unerquicklich, Ausnahmen sind natürlich da. – Für Deinen lieben Brief sei bedankt. Dass ihr zwei Euch so gut versteht und dass Du öfter bei Mutter bist, freut mich sehr, denn ich nehme an, dass die Besuche auch ein klein wenig mir oder der Erinnerung an mich gelten. – Du liest jetzt ein Buch über Abessinien? Liest Du nicht etwas unsystematisch? Versuch doch einmal, Dir ein bestimmtes Wissensgebiet als Aufgabe zu stellen, das Du ausschließlich bearbeitest. Die Gefahr, seine Arbeitskraft zu verzetteln, liegt sonst so nah. Lieber Weniges gründlich, als Vieles oberflächlich kennen. Deine afrikanischen Idylle sind im Augenblick wohl sehr unromantisch. Märchen, in denen Zweimanntanks und mit Mausergewehren bewaffnete Abessinier vorkommen, wird man wohl erst in 1000 Jahren erzählen. Mit Eurer Briefregelung bin ich sehr einverstanden, nur müsstest Du mir pünktlich am Anfang der Woche schreiben, da ich Unannehmlichkeiten hätte, wenn Eure Briefe zusammen in einer Woche ankämen. Vergiss auch den Absender von zu Haus nicht, da man sonst nicht sehen kann, dass der Brief von Angehörigen kommt. Andere Briefe sind nur alle 2 Monate zulässig.*

Grüss Deine lieben Eltern recht herzlich von mir, wünsche ihnen sowohl wie Minna, Dures, Christinchen und vor allem der neugebackenen Ehefrau Hank in ihrem ehelichen Glück (??) frohe Weihnachten, ein glückliches Neujahr und was sie sonst noch wollen.
Auf Wiederhören, liebes Geburtstagskind. Halte Dich gut. Am 9. Februar schreib ich wahrscheinlich wieder
Gottfried

Ab Februar 1936 klebten die Zelleninsassen zehn Stunden täglich Tüten und verdienten damit ein wenig Geld. Die Hälfte dieses Geldes durften sie für Einkäufe verwenden. Sie besserten damit ihren Speisezettel ein bißchen auf.

Pläne für seine Zukunft schob Gottfried noch weit von sich, weil in den schwierigen Zeiten alles viel zu unsicher war. Er wußte nur, daß er mit Helene zusammenleben wollte.

Gottfried klagte über Bindehautentzündungen und nachlassende Sehkraft, außerdem über Zahnschmerzen. Bei den kurzen Besuchen gab es Mißverständnisse, die brieflich ausgeräumt werden mußten.

Herford, den 16.2.36

Liebe Mutter,
vielen Dank für pünktliches Schreiben. Ich freue mich sehr auf Euren Besuch, nur müsst Ihr, da Ihr sonntags kommt, Euch vielleicht mit einer kurzen Besuchsdauer begnügen, da die Beamten Sonntag weniger Zeit haben. Konzentriert deshalb möglichst alles, was ihr mir sagen wollt, schreibt es, wenn nötig auf, damit wir die Zeit nutzen können. Da ich von Euch nichts Gegenteiliges gehört habe, nehme ich an, dass Ihr Euch alle jetzt wieder voller Gesundheit erfreut. Von mir kann ich dasselbe sagen.
Mit Erstaunen habe ich vernommen, dass Du bereits wieder umziehen willst. Du weisst doch, dreimal umgezogen ist so gut, wie einmal abgebrannt. Wo willst Du übrigens die Möbel lassen, wenn Ihr Euch wieder verkleinert? Habt Ihr die Wohnung diesmal auch gründlich ausgesucht, so, dass bei Onkel Simons verändertem Befinden und allen damit verbundenen Eventualitäten sie gehalten werden kann? Ist Wolfgang noch in Köln, was macht er, wie steht sein Examen, ist es fertig ... usw.? In mancher Beziehung habt Ihr mich nicht gut auf dem laufenden gehalten. Von Wolfgang selbst habe ich seit meiner Inhaftierung nichts gehört. Ein immerhin seltsames brüderliches Verhalten, verglichen mit dem, das ich bei meinen Kameraden wahr-

nehme. Ich bin ja im allgemeinen kein Familiensimpel, aber immerhin könnte er mal etwas von sich hören lassen, oder schämt sich der Herr etwa seines Bruders? In meinem Leben auf der Zelle ist eine grosse Veränderung vor sich gegangen, ich habe Arbeit bekommen: Tüten kleben und klebe nun mit meinem Philosophen zusammen täglich 10 Stunden. Englisch und Lesen haben wir nun an den Nagel hängen müssen, sind jedoch augenblicklich im Besitz eines Bandes Goethe, Dramen, und lesen abends den Faust. Das hat zur Folge, dass wir tagsüber in Zitaten reden. Ich hatte überhaupt in letzter Zeit ein paar gute Bücher, einen Roman von Andersen, der Improvisator. Dostojewski, Doppelgänger, Helle Nächte, Der kleine Held, und jetzt den Goethe, dessen schöne Sprache uns beide beglückt. Seit wir Arbeit haben, liegen wir nur noch zu Zweien. Deinem Wunsch nach Schreiben in der Mitte der dreimonatlichen Frist kann ich nicht nachkommen. Wir müssen ja am Schreibtermin schreiben, der ungefähr am 3. Sonntag jeweils im 2. Monat ist, also jetzt wieder am 3. Sonntag im April.

Ich hatte Malheur mit der Brille, ein Bügel brach, und ich mußte sie reparieren lassen, ausserdem habe ich noch etwas an den Zähnen und möchte sie behandeln lassen. Würdest Du deshalb auf meinen Namen etwas Geld bei der Anstaltskasse einzahlen? Bring mir doch bitte auch eine recht kräftige Zahnbürste mit, meine alte ist verbraucht und abgenutzt.

Das wäre nur das Dringendste, was ich auf dem Herzen habe, alles andere sage ich Dir am Sonntag. Herzliche Grüsse an alle und vor allem an Dich. Der grosse Grussauftrag kommt am 23.   Gottfried

Liebe Leni,
Weihnachten habe ich auch sehr still verbracht. Etwas besseres Essen, Gesang am Heiligen Abend, Posaunenchor und Streichorchester an den Feiertagen hoben die Tage etwas aus der grauen Eintönigkeit des Gefangenenlebens. Aber liebes Mädel, wie kannst Du nur denken, dass ich über Deinen Brief hätte lachen können, und wenn er in noch so einer Katzenjammerstimmung geschrieben war. Ich kann mir schon denken, wie das Alleinsein, das keinen Freund und Kamerad haben, immer bei anderen rumhängen Dich deprimiert. Wenn es

dann so schlimm ist, setze Dich ruhig hin und schreibe Dir alles von der Seele runter. Ich werde bestimmt nicht lachen. Aber dann hebe wieder den Kopf, beiss die Zähne aufeinander und benutze die Zeit um zu lernen, lernen und nochmals zu lernen. Kann man etwas Besseres in seiner Freizeit tun? Dann wirst Du bald das Gefühl haben, dass Du Dich trotz allem vorwärts entwickelst. Das menschliche Leben verläuft nicht wie eine gerade aufsteigende Linie, sondern wie eine Kurve mit Höhen und Tiefen. Ob die geschwungene Linie schliesslich steigt oder fällt, ob man sich vorwärts oder rückwärts entwickelt, das liegt bei dem Individuum. Eins steht aber fest, die Welt und Weltgeschichte entwickelt sich nie rückwärts, das gibt es nicht, sondern nur vorwärts. Entwickeln wir uns mit ihr! Zu Deinem Nachdenken über das Wesen des Menschen auf diesem beschränkten Raum nur folgendes: Der Mensch ist von Natur aus wahrscheinlich weder gut noch schlecht, man soll die Erbanlage nicht überschätzen. Die Erziehung vermag ungeheuer viel, wenn nicht fast alles. Sie hängt ab von äusseren Umständen, von der Gesellschaftsordnung, zu der sie erzieht, alle deren Mängel haften auch der Erziehung an. Die Erziehung erfolgt nicht nur durch Eltern, Lehrer usw., sondern vor allem durch die Umwelt. Lass Dir das mal durch den Kopf gehen. Hab vielen Dank für Deine Briefe, Film- und Buchberichte. Könntest Du mir nicht jeweils über Neuerscheinungen bei Buch und Film berichten, Du liest sie doch sicher in der Zeitung. Danke Hans für seinen Neujahrsgruss. Erzähle auch der Wilma, dass Johanna tot ist. Sie ist am Gehirnschlag gestorben. Schreib Dir alles auf, was Du mir sagen wolltest, und pass mir gut auf meine kleine Mutter auf und sie umgekehrt auf Dich.
Herzliche Grüsse   Gottfried.
Ich freue mich auf den Besuch.

Vielen Dank noch für die Gedichte Walthers von der Vogelweide. Liest Du jetzt mittelhochdeutsche Gedichte, oder wie kommst Du daran. Erzähl oder schreib es mir.

Postkarte

Herford, den 18.3.36

Liebe Mutter,
ich habe die Erlaubnis bekommen, mich selbst zu rasieren. Würdest Du deshalb so gut sein und mir folgende Rasierutensilien schicken:
1 Rasierapparat in Schachtel
1 Rasierpinsel
10 Rasierklingen (Marke Lukus)
1 Seifennäpfchen
2 Stangen Rasierseife (möglichst in einer Hülle aus Aluminium o. Bakelit)
1 Alaunstein.
Am liebsten hätte ich den Pinsel und Alaunstein, den Du mir damals in den Pütz schicktest. Hast Du ein Holzkästchen zur Hand, dann schick die Sachen bitte darin, weil ich sie dann besser aufbewahren kann. Für das, was Du extra besorgen musst, danke ich als Geburtstagsgeschenk. Eure Karten haben mich sehr gefreut. Ich bin gesund und danke für Geld, Briefe und Karten. Herzliche Grüsse an Dich und Leni, Pinettes usw.
Gottfried

Herford, den 10.4.1936

Liebe Mutter,
da Du anscheinend bei dem vorigen Besuch wegen meiner allzu grossen Blässe besorgt warst, will ich Dich jetzt durch ausführliche Erklärung beruhigen. Sie wurde durch zwei Dinge hervorgerufen, 1. Angst vor einem allzu kurzen Besuch und 2. durch den großen Tütenschreck, der sich jetzt aber unter dem Einfluss von Ernst' philosophischer Ruhe völlig gelegt hat. Psychisch wie physisch bin ich längst wieder im vollen Gleichgewicht. Für Deine Briefe habe vielen

Dank. Die Buchbesprechung hat mich sehr interessiert, und wenn ich darf, bitte ich um mehr. Von den Karten haben mir die Dürer'sche Zeichnung und der Spitzweg am besten gefallen, aber eigentlich auch der Roblier. Die Koryphäen der Malerei in der Ackermann'schen Serie sind doch den anderen Karten weit überlegen. Solltest Du in der genannten Serie mal eine Karte von van Gogh finden, würde ich mich sehr freuen. Wir treiben anhand der Bilder etwas Kunstbetrachtung und, soweit unsere Kenntnisse ausreichen, Kunstgeschichte. Der kleine Gottfried mit Pausbacken hat viel Lachen und die Mutter im Abendlicht bei mir viel Freude erregt. Das Rasiergerät tritt häufig in Funktion, was jedesmal als grosses Fest gilt. Dabei werden sämtliche Utensilien auf dem Tisch aufgebaut, und in der Zelle riecht es dann wie in einem Rasiersalon. – Dass es Arnold so gut geht, freut mich sehr, dass er »unsere grosse Hoffnung« wird, ebenfalls. Ich glaube kaum, dass er einen besseren Beruf hätte wählen können. Bei solcher Arbeit wird ihm Affigkeit und Dandytum schon vergehen, und die Natur wird ihm die Natürlichkeit schon aufzwingen. Hat Wolfgangs praktisches Jahr schon angefangen? Ich dachte, es beginnt erst im Oktober. Zu Deiner bevorstehenden Reise wie zu bevorstehendem Geburtstag gratuliere ich herzlichst, hoffentlich bringst Du von ersterer viel Optimismus mit. Schreib Dir alles auf, damit Du mir bei dem Besuch viel erzählen kannst. Wir haben jetzt gute Bücher: Goethe, Wahlverwandtschaften und Dichtung u. Wahrheit, ausserdem bekam ich gestern einen Band Velhagen u. Klasings Monatshefte mit vielen Bildreproduktionen. Wir haben uns besonders über diese Wiederauffrischung des bunten, vielgestaltigen und so schönen Lebens gefreut, die für uns in dem grauen Einerlei mehr bedeutet, als Ihr Euch denken könnt. – Jetzt komme ich zu Lenis Briefteil, schreibe aber für Dich immer weiter mit. – Weisst du, lieber standhafter Zinnsoldat, wie der Frühling zu uns kam? Eines Morgens beim Spaziergang machten die Spatzen, die unter der Dachrinne wohnen, ein besonders heftiges Geschrei. Wir sahen nach oben, und auf einmal kam die Ursache des Spatzenschrecks daher. Fünf grosse graue Wildgänse, die Hälse wie Pfeile weit vorgestreckt, flogen mit ruhigem Flügelschlag dicht über die Anstalt in den Frühlingsmorgen.

Ein herrlicher Anblick. Jetzt blühen auf der Wiese im Hof die Gänseblümchen, an einer Stelle sogar ein einzelnes Stiefmütterchen, und die Rosen setzen Triebe an. So viel Schönes wie Du auf Deinen Fahrten mit Familie Hauk sehe ich freilich nicht, aber ich bin schon ganz bescheiden geworden und will auch damit zufrieden sein. – Für Deine Briefe und Frühlingsgrüsse vielen Dank, dito für die Filmbesprechung. Was Du liest, interessiert mich sehr. Mehrings deutsche und preussische Geschichte ist sehr gut. Ich empfehle Dir von demselben Verfasser die Beiträge zur Literaturgeschichte. Sie sind ausgezeichnet und alleinstehend in ihrer Art. Solltest Du das Vorwort nicht verstehen, überschlag es ruhig oder lies es zum Schluss. Ich habe es, als ich das Buch zum ersten Mal las, auch nicht verstanden. Klabunds Literaturgeschichte ist zur Gewinnung eines allgemeinen Überblicks ganz gut, im einzelnen aber zu oberflächlich. Wenn ich Dir ein paar gute Romane empfehlen darf, dann lies aus meiner Bibliothek: Walter Bauer, Ein Mann zog in die Stadt, de Coster, Till Ulenspiegel, ein Roman aus dem Unabhängigkeitskampf der Niederlande. Liest Du eigentlich mal in Deinem Heine? Versuchs doch mal mit der Harzreise. Du liest Freud? Das scheint mir Jakobs Einfluß zu sein. Du wirst wahrscheinlich die »Einführung in die Psychoanalyse« gelesen haben und sehr enttäuscht sein, da Du Dir unter Psychoanalyse etwas anderes vorgestellt hast. Die Psychoan. ist übrigens nur eine Schule der Psychologie, neben der es noch mehrere andere gibt, z.B. die Individualpsychologie u.a. Meine Stellung zu Freud ist ungefähr die: Er ist in vielen Dingen auf dem Gebiet der Psychologie bahnbrechend gewesen, übertreibt aber die Bedeutung des Sexuellen im Menschen und trifft durch seine Schematisierung bei der Analyse oft daneben. Um näher darauf einzugehen, ist hier der Raum zu knapp, aber schreib mir mal, was Du darüber denkst.

Deine Pläne finde ich sehr schön, wenn Du Dich nur nicht zu sehr zersplitterst. Lernst Du alles langsam nach und nach, bin ich damit sehr einverstanden. Ich kann noch nicht Pläne machen, obwohl ich sie im Kopf des öfteren mir zurechtlege; aber in einer Zeit, in der die gesamtpolitische Situation der Welt sich fast von Woche zu Woche ändert und mit ihr die Möglichkeit meiner zukünftigen Existenz,

wäre ein Vorausdisponieren zwecklos. Was für mich feststeht, ist nur das, dass ich sehen muss, auf irgendeine Art zu ermöglichen, mit Dir zusammenleben zu können. Alles weitere wird sich erst im letzten Jahr vor meiner Entlassung finden. Grüss die Eltern, Familie Hauk und alle Bekannten. Wenn das Doppelbild fertig ist, bitte, bitte schick es mir. Grüss auch Malchen und komm mit Mutter braungebrannt im Monat Mai zur Beendigung des ersten Drittels der Wartezeit. Du, liebe Mutter, grüss die Brüder und Pinettes, Onkel Rudolf und Tante Berta nebst Kindern, erhol Dich gut auf der Reise, und sei von meinem Wohlergehen überzeugt. An Leni noch vielen Dank für ihre Bemühungen um meine, Deine Bücher
Gottfried

Herford, den 22.4.1936

Mein liebes Geburtstagskind
da ich vor dem 21. Mai Dich weder sehen, noch Dir schreiben werde, (im Besuchstermin habt Ihr Euch wohl geirrt. Anfang Juni sind erst die 3 Monate um) gratuliere ich Dir schon jetzt recht herzlich. Was sich die Engländer an solchen Tagen wünschen, oftmalige glückliche Wiederkehr dieses Tages, erhoffe ich auch für uns beide. Mit besonderem Nachdruck: glückliche. Mein Geburtstagsgeschenk für Dich sei die Nachricht, dass es mir gut geht. Gesundheitlich bin ich völlig in Ordnung und weiss gar nicht mehr, welcher Satan mich beim vorigen Besuch geritten hat, so zu »jömern«. Meine Lage hat sich auch insofern verbessert, als ich mir für die Hälfte des verdienten Geldes Lebensmittel kaufen darf. Wenn es auch nicht viel ist, so brauchen wir das Brot nicht mehr trocken zu essen. Der Frühling hat sich nun auch für uns bemerkbar gemacht. Das helle, frische Grün auf der Wiese unseres Spazierhofes hat das graue, fahle des Winters überwuchert. Gänseblümchen und wild wachsende Stiefmütterchen öffnen immer zahlreicher ihre kleinen Gesichter, die beschnittenen Rosenbüsche treiben rote, sich allmählich grün färbende

Schösslinge, der Himmel und damit unsere Zelle ist heller geworden, das Fenster steht jetzt meist offen und mit dieser freundlichen Umgebung werde ich auch froher und zukunftsfreudiger. Berufspläne tummeln sich mannigfaltig in meinem Kopf, aber keiner ist reif, um ausgesprochen werden zu können. Die Verhältnisse ändern sich jetzt zu schnell, um Pläne auf weite Sicht zu machen. – Ihr spracht beim Besuch von einer Übersiedlung in die Landwirtschaft. Schreibt mir doch mal, wie Ihr Euch das praktisch denkt. Ich allerdings glaube jetzt mehr denn je, nach meiner Entlassung im Land bleiben zu können. Seit ich Dir das letzte Mal über Bücher schrieb, haben wir sehr gute Literatur gehabt: Storms sämtliche Werke, Stifter, Studien und »Bunte Steine«, Strindberg, Rausch und Totentanz, Tagore, Gedichte, und jetzt Shakespeare: Königsdramen. Nebenher habe ich anhand einer Länderkunde meine geographischen Kenntnisse aufgefrischt und ein paar oberflächliche Reisebeschreibungen geschmökert. Storm in seiner grossen, oft allzu grossen Weichheit und Zartheit war mir am Schluss etwas zuwider. Stifter dagegen hat mir viel Freude gemacht. Der Malerdichter, der so stark an Goethe anklingt, müsste Dir doch auch gefallen. Strindbergs Dramen mit ihrer unserer Zeit so fremden Problematik fand ich kaum geniessbar. – Sei recht bedankt für die lieben Briefe und die schöne weisse Frau, die ganz meine Mutter ist und die ich mit Freuden behalte. Jetzt wünsche ich mir noch von Leni ein gleiches Bild, das man mir aber erst beim Besuch mitbringen möge und das mit Deinem zusammen dann mein »Hausaltar« wird. Meinen Familiensinn hast Du übrigens unterschätzt. An die im letzten Brief benannten Anverwandten und Bekannten habe ich oft gedacht und auch oft von ihnen gesprochen. Grüsse sie, die lieben Pinos und alle übrigen von mir, übermittle Eva und der Neuacquisition meine herzlichen Glückwünsche. A propos Heirat, was macht Ruth? – Wiederkommen tue ich, wie die Pussi, bin ich doch die Katz, die am Haus hängt. Schicke mir als nachträgliches Geburtstagsgeschenk eine neue Zahnbürste, liebe Herbstzeitlose, und übernimm für alle Fälle meine neue Devise: Pitter, loss d'r Mot nit sinke! Recht herzlich grüsst Dich u. d. Wo. Dein Gottfried

Liebe, liebe Leni, vorerst will ich Dir meinen Dank für die um meinetwillen abgearbeiteten Überstunden abstatten. Sind sie Dir nicht leichter gefallen als die gewöhnlichen? Ich habe während der ganzen in Frage kommenden Zeit intensiv an Dich gedacht. – Die Kinderbilder, die Du mir letzthin zeigtest, fand ich wieder sehr gut. Am besten gefiel mir das Negerkind mit den grossen, strahlenden, schwarzen Augen und der in der Nase bohrende Spross Richards. Wie bringst Du die Kinder zu so ungezwungenem Benehmen? – Beim letzten Besuch haben wir uns leider nicht ganz verstanden, aber aus dem ersten Brief nach unserem Wiedersehen entnahm ich, dass Du weisst, was ich zum Thema – Freunde – sagen wollte. Du zweifelst, ob das Gesagte meiner vollen Überzeugung entspräche. Es entspricht ihr voll und ganz. Ich habe nach wie vor unbegrenztes Vertrauen zu Dir. Was ich im letzten Brief schrieb, geschah in einer falschen Art. Nur meiner Meinung zu Deinem Handeln wollte ich Ausdruck geben. Ich will u. wollte aber nicht, dass Du Dir Beschränkungen auferlegst, die <u>Du selber</u> nicht für notwendig erachtest. Eifersüchtig bin und war ich nicht, sonst müsste ich mir wirklich erbärmlich vorkommen.

Eure Osterfahrt scheint ziemlich unter Kälte gelitten zu haben. Fehlte ich zum Heizen und Nudelnkochen? – Der Familie Vogl meinen aufrichtigen Glückwunsch zum Stammhalter. Der junge »stolze« Papa wird's schon bald merken: »Vater werden ist nicht schwer – Vater sein dagegen sehr.« Unter obwaltenden Verhältnissen möchte ich nicht auch noch die Verantwortung und Sorge für ein kleines Kind zu tragen haben.

Walters Schicksal ist sehr, sehr schwer. Niemand kann das wohl so empfinden wie wir. Wenn Du kannst, grüsse ihn von mir und drücke ihm mein herzlichstes Beileid aus. Wer kümmert sich denn jetzt um den Jungen? Wir müssen über die Sache bei Besuch mal reden. Er darf auf keinen Fall das Gefühl bekommen, dass er jetzt völlig verlassen ist und sich keiner um ihn kümmert. Wie geht es dem Malchen und ihrem langen Laster? Was liest Du jetzt, auch Klassiker? Überarbeite Dich nicht, leg Dich so viel wie möglich in die Sonne und komm ausgeruht mit der Mutter im Juni zu einem ganz ruhigen Besuch. Da die Mutter jetzt alle Daten vergisst, sorge Du dafür, dass Ihr auch am

richtigen Tag erscheint. Was hast Du Pfingsten vor? Wollt Ihr wieder auf Fahrt gehen? Ich wollte, ich könnte mit. Bestelle den lieben Eltern viele Grüsse, und sorge Dich nicht um mich!
Dein Gottfried

Herford, den 14.6.1936
Liebe Mutter,
durch Euren verspäteten Besuch bin ich wortwörtlich aus dem Konzept geraten, und zwar aus dem zu Deiner Geburtstagsbegrüssung. Aufgeregt wie ich war, habe ich, meines Wissens, die Gratulation vergessen. Ich hole sie hiermit nach und wünsche Dir und mir, dass wir Deinen Geburtstag bald wieder zusammen feiern können.
Hab vielen Dank für die Zahnbürste und den Bosch'schen Josef. Letzterer sieht mir viel mehr nach einem ernsten, abgeklärten, über die kleinen Schmerzen und Schikanen dieser Welt erhabenen Mönch aus als nach dem, der sein Brot mit Tränen ass. Diese Abgeklärtheit und Vergeistigung ist, wenigstens zum Teil, auch mein Ideal, und das Bemühen, dieses Ideal anzustreben, lässt mich in Verbindung mit Ernsts lieber Gesellschaft manches leichter tragen, als Du Dir denkst. Lass Dir das Herz ruhig wieder leicht werden im Gedanken an mich, so schlecht, wie Du Dir denkst, geht es mir nicht.
Gesundheitlich geht es mir gut bis auf eine Bindehautentzündung, die behandelt wird. Frag doch Wolfgang mal, ob das von einer Überanstrengung der Augen herrühren kann oder durch sie verschlimmert wird. Ich habe mir übrigens eine neue Brille machen lassen müssen, weil meine auf grössere Entfernungen zu schwach ist; sie ist hier billiger als draussen, weil der Optiker Anstaltsinsassen 20 % Rabbat gewähren muss. Bezahlt habe ich sie von dem Geld, das Du mir für die Zahnbehandlung schicktest. Die Zähne liess ich mir damals nicht machen, weil die Zahnschmerzen wieder aufhörten; sie sind inzwischen jedoch schon mal wiedergekommen. Würdest Du mir vielleicht im Laufe der nächsten Wochen noch mal denselben

Betrag einzahlen, damit ich zum Zahnarzt gehen kann? Die Brille hat 12,75 RM gekostet. Stärke −3.

Nachdem ich im Juli vorigen Jahres bereits einen Musterungsausweis mit dem Vermerk: »Ausschluss aus der Wehrmacht« erhalten hatte, bin ich vorgestern nochmals und diesmal ganz regulär gemustert worden. Eine Musterungskommission des Heeres war in der Anstalt. Ich wurde für bedingt tauglich und wehrunwürdig für den Dienst bei der Wehrmacht in Friedenszeiten erklärt.

Richtet bitte in Zukunft Eure Briefe so ein, dass ich jede Woche einen bekomme, also wie bisher, nur schickt ihn bitte Anfang der Woche ab, damit nicht in einer Woche 2 und in der folgenden Woche gar keiner ankommt: Kommen 2 Briefe in einer Woche an, so bekomme ich nur einen ausgehändigt, wenn ich auch in der folgenden Woche keinen bekommen habe. Das gilt vor allem für Leni, von der ich vergangene Woche keine Post hatte.

Über die Bücher von Onkel Pino habe ich mich sehr gefreut. Multatuli kenne ich nicht. Wir haben im Augenblick gute Literatur: 2 Bände Schiller mit: Abfall der Niederlande, Geschichte des 30jährigen Krieges, Wallenstein, Jungfr. v. Orleans u.a. und einen Band der deutschen Monatshefte. Sonst ist alles beim alten bei mir. Wo warst Du Pfingsten? Mach Dir bitte keine Sorgen um mich, sonst muß ich mir welche um Dich machen. Sei herzlichst gegrüsst nebst allen anderen, die gegrüsst sein wollen, von Gottfried

Liebe Leni, wenn ich ganz verdriesslich bin, nehme ich mir Dein Bildchen vor, auf dem Du mich so freundlich anlachst, und muss dann auch den Mund verziehen. Die Photos, die Du mir beim Besuch zeigtest, haben mir alle sehr gut gefallen, zum Teil waren sie einfach ganz großartig. Ich habe jenes ehemalige Wasserschloss einmal von einem Berufsphotographen aufgenommen gesehen. Das Bild war lange nicht so gut wie Deines.

Wenn ich die kleine Photographie von Dir betrachte, lacht der Ernst mich immer aus und behauptet, das sei mein Fetisch, und ich müsse den Fetisch eigentlich prügeln, wenn ich keinen Brief von Dir bekomme wie vergangene Woche; die Neger machten das mit ihren Fetischen auch so, wenn sie mit ihnen unzufrieden wären. Ich lasse ihn ruhig spotten.

Dass Tucholsky Selbstmord begangen hat, liegt ganz in der Konsequenz seiner Weltanschauung. Wer immer nur kritisiert und spöttelt, zu nichts positiv steht, wird, wenn ihn ein Ereignis aus einer gewohnten Lebensweise herauswirft, meist so enden. Woher soll er auch die Kraft nehmen, weiter zu leben, wenn er an keine Zukunft glaubt und das zerstört ist, was ihm das Leben lebenswert machte. Schloss Gripsholm ist im übrigen ein sehr mässiges Machwerk. Ich würde mich überhaupt an Deiner Stelle mehr an Bücher halten, deren dichterischer Wert sich über ihre Zeit hinaus erhalten hat. Es werden in allen Zeiten sehr viele Bücher geschrieben; aber welche sind wirklich lesenswert, werden sich in eine andere Zeit erhalten? Von der ganzen deutschen Nachkriegsliteratur vielleicht Thomas Mann. – Die Buddenbrocks kenne ich wohl. – Wenn ich Dir einige Schriftsteller empfehlen darf, so lies, ausser den Klassikern, einmal was von dem Engländer Josef Conrad und dem Schweden Martin Andersen-Nexö und, wenn Du bekommen kannst, von den grossen französischen Romanciers Stendhal und Balzac.

Meine Kritik an Jakob war wohl etwas zu scharf, aber seine Frage auf der Karte erschien mir so wichtigtuerisch. Ich kann sie, so allgemein gestellt, in einem Brief überhaupt nicht beantworten. Was versteht er überhaupt unter Phantasie? Es gibt Menschen, die sehen an bestehenden Problemen vorbei und machen sich selbst welche, aus denen sie keine Konsequenzen zu ziehen brauchen. Schreib mir, was Du denkst und liest und wie Du Pfingsten verlebtest, frag Mutter, wie es Irma geht, und lass sie und ihren Mann grüssen, sei selbst gegrüsst und grüsse alle, alle,

Gottfried

Herford, den 16.8.1936

Liebe Mutter,
zuerst will ich die mir in den 2 Monaten übersandten Grüsse erwidern und danke hiermit Onkel Karl, Lilli, Onkel Pino und besonders Tante Lisbeth! Dir herzlichen Dank für Briefe und Karten. Brueghel

*und Cranach haben mir sehr gut gefallen, obwohl der belgische Kartendruck hinter dem deutschen weit zurücksteht.
In meinem Junibrief, den Dir Leni anscheinend sehr spät aushändigte, bat ich Dich, mir 10 RM zu schicken, um meine Zähne in Ordnung machen lassen zu können. Das Geld, das Du mir seiner Zeit schicktest, hatte ich für eine neue Brille gebraucht. Bis heute habe ich jedoch nichts erhalten. Lass mir doch bitte, so schnell wie möglich, das Geld überweisen. Ich habe Zahnschmerzen und kann sonst nicht zum Zahnarzt gehen.
Trotz der neuen Brille lässt die Sehkraft meiner Augen beständig nach, und die Bindehautentzündung will nicht verschwinden. Tante Thildchen erbot sich doch, etwas für mich zu tun. Vielleicht schickt sie Dir etwas Geld für mich, damit ich mich von einem Augenarzt behandeln lassen könnte. Ich fürchte, die Augen werden sonst immer schlimmer; die Bindehautentzündung ist an und für sich nicht so schlimm, aber das Nachlassen der Sehkraft beunruhigt mich, da die Kurzsichtigkeit bei uns ein altes Erbübel ist. – Sonst geht es mir gesundheitlich gut. In unserem Leben hier hat sich nichts geändert. Wir hatten in letzter Zeit einige gute Bücher: einen Band ausgewählter Klassiker mit Lessing, den Dichtern des Hainbundes, Jean Paul und Herder, ferner eine zweibändige Kleistausgabe, Grimmelshausen, Simplicissimus, und einen Band Sven Hedin, Im Herzen Asiens. – Das Buch von Cronin, das Du Arnold zum Geburtstag schicktest, kenne ich nicht. Gratulier auch bitte der Fleute in meinem Namen. Wolfgang lasse ich gute Besserung wünschen. Weshalb hattest Du mir übrigens noch nichts von Vicky geschrieben? Was sagst Du zu ihr? Seit wann gibt es bei uns wieder ein Paddelboot? Hat unser neuer Mieter auf längere Zeit gemietet? Wie geht es Tante Irma, und was macht Gunther? Ich habe noch so viele Fragen, die ich mir aber bis zum Besuch aufsparen will. Berichte mir bitte ausführlich über Onkel Felix' Erlebnisse in Palästina. Ich bin recht ungehalten über Onkel Rudolf, dass er Dich bat, Kurt zu besuchen. Das war mir gar nicht recht. Martin und Bötze danke ich für ihre Grüsse und erwidere sie herzlichst. Schreibe mir doch bitte, um wieviel Uhr ich Euren Besuch erwarten kann. Bis zum 1. September!
Gottfried*

Liebe Leni, Dir muss ich, so leid es mir tut, diesmal etwas den Kopf waschen. Deine Fahrigkeit und Unaufmerksamkeit grenzt fast an Gleichgültigkeit. Trotz meiner Mahnung beim letzten Besuch, mir keine unbeschriebenen Karten zu schicken, störst Du Dich an nichts und bereitest mir Unannehmlichkeiten. Meinen Junibrief hast Du anscheinend überhaupt nicht an Mutter weitergeschickt. Ich sitze hier seit zwei Monaten mit Zahnschmerzen und kann nicht zum Zahnarzt. – Solltest Du an allem unschuldig sein, so bitte ich hiermit schon alles ab; wenn nicht, bessere Dich. – So, jetzt kommt für Dich der liebe Teil. Ich habe schon brieflich »geschimpft«, um uns den Besuch, auf den ich mich so freue, nicht zu verderben. Vielen herzlichen Dank für Deine lieben Briefe. Erinnere mich doch bitte beim Besuch daran, dass wir über die Post sprechen. Es hat mich recht gefreut, dass Du Dich von den Hauk'sen etwas distanziert und mit Malchen angefreundet hast. Grüss sie doch von mir. – Du hast von Rolland, Peter und Lutz gelesen. Leider, leider sieht es so aus, als käme eine ähnliche Zeit bald wieder. Kennst Du übrigens von Rolland, Jean Christoph? Ich würde Dir empfehlen, zumindest den 1. Band zu lesen. Er enthält die psychologisch feinste Kinderdarstellung, die ich kenne.
Ich glaube, Du liest im Augenblick wieder alles durcheinander, alte und neue Literatur. Ich würde mir an Deiner Stelle, gerade wegen der beschränkten Zeit, die Dir zur Verfügung steht, einen festen Stundenplan machen und mir die Zeit genau einteilen; dann die Bücher in einer bestimmten Reihenfolge lesen. Tut man das nicht, so besteht die Gefahr, dass es nachher im Kopf wie Kraut und Rüben aussieht. Die Reihenfolge der Bücher würde ich nach einer Literaturgeschichte festsetzen, ausserdem schöne Literatur (Romane u. dergl.) und wissenschaftliche Bücher ganz getrennt behandeln.
Schreib mir doch bitte mal, wie Du Deine Zeit einteilst, was Du liest und in grossen Umrissen, was Du davon hältst. Du glaubst kaum, wie sehr wir uns in dem trostlos öden Einerlei des 10stündigen Tütenklebens über einen langen, lieben Brief freuen, besonders wenn die Karten auch beschrieben sind. Grüss alle die, die mich grüssen liessen, bleib gesund und pass besser auf Dich auf. Herz-

lichen Glückwunsch zu Deinem Foto auf der Fotoausstellung!! Wie kam das dahin? Geht das Englisch jetzt besser? Bis bald! Gruß und K. Gottfried

Herford, den 18.12.1936

Liebe Mutter,
Dein gutes Aussehen beim letzten Besuch hat mich ganz besonders gefreut, da ich fand, dass Du im September ziemlich schlecht aussahst. Die Ferienreisen scheinen Dir ganz besonders gut zu tun. Ich bin gesundheitlich in Ordnung. Des bin ich froh. – Das Schicksal des Fleute macht mir doch einigen Kummer, und ich konnte Eure fatalistische Einstellung nicht billigen. Macht doch mal dem Jungen brieflich klar, dass er in diesen Krisenzeiten besser in einem grossen Konzern aufgehoben ist, als wenn er selbst einen kleinen Krauterbetrieb anfängt, der auf die Dauer nicht konkurrenzfähig bleibt. Die grossen Töne, die er noch zu sprechen beliebt, kann er sich heute nicht mehr leisten, wo das Angebot solcher Arbeitskräfte die Nachfrage weit überwiegt. Ihm das auf eine vernünftige Art auseinanderzusetzen und ihm zu raten, wäre, meiner Meinung nach, Eure Aufgabe.
Über den Wo. hast Du mir beim Besuch gar nichts erzählt. Was macht sein Doktorexamen, und wie sind die Aussichten, die Approbation zu erlangen? Dass Du mit Leni den Faust liest, freut mich ungemein. Ich hatte Dich seit langem bitten wollen, ihr etwas in ihren Studien, soweit sie die Allgemeinbildung betreffen, zu helfen, hatte es aber unterlassen, um Missverständnisse, die brieflich so leicht eintreten, zu vermeiden. Was machen Eure Museumsbesuche? Habt nochmals herzlichen Dank für Eure schönen Kunstkarten, die ich ja jetzt nicht mehr bekommen darf. Das Wappentier ist in Verbindung mit dem Goldgestickten der Helm des Titian'schen Kriegsmannes, der auf dem Kopf eine Stoffmütze trägt. – Wir hatten in letzter Zeit wieder einige gute Bücher: Goethe, Wilhelm Meisters Lehrjahre, die Wahlverwandtschaften, Reineke Voss und Hermann und Dorothea. Ferner ei-

nes Deiner Lieblingsbücher, Immermann, Münchhausen. Den Faust lasen wir bereits im März zusammen. – Die Tageseinteilung ist sehr einfach. Wir arbeiten vom Frühstück bis zum Abendbrot, mit Unterbrechung einer halben Stunde Mittagspause. Die Art der Arbeit ist nach wie vor dieselbe. Nach dem Abendbrot lesen wir noch etwas, machen Gymnastik, und um 8 Uhr geht das Licht aus. Sonntags wird den ganzen Tag gelesen. – Schreib mir über das Ergehen von Tante Linas Familie, grüss mir die arme, liebe, einsame Tante Anni, von deren Tochter ich gern mal etwas erfahren hätte, danke Tante Anna für ihre Zeilen und gratulier ihr herzlich in meinem Namen zum Geburtstag. Dank auch für die Rasierklingen. Schick mir bitte in einiger Zeit noch ein paar, zusammen mit einer frischen Zahnbürste, »wie gehabt«. Die alte ist durch. Dein dieser Woche fälliger Brief steht noch aus. Feiere Weihnachten so froh wie möglich und übermittle meine Weihnachtsgrüsse an alle Verwandten und Bekannten. Gottfried

*Mein liebes Geburtstagskind,
meine herzlichsten Glückwünsche zur Absolvierung des ersten Vierteljahrhunderts. Entschuldige mich bitte bei den Eltern und grüss sie vielmals von mir, wenn ich ihnen auch keine schriftlichen Grüsse schickte, gedacht habe ich immer an sie. Deine Ferienfotos waren diesmal wieder sehr schön. Die Bilder von Mutter am Brunnen, Du im Schwarzwald und im Kahn und die Landschaftsaufnahmen haben mir besonders gefallen. Die Frauen im Hopfen waren dem Motiv nach gut, aber etwas überbelichtet. Hast Du ein Album, in dem Du alle Bilder sammelst? Ich möchte mich draussen gern einmal länger daran erfreuen können. Ich soll Dir meine Stellung zur Musik schreiben. Ich verstehe davon zu wenig, von einer abgeschlossenen Stellungnahme kann deshalb nicht die Rede sein. Das Musikerlebnis ist bei mir ähnlich wie das Anschauen eines Gemäldes durch einen malerisch ungeschulten Menschen, der das Kunstwerk nur mit seinem Gefühl erfasst, es aber nicht versteht. Ich bin in meiner Allgemeinbildung recht zurückgeblieben, habe mir aber fest vorgenommen, draussen mehr als früher daran zu arbeiten. Vogels Familienzuwachs kann ich nicht begrüssen. In einer Zeit, in der noch nicht einmal das eigene Leben einigermassen garantiert ist, würde ich mich nicht auch noch mit*

der Sorge um ein neues Leben belasten. Was nutzen alle schönen Theorien, wenn man nicht danach handelt. Zu Richards Tod fiel mir noch ein, dass er vor Jahren einmal von sich selber sagte, er sei nur noch ideologisches Treibholz. Nimmt man seine ganzen Verhältnisse zusammen und zieht daraus das Fazit, so kann einen sein freiwilliges Ende nicht mehr wundern. – Malchen lasse ich vielmals grüssen, das lange Laster ebenfalls. Wie geht es ihm und den Seinen? Deinen letzten Brief habe ich leider nicht ausgehändigt bekommen, da er nur allgemeine Neuigkeiten und Bücherbesprechungen enthielt. Lass es Dich nicht verdriessen und schreib auf Weihnachten einen neuen Brief, in dem auch Familiennachrichten stehen. Frohe Weihnachten und diesmal mit besonderem Nachdruck ein glückliches neues Jahr wünscht Dir
Gottfried

Ende 1937 begann Gottfried über seine Vorfreude auf das Leben in Freiheit zu schreiben.
Immer wieder beobachtete er aber auch den Gefängnishof in den wechselnden Jahreszeiten.

Herford, den 14.2.1937

Liebe Mutter,
vielen Dank für Rasierklingen, Zahnbürste und Deine lieben Briefe, die mir, bis auf den letzten, viel Freude gemacht haben. Im allgemeinen bin ich gesund; im übrigen hat sich bei mir nichts geändert. Mein Brief richtet sich diesmal vor allem an Leni, deren Entwicklung mir in einigen Zügen durchaus missfällt. – Gib ihr doch bitte meinen Brief so schnell wie möglich, damit sie mir noch in derselben Woche antworten kann. Sollte das nicht mehr klappen, dann legt sie wohl Dei-

nem nächsten Brief einen Bogen bei. Wenn Dir manches von dem, was ich gegen Leni vorzubringen habe, fremd erscheint, dann denke daran, dass wir zwei einer anderen Generation angehören, die andere Aufgaben und Verpflichtungen hat als die Deine. – Ich werde auch beim Besuch jede Minute nötig haben. Schreibt Euch deshalb bitte alles auf, was Ihr mir sagen wollt. Entschuldige bitte den kurzen Briefteil, aber die Aussprache mit Leni liegt mir sehr am Herzen. Gruss und Kuss und Erwiderung aller mir bestellten Grüsse, besonders an Pinos.
Gottfried

Mein liebes Lenchen, vielen Dank auch für Deine Briefe. Dass Du so eifrig Englisch treibst, Goethe liest und schwimmst, hat mich ganz besonders gefreut. Aber was machst Du mir sonst für Geschichten? Ohne Angaben von irgendwelchen Gründen teilst Du mir mit, dass Du unsere gemeinsame »jugendbewegte« Stellung zu wichtigen Lebensfragen aufgegeben und eine neue, kleinbürgerliche eingenommen hast. Dass Du von vorneherein darauf verzichtet hast, meine Meinung dazu zu hören, bevor Du handeltest, dass Du sogar mit ziemlich leichtfertigen Worten erwogst, Dich so weit von mir zu entfernen, dass ich Dich kaum wiedererkennen würde, hat mich tief gekränkt. Wir haben uns oft über Vor- und Rückwärtsentwicklung, Entwicklung von– und zueinander unterhalten. Was Du jetzt getan hast, scheint mir ein Schritt zurück und von mir fort. Wenn Du mich nun um meine Meinung weder gefragt, noch auf sie gewartet hast, will ich sie Dir doch kundtun: I. Alkoholgenuss lehne ich nach wie vor ab. 1., weil ich immer vollkommen klaren Kopf behalten will, und auch geringe Mengen Alkohol meine Denk- und Entschlussfähigkeit beeinträchtigen. 2. aber vor allem, weil ich die verheerenden Wirkungen d. Alkohols bei d. Arbeitern kennengelernt habe u. deshalb meinen Freunden und Bekannten riet, abstinent zu leben. Das konnte ich nur, wenn ich selbst nicht trank. Das Mässigkeitsprinzip ist unbrauchbar, weil von keinem praktischen Wert. – II. Als wir zusammen waren, lehntest Du das Tanzen ab. Ich nahm an, dass Du dazu gute Gründe hattest. Wieso wurden die jetzt hinfällig? – III. Der Karneval dient unbefriedigten und gehemmten Menschen dazu, unter Mitwirkung von Alkohol ihre

Hemmungen zu beseitigen, um Handlungen vorzunehmen, die sie im übrigen Jahr als unmoralisch verwerfen. Ein typisches Fest unfreier Menschen, auf das Du doch kaum hingehörst. Dass Du am Karneval nur Kaspar zulieb teilnehmen wolltest, ist eine Selbsttäuschung. IV. Es ist mir unverständlich, wie Du an Veranstaltungen teilnehmen kannst, deren Träger Dir wie mir gleichermassen unsympathisch sein müssen. – Da Du für Deine Umstellung keine Gründe angibst, nehme ich an, dass Du keine hast. Ich hätte sonst versucht, sie zu widerlegen. Die einzige, vage Begründung, nämlich Kaspar zu lieben, ist keine, da man um niemandes willen seine Grundsätze aufgibt. – Ich glaube, dass Du so zu dieser Kleinbürgerei gekommen bist: Du bewegst Dich zur Zeit in einem Milieu, das bewusst oder unbewusst mut- und hoffnungslos an der Zukunft verzweifelt. Das ging sowohl aus Mutters Briefen wie auch aus Eurem fatalistischen Gerede beim letzten Besuch hervor. Glaubt man aber an keine Zukunft, so erscheinen alle zu tragenden Entbehrungen als zwecklos. Dann aber sind durch die lange Trennung Spannungen bei Dir entstanden, die zu einem Ausgleich drängen. Ich habe dafür volles Verständnis. Nur bin ich der Ansicht, dass der Karneval mit seinem recht zweifelhaften, unsauberen Charakter, den ich aus eigener Erfahrung kenne, völlig ungeeignet dazu ist. Ähnliches gilt auch für sonstige Tanzveranstaltungen. Sucht man Entspannung, sollte es mit klarem Kopf, nicht unter Einfluss von Alkohol, unter sauberen Umständen und mit vollem Verantwortungsbewußtsein geschehen. Dagegen kann kein vernünftiger Mensch etwas einwenden. Erinnere Dich bitte an unsere Gespräche über dieses Thema, die wir damals, während Peters Abwesenheit, führten.

Ich nehme an, dass das alles bei Dir ziemlich unbewusst ist. Man sollte sich aber seine Handlungen immer bewußt machen und darf sich nicht von seinen Gefühlen hin- und hertreiben lassen. Auf keinen Fall geht es aber, dass man sich auf Grund seiner Gefühle eine Theorie macht, nach der man allen Wünschen willfahren kann. Du hast doch Goethes W. Meister gelesen. In dem Lehrbrief steht: »Denken ist schwer. Und nach dem Denken handeln unbequem.« Muss man aber nicht, trotz der Unbequemlichkeit, nach dem Denken handeln? Beim Durchlesen des Briefes sehe ich, dass ich wie ein Pedant ge-

schrieben habe. Es geschah aber nur, um nicht zu scharf zu sein u. Dir nicht zu wehe zu tun. Beachte also nur d. Inhalt u. verzeih d. pedantische Form. – Jetzt zu Goethe. Du machst nach meiner Meinung einen Fehler, wenn Du G.'s Werke nur ästhetisch nach der Schönheit der Sprache liest. Die Werke haben vor allem einen Inhalt, der wie bei allen Dichtwerken auch zeitgebunden ist. Je tiefer und grundsätzlicher der Inhalt desto bleibender der Wert. So kommt es, dass manches von Goethes Prosa, wie d. Werther und d. Wahlverwandtschaften, trotz ihrer sprachlichen Schönheit, wegen ihrer fremden und unaktuellen Problematik, nur noch schwerer mir zugänglich ist. Anderes, wie Dichtung und Wahrheit, Wilh. Meisters Lehrjahre, die Gedichte und der Faust haben mich sehr interessiert, gepackt u. zum Nachdenken gebracht. Wenn G. auch d. grösste Dichter d. deutschen Bürgertums ist, so will ich doch lieber offen meine Meinung zu seinen Dichtungen sagen, als aus Autoritätsgläubigkeit alles von ihm gleicherweise zu loben. Meine Meinung mag falsch sein, es ist aber wenigstens eine eigene. – Wenn ich Dir raten darf, dann lies nach Goethe Schiller, den Dichter der bürgerlichen Freiheit, der mir in vieler Beziehung heute noch mehr zusagt als G. Und bevor Du mit ihm anfängst, nimm Mehrings Beiträge u. Literaturgeschichte und lies den Abschnitt über Schiller.

Zum Schluss noch folgendes: Glaube bitte nicht, dass ich die Schwierigkeiten Deiner Lage nicht verstehe, aber deshalb konnte ich doch nicht alles billigen, was Du tust. Behalte den Kopf hoch, sei stark u. lass Dich nicht durch kleinbürgerliches Gerede weich machen. Bin ich wieder bei Dir, wird sich alles von selbst regeln. Beim Besuch möchte ich mit Dir noch mal über alles sprechen. Schreibe mir aber unbedingt vorher Deine Meinung, und betrüg Dich nicht selbst. Gruss an Deine lieben Eltern, Malchen und ihr langes Laster und diesmal einen ganz besonders innigen an Dich selbst.

Gottfried

Der Brief vom 14.4.37 fehlt.

Herford, den 13.6.37

*Liebe Mutter,
seit ihr mich besucht habt, ist hier andauernd schönes Wetter, das nur alle paar Tage von heftigen Gewittern unterbrochen wird. In der Zelle ist es drückend heiss, und bei der Arbeit »trief' uns d'r Schweiss vom Häuf'.« Vor einiger Zeit wurden die Rasenflächen auf dem Spazierhof gemäht. Der Heuduft zog süsslich stark bis zu uns hinauf und weckte Erinnerungen an Fahrtenquartiere in Scheunen. Die Rosen blühen dieses Jahr besonders schön und voll. Dass es mir gesundheitlich gut geht, konntet Ihr beim Besuch ja feststellen Ich bin seit langem so wenig von Erkältungskrankheiten belästigt worden. Meine alten Einlagen gingen entzwei, ich liess mir deshalb ein Paar neue machen. Geld genug hatte ich dank Deiner treuen Fürsorge dazu. Nächste Woche ist wieder Einkauf. Diesmal reicht es schon zu einem Kilo Kraut, einem halben Pfund Speck und etlichen Pfunden Zwiebel, die, nach Wilhelm Busch, ja der Juden Speise sind, ausserdem, wegen ihrer Vitaminhaltigkeit, aber sich grosser Beliebtheit bei uns erfreuen. Zarte Nasen, die an dem Geruch Anstoss nehmen könnten, fehlen ja hier. – Um das geistige Wohl steht es sogar noch besser als um das leibliche. Wir haben einen weiteren Band Shakespeare gelesen, enthaltend: das Prunkstück Heinrich VIII., Titus Andromeus, ein Frühwerk und kaum geniessbares Schauerdrama, Timon von Athen, Troilus und Kressida, eine Art Persiflage des trojanischen Kampfes, die mir sehr gut gefallen hat, Romeo und Julia, Hamlet und Macbeth. – Shakespeare gefällt mir ganz besonders gut. Diese wirklich tiefen Probleme, die offene starke Sprache heben ihn doch hoch über einen Strindberg. Ich möchte noch vieles dazu sagen, leider ist der Platz zu beschränkt. Ferner las ich ein Indienbuch von Nobel und Berichte des amerikanischen Generals Byrd über seine Flugexpeditionen. An dieser Stelle herzlichen Dank für die Besprechung des Buches von Prof.*

Hofmann. Für Buchberichte bin ich immer sehr empfänglich. Es brauchen durchaus nicht lange wissenschaftliche Abhandlungen zu sein. Genaue Titelangabe und Verlag sagen mir schon genug. So geht es mir. Wie steht es aber um Dein Wohlergehen? Ich finde, Mütter haben Sonne genau so nötig wie junge Mädchen. Ausserdem ist den Söhnen ihr Wohlergehen und ihre Gesundheit sehr wichtig. Geh doch viel spazieren und schliess Dich nicht in Deinen Turm ein. Wenn Dich die Zukunft bedrückt, dann denk daran, dass vielleicht hinter dem Leid, das jetzt droht, für Dich und die Deinen manches Gute liegt. Halte den Kopf hoch und hab Mut; wenn ich wieder bei Dir bin, geht es wieder besser. Erwidere alle Grüsse an Verwandte und Freunde und sei herzlichst gegrüsst von Deinem Gottfried, dem Du bitte nächsten Monat eine Zahnbürste schickst. Ja? – Gut.

Mein lieber, brauner Jung',
ich habe mich ganz besonders über Dein gutes Aussehen gefreut. Jetzt nach Deinen Ferien wirst Du wahrscheinlich noch verbrannter sein und kommst im September als wahre Mulattin zu mir. Noch einmal musst Du nächstes Jahr die Ferien ohne mich verleben, aber übernächstes Jahr wartest Du doch bis zum September? – Wie gefällt Dir die Dora? Ich habe mir gedacht, Du könntest sie manches fragen und mit ihr besprechen, was Du sonst mit mir besprochen und mich gefragt hättest. Geht das? Wenn nicht, glaube nur nicht, Du müsstest um meinetwillen mit ihr zusammenkommen.
Du versprachst mir im vorletzten Brief über von Dir gelesene Bücher zu schreiben. Darf ich daran erinnern? Du weisst, mich interessiert immer, was Du liest. – Ich soll Dir etwas über Dickens schreiben. Das ist schwer auf so engem Raum. Charles Dickens, bekannt auch unter dem Pseudonym Boss, gehört zu den grossen englischen Dichtern und ist der bedeutendste Vertreter der englischen realistischen Dichtung. Er kommt aus ärmlichen Verhältnissen, wird Parlamentsschreiber in London, später Journalist und schliesslich der berühmte Dichter des »David Copperfield«, »Oliver Twist«, der »Weihnachtsgeschichten« und vieler anderer Romane. Politisch ist er Liberalist. Durch seine Dichtungen geht ein scharfer gesellschaftskritischer Zug, der uns seine Romane noch heute durchaus aktuell erscheinen lässt. Was mir an

ihm besonders gut gefiel, war, neben der feinen psychologischen Behandlung seiner Figuren, die Milieuschilderung gerade der unteren Klassen Englands, die er aus eigener Vergangenheit besonders gut kennt. Sag der Dora, sie soll Dir mehr von ihm erzählen! Schreib mir auch mal, was Du beruflich machst. Noch immer Rechenmaschine? Grüss das Malchen und ihr langes Laster, die Minna mit Mann u. Kind, Schäng und Erich, an den ich mich sehr wohl erinnere. Dein Bild kam die ganze Woche nicht von meinem Platz, weshalb ich weidlich geuzt wurde. Herzliche Grüsse
Dein Gottfried

Herford, den 15.8.37

Liebe Mutter,
seit einigen Tagen haben wir ein richtiges Hundstagswetter. In der Zelle ist es schwül, die Luft steht, der Schweiss trieft uns vom »Häuf«. Die Temperatur scheint auch Einfluss auf Eure Briefe gehabt zu haben, denn ich habe kaum Stoff, um Euch zu schreiben. Mir geht es völlig unverändert. Die Tage fliessen so gleichmässig und monoton dahin, dass Zeitabschnitte die mir draussen sehr lang vorkamen, hier im Nu überwunden sind. Wenn Ihr in etwas mehr als 14 Tagen zum Besuch kommt, sind 3 Jahre der endlos scheinenden Wartezeit bereits vorbei. Die beiden letzten werden wesentlich schneller abrollen, und ab September 38 ist die Haft und das Warten nur noch halb so schlimm, weil die Vorbereitungen für die Freiheit uns ganz in Anspruch nehmen werden. Meine Lektüre in den vergangenen 2 Monaten war nicht besonders reichhaltig: ein letzter Band Shakespeare, enthaltend König Lear, Othello, Antonius und Kleopatra, Cymbeline, und vier Lustspiele: Mass für Mass, Viel Lärm um Nichts, Liebes Lust und Leid, Komödie der Irrungen u. d. Sommernachtstraum. Stifter, Studien u. Bunte Steine, bekamen wir zum 2. Mal, und zwar in der Erstausgabe bei Hekenast in Pest. Die von Dir in Deinem letzten Brief erwähnte Novelle »Aus der Mappe meines Urgrossvaters«

hat mir von den »Studien« am besten gefallen. Die Ruhe und einfache Grösse, der klare, schöne Stil und die feine psychologische Durcharbeitung hob sie aus den anderen hervor. – Dann las ich noch das Buch eines amerikanischen Professors: Die Entdecker Nordamerikas. Schreibe Tante Thildchen mein herzliches Beileid zu dem Unfall von Onkel Simon und wünsche ihm in meinem Namen gute Besserung, dasselbe wünsche ich dem armen Felix. Budels herzlichen Glückwunsch zur Verlobung. Er scheint Hellers Theorie vom Untergang des Judentums mit in die Praxis umsetzen zu wollen. Nur zu! Gratuliere für mich der Fleute u. dem Wo. zum Geburtstag. Dessen Lieblingsblumen, die kleinen blauen Glocken, blühen auch in vielen Exemplaren auf unserem Hof. Grüsse alle Bekannten u. Verwandten, bes. die Pinos. Mache Dir einen grossen Zettel mit Neuigkeiten u. Fragen für den Besuch. Bis bald!   Gottfried

Lieber Lener,
der Ernst hat festgestellt, da Du der Jung wärest, müsstest Du Lener heissen. Hab vielen Dank für den Ferienbericht in Fortsetzungen. Als ich vor 12 Jahren mit der Mutter nach Vorarlberg fuhr, kamen wir mit dem Schiff auch nach Lindau, wo ihr bei Köstritzer Malzbier (apropos ist das nicht für stillende Mütter?) Abschied vom Bodensee feiertet. Dein sehnlichster Wunsch, einmal in die Alpen zu fahren, ist ja nun erfüllt. Entsprach die Wirklichkeit Deinen Erwartungen? Du erinnertest im vorletzten Brief an unser Frühstück im Hasenhaus. Das war sehr schön damals, aber ich kenne jemand, der an dem Morgen gar nicht ganz glücklich war, und erst heute, nach mehr als 3 Jahren, weiss ich ganz genau warum. Nachdem E. und ich volles Vertrauen zueinander gefasst hatten, haben wir uns eingehend, monatelang, über diese Probleme unterhalten. Wir mussten Hemmungen überwinden und falsche Vorurteile abbauen. Aber jetzt sehe ich in diesen Fragen endlich ganz klar. Vielleicht wäre uns beiden geholfen gewesen, wenn Du damals das Buch von der Lis wirklich gelesen hättest, aber ich kannte es zu der Zeit auch noch nicht, und so blieb manches unklar. Du weisst ja, was lange währt... usw. Ich habe in der letzten Zeit viel über Dich und Deine Lage nachgedacht. Dabei ist mir manches klarer geworden. Wenn Du früher vielleicht nicht immer das nötige Verständnis bei mir

gefunden hast, so glaube ich, Dir jetzt versichern zu können, dass Du es in Zukunft finden wirst.
Das Buch von Grau über die Scott'sche Südpolexpedition war mir nicht bekannt. Schreibe mir immer, was Du liest. Es interessiert mich sehr. Willst Du den englischen Unterricht ganz aufgeben oder nur nebenbei mit Peggy korrespondieren? – Die Turnübungen werden regelmässig gemacht. Wenn ich mal zu faul bin, werde ich ermahnt: »Die Leni will es, du musst!« Ausserdem erhalte ich in letzter Zeit häufig ermunternde Püffe ins Kreuz mit der Aufforderung: »Halt dich gerade!« Du siehst, ich bin in bester Obhut. – Drücke bitte der armen Gertrud mein herzlichstes Beileid aus und wünsche ihr in meinem Namen baldiges Wiedergenesen. Herzlichen Gruss an das stille, sanfte Malchen, aber vor allem an Deine lieben Eltern. Was macht der Umzug? Bring bitte beim Besuch Deine Photos mit!
Recht, recht herzlich
Gottfried

Herford, den 17.10.37

Liebe Mutter,
vielen herzlichen Dank für Deine lieben Briefe, »tatsächliche« und beschauliche. Die Zahnbürste ist gut und wie gewünscht angekommen. Dass auch in Dir ein inneres Licht leuchtet, freut mich besonders, da mir in der Vergangenheit manchmal darum gebangt hat. Dieses innere Feuer, – Goethe nennt es in einem Gedicht: die stille Flamme –, der Sinn eines Lebens, kann, das glaube ich auch, vielerlei Bedeutung haben. Wenn man aber Ziel und Weg, klar erkannt, sich vor Augen hält, dann ist es auch möglich, das Schwere zu tragen. Das Lied, das Dir durch den Kopf ging, ist übrigens kein Soldatenlied, sondern stammt aus der Jugendbewegung. Das Licht war ein neues, freieres Menschentum. Ziel und Weg waren aber nicht klar erkannt, und so ging beides vielen Jugendbewegten verloren, sie versanken wieder in der alten Gesellschaft. – Sinn des Lebens – Sinn der Kunst.

Muss man sich nicht, bevor über Sinn oder Nichtsinn der Kunst gestritten wird, über die Bedeutung von Sinn klar werden? Wir arbeiten so oft mit Begriffen, die uns selbst noch verschwommen sind. An die Kunst der Tiere glaube ich bis jetzt, trotz Haeckel nicht. Ich weiss auch nicht, ob das angeführte Beispiel heute wissenschaftlicher Kritik noch standhält, finde es aber hochinteressant, dass sich die allgemeine Kunstdebatte bis in unsere Briefe erstreckt. Der Raum, der uns zur Verfügung steht, ist aber zu knapp bemessen, um noch weiter darüber zu schreiben.

Du beklagst Dich über die Erschütterung der Moralbegriffe und findest, der Arnold sei ein komisches Kind. Was gefällt Dir denn an ihm nicht? Die Moral hat sich wohl immer geändert, und zwar im selben Tempo, in dem sich die Gesellschaft entwickelte. Da die Geschwindigkeit der gesellschaftlichen Veränderungen heute besonders gross ist, fällt die Umwälzung in der Moral stärker auf. Von Erziehung mit kateg. Imperativ halte ich heute noch weniger als früher. Das Warum würde wieder zu weit führen. Wie heisst Wos neuer Freund und was ist es für ein Mensch? In das Lob des Erziehers in vorgerückten Jahren kann ich von Herzen einstimmen. – Tante Anna kann ich leider zu ihrem Geburtstag nicht schreiben. Du musst schon in meinem Namen Gratulation und Grüsse ausrichten.

Der arme Onkel Felix scheint geahnt zu haben, dass wir uns nicht mehr wiedersehen würden. Weihnachten 1933 hatte ich mir die Cunow'sche Wirtschaftsgeschichte bestellt. Er liess sie mich nicht bezahlen mit der Bemerkung: »Wer weiss, ob ich Dir jemals noch etwas schenken kann.« Beim Abschied stand er zukunftsfroh lächelnd im D-Zugfenster und winkte und winkte. – Du versprachst mir, beim Besuch zu erzählen, über welche pekuniäre Schwierigkeit Tante Thildchen Dir hinweggeholfen habe. In der Hitze des Gefechts wurde es vergessen, also schreib es. – Zum Dezemberbesuch bringst Du mir bitte ausser der Rasierseife noch 10 Rasierklingen mit (Marke Rotbart Be-Be). Besuchsantrag stellen! Sonst kannst Du mir nichts schenken o. mitbringen, d.h. indirekt wohl, wenn Du Leni zu ihrem Geburtstag am 7.12. ein kleines Geschenk machst. – Auf das Verwöhnen 39 freue ich mich schon. Nach solchen Jahren verzieht das nicht mehr. Ruth herzlichen Glückwunsch z. sicheren Hafen! Gruss an alle, vor allem die lieben Pinos – recht herzlich! Gottfried Mein liebes Geburtstagskind, mir ist, als habe ich Dir kaum zum 1. Vierteljahrhundert gratuliert, und schon beglückwünsche ich Dich wieder. Jetzt noch einen Geburtstagsgruss per Brief, dann wird wohl aus dem Gruss etwas anderes. – Gesundheitlich geht es mir »wie gehabt«, und an das Turnen braucht niemand mehr zu erinnern. Du stehst als Mahner jeden Abend vor meinem geistigen Auge. Du schwelgst ja jetzt in »klassischen« Genüssen: Schiller – Mozart – Bruckner! Die Zitate aus dem Schillerbrief glaube ich verstanden zu haben. Aber wie die meisten Vergleiche hinken auch die. Besonders Du bist doch keine Thekla, und einen Sinn hat für Dich das Leben doch auch ohne »des Freundes zärtliche Gestalt«. Ich wiederum habe das Vertrauen zu Dir niemals verloren gehabt, wenn ich auch durch einige missverstandenen Briefe oder Worte und durch gewisse Umstände, die ich Dir später erklären werde, einen Augenblick an Dir irre geworden war. Aber Du bist ja wieder der Jung und alles gut. Sonst habe ich Dich verstanden. Mir gefallen, trotz der negativen Seiten ihrer Charaktere, Wallenstein und Oktavio doch besser als Max und Thekla, wenn die auch die menschlich sympathischeren Gestalten sind. Aber über Wallenstein müsste man lange reden, nicht nur kurz schreiben. Ich wusste, dass Schiller Dir vielleicht noch mehr zusagen würde als Goethe. – Du musst nicht traurig sein, wenn Du von Musik nicht genug verstehst. Lass Dir doch von Deinem lieben »Fütterer« das erklären, was Du wissen möchtest. Der stammt aus einer musikal. Familie und spielt selbst. – Deine Briefe gefallen mir gerade dann besonders, wenn Du viel von Deinen persönlichen Erlebnissen und Eindrücken schreibst, allerdings interessieren mich z.B. auch städtebauliche Veränderungen in Köln. Kurz noch zu meiner Lektüre. Ich las: Ivar Lissner, Völker und Kontinente, Überblick über die gegenwärtige politische Lage. – Roland Strunk, Achtung, Asien marschiert! Das Asienproblem unter bes. Berücksichtigung des Konflikts 31/32. Hochinteressant. Sehr aktuell! – Soerdrup, Neues Land. Schwed. Polarexpedition 1898-1902. – A. Kippnick, 12 Jahre polit. verbannt in Sibirien. Ein mässiger Bericht und dann Uhlands Werke

mit dem schönen Aufsatz über Walther von der Vogelweide. Schade, der Platz ist schon voll! Grüsse alle, vor allem die Eltern und bestelle Dora meinen Dank für die gute Pflege. Sei weiter tapfer!
Herzlichst Gottfried

Herford, den 16.12.1937
Liebe Mutter,
nun kommt wieder ein Weihnachtsbrief. Von Donnerstag nach Eurem Besuch bis Freitag schneite es. Die Zelle wurde dunkel. Aber Freitagmorgen war es um so heller, denn der Schnee leuchtete durch das Fenster, und beim Rundgang sah ich ihn, wie er Gebäude und Hof wie eine dicke Daunendecke verhüllte, alle scharfen Formen abrundend. – Die einzigen Blumen, die auf dem Hof angepflanzt sind, ein paar Rosensträucher hatten bis spät in den Herbst geblüht, selbst nach d. 1. Frost war eine gelbe Knospe geblieben mit einem feinen Rauhreifrand an den Blütenblättern. Jetzt steht mitten im Schnee mit dunkelgrünen Blättern eine rote Rose, dunkelrot wie geronnenes Blut. Aber sie kann die Kälte nicht vertragen, wird jeden Tag dunkler, u. die Blüte zerfällt langsam. Die Rose erinnerte mich an das Weihnachtslied, in dem sie auch mitten im kalten Winter blühte, das Lied an vergangene Weihnachten von der Hohenstaufenstr. bis zum Königsforst. Dasselbe rote Zimmer, dasselbe Glockenzeichen, Mutters Ansprache, der Baum, Geschenke. – Über Weihnachten – Frieden – Liebe könnte ich viel schreiben. Da wir aber darüber ziemlich das gleiche denken, will ich es lassen und mich nur für das indirekte Weihnachts –Geburtstagsgeschenk recht herzlich bedanken, desgl. für die Rasiersachen. Das »indirekte« hat mich sehr gefreut, war ganz in meinem Sinn, nur so gross hatte ich es mir gar nicht gedacht. War der Nino das Geburtstagskind, dem Deine Malerei galt und was stellt sie dar? – Wenn Dir das Malen so viel Spass macht, hast Du nicht Lust, das Kind mit den blauen Mongolenäugelchen mal zu portraitieren. Im nächsten Sommer, wenn sie braungebrannt ist und auch auf Günther-Wagner. – Tante Lisbeths schriftlicher Gruss hat mich ausser-

ordentlich gefreut. Ich las ihn immer wieder und dachte an eine Unterhaltung mit ihr nach dem Abitur, bei der ich sehr viel Unsinn redete, den sie mir aber nicht übelnahm. Inzwischen habe ich vieles besser erkannt. Auf das Wiedersehen mit den Pinos freue ich mich auch. Tante Resie herzlichen Dank für das gutgemeinte Päckchen. Es kam in die richtigen Hände. Gruss an Eva und Peter, ebenso an den Weihnachtsbesuch, den ich leider nicht kenne, der mir aber auf dem Bild so gut gefiel. Ruths Schicksal bedrückt mich. Wenn ich nur draussen wäre, vielleicht könnte ich ihr helfen. So bleibt mir nichts übrig, als ihr viele Grüsse zu bestellen und ihr baldige Besserung zu wünschen. Mir selbst geht es physisch und psychisch den Umständen entsprechend gut. Weihnachten werden wir uns zwei gemütliche Lesetage machen, gute Bücher vorausgesetzt. Das Beste meiner Lektüre in den letzten Wochen war ausser dem van Loon: S. Hedin, Abenteuer in Tibet, W. Filchner, Rätsel d. Matschu, – Sealsfield, Das Kajütenbuch, – Ottmann, Wunderland am Nil, – Casati, 10 Jahre in Äquatoria, – Hagenbeck, Südasiat. Fahrten u. Czibulka, Berühmte Weltfahrer. Interessiert hat mich auch das Vorkriegsmilieu in Otto Ernst, Asunis Semper. – Seit Jahrhunderten singen die frommen Juden am Pessach: Im nächsten Jahr aber in Jerusalem, ... ich singe in 14 Tagen: im nächsten Jahr zu Hause. Möge das kommende Jahr für uns besser werden, als das alte war. In diesem Sinn Euch allen ein herzliches, frohes Nüjöhrche! Gottfried

*Liebe Leni,
nun jährt sich zum vierten Mal der Tag unserer Weihnachten i. der Loosenau. Jedes Jahr am 24.12. habe ich daran gedacht, und die Erinnerung stimmte mich immer froh. Weisst Du noch, als wir am heiligen Abend so übermütig sangen? Warte, verhältnismässig bald kommt das wieder, und Du wirst Dich wundern, wie ausgelassen ich, trotz allem Erlebten noch sein kann. Über unseren Altersunterschied hatte ich schon nachgedacht, bevor Du im Brief etwas davon erwähntest. Der geistige Unterschied, wenn überhaupt vorhanden, hätte sich vor 4 Jahren störender auswirken müssen als heute. Davon habe ich aber seinerzeit nichts bemerkt. Bleibt also der körperliche übrig. Bei aller Bewertung des körperlichen Faktors, in der Erotik halte ich doch einen klugen Kopf, einen festen Charakter und ein gutes Herz auf der Grundlage ge-*

meinsamer Interessen für wesentlichere Bedingungen in der Beziehung zweier Menschen, als vorwiegend körperliches Gefallen. Statt Bedingungen will ich lieber sagen: Momente. Ich glaube aber, Du bist nur eitel und Dir nicht mehr hübsch genug. Was soll ich dann erst sagen? Schöner werde ich hier bestimmt nicht und bin doch so kühn zu glauben, dass Du (trotzdem) noch freundliche Gefühle für mich hegst. – Wenn es Dir gut geht und du Freude auf Deinen Fahrten und im übrigen Leben hast, so macht mir die Mitteilung davon das Herz nicht schwer, sondern leicht. Euer Wohlergehen ist eine der wesentlichen Bedingungen für das unsrige. Du wirst später in Schauspiel, Oper und Konzert mich führen müssen u. mir von Deinen Kenntnissen mitgeben, denn meine sind wie auf vielen anderen Gebieten so auch auf diesem gering. Timmermanns kenne ich und besitze von ihm ein Inselbändchen: Das Tryptichon der hl. Drei Könige. Lies es mal. Das passt jetzt gut in die Zeit. Von Manfred Hausmann kenne ich einen Band zarter, etwas melancholischer Novellen. Auf die gesammelte »Atlantis« bin ich gespannt. Schreib mir doch bitte immer die Titel der wichtigsten Aufsätze, und wie Dir die jeweilige Nummer gefällt. Wie hat Dir der Farbenfilm gefallen, und welches Resultat zeitigte der Photowettbewerb? – Falkenfelds »Einführung in die Philosophie« würde mich auch sehr interessieren, überhaupt ist die Unmöglichkeit, mich hier weiter zu bilden, einer meiner wunden Punkte. In das Unabänderliche muss man sich aber fügen, und so bleibt mir nur übrig, mir fest vorzunehmen, später um so eifriger zu sein. – Einen Rat für Malchen kann ich Dir nur dann geben, wenn ich ungefähr weiss, welcher Art die entgegenstehenden Schwierigkeiten sind. – Das Jahr 37 ist nun bald zu Ende. Noch einmal habe ich mich bei der Behandlung einer schwierigen Frage unbedacht u. aufbrausend wie ein Junge benommen. Ich glaube, in dem Jahr so viel gelernt zu haben, dass das sich nicht mehr wiederholen wird, und so habe ich vielleicht von der Zeit doch etwas profitiert. Grüsse Deine lieben Eltern und alle Bekannten recht herzlich, vor allem Deine liebe Musiklehrerin. Der vorläufig ersehnte Termin ist ja bald da: »Nächstes Jahr kommt er.« Gemütliche Weihnachten u. Prost Neujahr
Gottfried

Köln, den 27.10.34.

Liebe, kleine, gute Mutter,

bitte keine solch überraschenden Besuche mehr. Zuerst habe ich mich mal sehr aufgeregt, als ich am Freitag vom Spaziergang zum Besuchszimmer geholt wurde, weil ich dachte, Dir sei etwas passiert. Dann hatte ich mich nicht auf Deinen Besuch vorbereitet und natürlich zum größten Teil vergessen, was ich Dir sagen wollte. Drittens hatte ich Deinen lieben, langen Brief noch nicht, den Du als mir bekannt voraussetztest und deshalb kam die Verwirrung bei Deinem gestrigen Besuch. Bevor ich Dir auf Deinen langen, sehnsüchtig erwarteten Mutterbrief antworte will ich Dir zuerst mitteilen, daß Buhr gestern bei mir war und Nachricht über den Gang der Verhandlung bis nächsten Mittwoch versprach. Ich bleibe anscheinend in der Ermittlungssache gegen Krämer und Co. In den internen Sachen kann Buhr leider nicht machen, so daß ich mich mit meinem Loch abfinden gehen muß. Über die Bücherfrage kannst Du gelegentlich, es hat absolut keine Eile, mal mit ihm sprechen. Sie brauchst also nicht extra zu ihm zu gehen. Die Lessingschen Bände hast Du ganz gut ausgewählt, statt Band 3 und 4 hätte ich nur lieber Band 6 u. 7 gehabt mit der Hamburger Dramaturgie und den religionsphilosophischen Schriften. Die letzteren habe ich jedoch schon hier erhalten, allerdings in einer Ausgabe ohne jegliche Anmerkungen, die mir gerade in unserer Ausgabe sehr wichtig waren. Ich danke dir auf jeden Fall nochmals herzlich für die Bücher und es tut mir schrecklich leid, daß Du wegen mir mit dem Beamten Unannehmlichkeiten hattest. Was Du übrigens über Deine Affäre schriebst war im Brief rot angestrichen, was sicher nicht von Deiner Hand stammte. – Auf unsere neue Wohnung bin ich natürlich sehr neugierig; wie werden die 3 Zimmer verteilt? Und was sind eigentlich Arnolds Pläne? Will er nach Absolvierung der landwirtschaftlichen Schule nach Palästina gehen oder nach der südafrikanischen Union? Übrigens gibt es, soviel ich weiß, jetzt auch in Argentinien jüdische, landwirtschaftliche Siedlung; ist vielleicht an die gedacht?

Soweit hatte ich dir Samstagmittag geschrieben, habe dann meine Sachen packen müssen und bin in eine große Zelle gelegt worden, die aber leider dunkler ist als meine alte, kleine hoch. Zu gut soll ich es eben nicht haben, das will die Vorsehung nicht. Ich kann jetzt aber wenigstens auf und ab gehen und habe Platz genug um Gymnastik zu machen. In Einzelhaft bleibe ich jedoch. Die Zelle liegt direkt am Grenzwall und am Ring. Ich höre die Ringbahn, Autos, Radfahrer, kurz ich bin vom Alltagsleben nur noch durch ein Gitter und 2 Mauern getrennt; aber wie lange noch?

Grüße alle, die von mir gegrüßt sein wollen und schreib oft, wenn Du kannst immer so lange Briefe mit viel Familienklatsch, damit ich weiß, was bei Euch los ist.

Mit der nächsten Wäsche möchte ich gern 1 Hemd, 1 Unterhose, 1 Paar Strümpfe und 2 Taschentücher (u. ein paar Couverts?)

Ja, Zeit zum Nachdenken habe ich hier, aber vieles andere auch nicht. Spotte nur nicht über die sogenannte Freiheit; wenn sie verloren ist, wünscht man sie sehr herbei. – Dann eine ganz kleine Ermahnung! Wir können uns alle 14 Tage nur 10-15 Minuten sprechen, aber diese 15 Minuten, diese kurze, kostbare Zeit müssen wir ganz für uns haben; dann darf für Dich kein aufsichtsführender Wachtmeister existieren, der ist für Dich erst zu sprechen, wenn ich wieder fort bin. Nicht, beim nächsten Besuch bist Du wieder ganz für mich da? Wann kommst Du übrigens das nächste Mal zum Besuch Freitag, den 9.11 oder Dienstag, den 6.11. Schreib das bitte auch.

Viele, viele Grüße bis zum nächsten Brief

Gottfried

Köln, den 10.4.35.

Liebe Mutter,

gestern haben wir meinen Vierundsiebzigstengeburtstag gefeiert. Am Frühstück überreichte mir einer meiner Zellengenossen als Geburtstagstrauß einen Grasbüschel vom Parkhof in einem leeren Senfglas und so fehlte an diesem Tag selbst das Grün nicht in unserer Zelle. Ich hatte vom Einkauf meinen Kumpels je 1 Stück Seife und ein paar Zigarren u. Zigaretten mitgebracht und so wurde der Tag für Gefängnisverhältnisse sehr würdig verbracht.

Gestern besuchte mich unser neuer Seidlicher, der an Stelle von P. Caro uns hier betreuen soll. Lehrer Reinhardt von der Volksschule in der Lützowstr. Mit seinen Söhnen bin ich seinerzeit zusammen im Kadinah gewesen und er erzählte mir, dass Sidon, den du wahrscheinlich kennen wirst, jetzt sich in Palästina verheiratet hat.

Ansonsten geht es mir für hiesige Verhältnisse recht gut, meine Zellengenossen sind nach wie vor Kirchleute, zu lesen habe ich genug. Die Zeit geht schnell herum.

Einmal kommen wir wieder heraus, dann wird ein schönerer freierer Geburtstag gefeiert werden.

Es grüßt alle recht herzlich

Das Geburtstagskind

N.S. Am Freitag in 8 Tagen ist Karfreitag u. wahrscheinlich kein Besuch. Sieh zu, ob du nicht schon kommenden Dienstag mich besuchen kannst.

Hamm, den 1.6.55.

Liebe Mutter,

Rechtsanwalt Jude wird dir mitgeteilt haben, daß ich gestern wegen Vorbereitung zum Hochverrat zu 5 Jahren Zuchthaus verurteilt worden bin. Die Untersuchungshaft ist mir in Höhe von 8 Monaten 2 Wochen angerechnet worden, so daß ich jetzt noch 4 Jahre 4 Monate zu verbüßen habe. Zuchthaus ist im allgemeinen eine entehrende Strafe. Wenn man aber, wie ich bei meiner Straftat, von den reinsten Motiven geleitet wurde, wenn die Bestrebungen, für die ich bestraft wurde, darauf gerichtet waren, die Not und das Elend in Deutschland auf immer zu beseitigen, dann kann ich mich selbst durch eine solche Strafe nicht entehrt fühlen.

Liebe, kleine Mutter, Du mußt jetzt recht tapfer sein und Dich nicht grämen, die Strafzeit wird auch herumgehen und eine bessere Zeit für uns zwei kommen. Ich lasse den Kopf nicht hängen und mir wird es im Strafhaft so gehen, wie es Dir draußen geht. Also sorg nur dafür, daß Du gesund und guten Mutes bleibst, dann wird es auch mir gut gehen. Wie heißt doch das Dichterwort: Ein jeder geht, ein jeder kommt in dieser Welt, was ihm bestimmt. Das soll jetzt mein Motto sein und ich will mich in mein Schicksal fügen, so gut es eben geht. Ich danke dir jetzt nochmal für all das, was du in dem Prozesse für mich getan hast und wenn ich an all die Mühe und Sorgen denke, die du meinetwegen hattest, dann fühle ich mich beschämt, weil ich die früher Bitten abschlagen konnte. Laß mich nur wieder herauskommen, wir werden dann noch glücklich mit einander leben können.

Die Strafen gegen uns sind furchtbar streng ausgefallen, verglichen mit anderen Strafen, die gegen Mitglieder der K.P.D. gefällt wurden. Die Höchststrafe ist 10 Jahr Zuchthaus, die geringste 1 Jahr 8 Monate Zuchthaus. Richard hat die Höchststrafe bekommen. Das Plaidoyer Rechtsanwalt Babs war äußerst unglücklich. Anstatt er die idealistischen Beweggründe heraushob, stellte er mich als entarteten Familiensproß dar, der, da er seinen Vater verloren habe, um eine mangelhafte Erziehung gehabt habe, außerdem bejahte er den subjektiven Tatbestand der Vorbereitung z. Hochverrat, den wir und die anderen Rechtsanwälte mit Recht bestritten.

In 8-10 Tagen werde ich in die Strafanstalt überführt werden, in welche weiß ich noch nicht. Ich werde Dir von dort aus sofort Nachricht geben. Sowie ich in der Strafanstalt bin, kann ich Dir nur noch alle 2 Monate schreiben und von Dir alle 3 Monate besucht werden. Du kannst mir öfter schreiben, als jeden 2. Monat.

Wenn Du mich besuchst, dann sei doch so gut und bring Leni mit, ich möchte sie so gern noch mal sehen. Schreiben werde ich ihr mit dem Brief an Dich.

Dann habe ich noch eine letzte Bitte: ich habe in Köln beim letzten Mal nicht eingekauft und ein Kellergenosse hat mir ausgeholfen, würdest Du bitte an die Adresse seiner Frau 7.- einzahlen. Die Adresse ist: Frau Nikol. Schmitz, Köln-Süd
                                                            Neuenhöferallee 57 II

Vielen Dank im voraus.

Also Mutter, Kopf hoch und nimm es nicht zu schwer. Der Jesusstein, den Jesu gewollt zu haben, wenn ich auch vielleicht irre, wird mich auch in der kommenden schweren Zeit aufrechterhalten.

    Herzliche Grüße an Dich, Leni u. die andern
            von Deinem nicht gebrochenen Sohn
                        Gottfried.

Vor- und Zuname: Ballin Gottfried 387   Herford, den 10.4.1936

1. **Besuche:** Besuche von erwachsenen Angehörigen sind nur alle 3 Monate zulässig. Sie bedürfen der Genehmigung des Leiters der Anstalt. Die Genehmigung ist schriftlich einzuholen, Porto für die Rückantwort ist beizufügen. Besuchszeiten sind am Dienstag und Donnerstag von ___ bis ___ Uhr.
2. **Briefverkehr:** Der Gefangene darf in der Regel alle 2 Monate einen Privatbrief absenden und empfangen. Ausnahmen können vom Leiter der Anstalt genehmigt werden. Die Briefe sind frei zu machen.
3. **Paketsendungen:** Lebensmittelpakete sind verboten; andere Pakete dürfen nur nach vorheriger schriftlicher Genehmigung zugesandt werden.

Das Einlegen von Briefmarken in Briefe, die an Gefangene gerichtet sind, ist verboten.

Liebe Mutter,

da du anscheinend bei dem vorigen Brief wegen meiner allzugroßen Kürze besorgt warst, will ich dir jetzt durch eine ausführliche Erklärung beruhigen. Sie wurde durch zwei Dinge hervorgerufen: 1. lag vor einem alten kurzen Besuch und 2. durch den großen Tintendruck, der sich jetzt aber unter dem Einfluss von Ernst' philosophischer Rede völlig gelegt hat. Psychisch wie physisch bin ich längst wieder im vollen Gleichgewicht. Für deine Briefe hab vielen Dank, die Buchbesprechung hat mich sehr interessiert und wenn ich darf, bitte ich um mehr. Von den Karten haben mir die Dürer'sche Zeichnung und der Pietro y am besten gefallen, aber eigentlich auch der Rottier. Die Koryphäen der Malerei in der Ackermann'schen Serie sind doch den anderen Karten weit überlegen. Solltest du in der genannten Serie mal eine Karte von van Gogh finden, würde ich mich sehr freuen. Wir treiben an Hand der Bilder etwas Kunstbetrachtung und soweit unsere Kenntnisse ausreichen Kunstgeschichte. Der kleine Gottfried mit Neubacken hat viel Lachen und die Mutter im Abendrot bei uns viel Freude erregt.

Das Rasiergerät tritt häufig in Funktion, was jedesmal als großes

Briefbogen für Zuchthausgefangene

fest jelt. Dabei werden sämtliche Utensilien auf dem Tisch aufgebaut und in der Zelle riecht es dann wie in einem Rasiersalon. — Dass es Arnold so gut geht freut mich sehr, denn er unsere große Hoffnung wird ebenfalls. Ich glaube kaum, dass er einen besseren Beruf hätte wählen können. Bei solcher Arbeit wird ihm Effekthascherei und Überspanntheit schon vergehen, und die Natur wird ihm die Natürlichkeit schon aufzwingen. Hat Wolfgangs praktisches Jahr schon angefangen? Ich dachte es beginne erst im Oktober. Zu deinem bevorstehenden Reise wie dem bevorstehenden Geburtstag gratuliere ich herzlichst, hoffentlich bringt die von unten viel Optimismus mit. Schreib mir alles auf, damit du mir bei dem Besuch viel erzählen kannst. Wir haben jetzt sehr Bücher: Goethe, Wahlverwandtschaften und Dichtung u. Wahrheit, außerdem bekam ich gestern einen Band Velhagen u. Klasings Monatshefte mit vielen Bildreproduktionen. Wir haben uns besonders über diese Wiederauffrischung des bunten, vielgestaltigen und so schönen Lebens gefreut, die für uns in dem grauen Einerlei mehr bedeutet als Ihr Euch denken könnt. — Jetzt komme ich zu dem Briefteil schreibe aber für Dich immer weiter mit. — Weißt du, lieber Standkasten Zinnsoldat, wie der Frühling zu uns kam? Eines morgens beim Spazierjang machten die Spatzen, die unter der Dachrinne wohnen, ein besonders heftiges Geschrei. Wir sahen nach oben und auf einmal kam die Ursache des Spatzenschrecks näher. Fünf große graue Wildgänse, die Hälse wie Pfeile weit vorgestreckt, flogen mit ruhi-

sein Flügelschlag dicht über der Anstalt in der Frühlingsmorgen. Ein herrlicher Anblick. Jetzt blühen auf den Wiesen im Hof die Gänseblümchen, an einer Stelle sogar ein einzelnes Stiefmütterchen und die Rosen setzen Triebe an. Soviel schönes, wie du auf deinen Fahrten mit Familie Bauer, sehe ich freilich nicht, aber ich bin schon ganz bescheiden geworden und will auch damit zufrieden sein. – Für deine Briefe und Frühlingsgrüße vielen Dank, also für die Fehlerbesprechung. Was du liest interessiert mich sehr. Klabunds deutsche und preussische Geschichte ist sehr gut. Ich empfehle dir von demselben Verfasser die Beiträge zur Literaturgeschichte. Sie sind ausgezeichnet und alleinstehend in ihrer Art. Solltest du das Vorwort nicht verstehen, überschlag es ruhig oder lies es zum Schluss. Ich habe es, als ich das Buch zum ersten Mal las, auch nicht verstanden. Klabunds Literaturgeschichte ist zur Gewinnung eines allgemeinen Überblicks ganz gut, im einzelnen aber zu oberflächlich. Wenn ich dir ein paar gute Romane empfehlen darf, dann lies aus meiner Bibliothek: Walter Bauer, Ein Mann zog in die Stadt –, de Coster, Till Ulenspiegel, ein Roman aus dem Unabhängigkeitskampf der Niederlande. Liest du eigentlich mal in deinem Heine? Versuch es doch mal mit der Harzreise. Du liest Freud? Das scheint mir Jakobs Einfluss zu sein. Du wirst wahrscheinlich die „Einführung in die Psychoanalyse" gelesen haben und sehr enttäuscht sein, da du dir unter Psychoanalyse etwas anderes vorgestellt hast. Die Psychoan. ist übrigens nur <u>eine</u> Schule der Psychologie neben der es noch mehrere andere gibt z. B. die Individualpsychologie u. a. Meine Stellung zu Freud ist ungefähr die: Er ist in vielen Dingen auf dem Gebiet der Psychologie bahnbrechend gewesen, übertreibt aber die Bedeutung des Sexuellen im Menschen und trifft durch seine Schematisierung bei der Analyse oft daneben. Um näher darauf einzugehen ist hier der Raum zu knapp, aber schreib mir mal, was du darüber denkst. Deine Pläne finde ich sehr schön, wenn du dich nur nicht zu sehr zersplitterst. Lernst du alles langsam nach und nach, bin ich sehr damit einverstanden. Ich kann noch nicht Pläne machen, obwohl ich sie im Kopf des öfteren mir zurecht lege; aber in einer Zeit, in der die gesamtpolitische Situation der Welt sich fast von Woche zu Woche ändert, und mit ihr die Möglichkeit meiner zukünftigen Existenz, wäre ein Voraus-disponieren zwecklos. Was für mich feststeht ist nur das, dass ich sehen muss, auf irgendeine Art und Weise es zu ermöglichen, mit Dir zusammenleben zu können. Alles weitere wird sich erst im letzten Jahr vor meiner Entlassung finden. Grüss die Eltern, Familie Hauck und alle Bekannten. Wenn das Doppelbild fertig ist bitte, bitte schick es mir. Grüss auch Malchen und komm mit Mutter herausgefahren im Monat Mai zur Beendigung des ersten Drittels der Wartezeit. Du, liebe Mutter, grüss die Brüder und Pinethes Onkel Rudolf und Tante Berta nebst Kindern, erhol dich gut auf der Reise und sei von meinem Wohlergehen überzeugt. Ich habe noch vielen Dank für ihre Bemühungen um meine *deine* Bücher Gottfried

Vor- und Zuname: Zellm Gottfr.
Herford, den 16.12.1937

1. **Besuche:** Besuche von erwachsenen Angehörigen sind nur alle 3 Monate zulässig. Sie bedürfen der Genehmigung des Leiters der Anstalt. Die Genehmigung ist schriftlich einzuholen, Porto für die Rückantwort ist beizufügen. Besuchszeiten sind **am Dienstag und Donnerstag von 9—13 Uhr.**
2. **Briefverkehr:** Der Gefangene darf in der Regel alle 2 Monate einen Privatbrief absenden und empfangen. Ausnahmen können vom Leiter der Anstalt genehmigt werden. Die Briefe sind frei zu machen. Das Einlegen von Briefmarken in Briefe, die an Gefangene gerichtet sind, ist verboten.
3. **Paketsendungen:** Lebensmittelpakete sind verboten; andere Pakete dürfen nur nach vorheriger schriftlicher Genehmigung zugesandt werden.

Vermerk: Es darf nur auf den Linien geschrieben werden.

Liebe Mutter, nun kommt wieder ein Weihnachtsbrief. Von Donnerstag nach Eurem Besuch bis Freitag schneite es. Die Zelle wurde dunkel. Am Freitagmorgen war es um so heller, denn der Schnee leuchtete durch das Fenster und beim Rundgang sah ich ihn, wie er Gebäude und Hof wie eine dicke Daunendecke verhüllte, alle scharfen Formen abrundend. — Die einzigen Blumen, die auf dem Hof angepflanzt sind, ein paar Rosensträucher hatten bis spät in den Herbst geblüht, selbst nach dem 1. Frost war eine gelbe Knospe geblieben mit einem feinen Rauhreifrand an den Blütenblättern. Jetzt steht mitten im Schnee mit dunkelgrünen Blättern eine rote Rose, dunkelrot wie geronnenes Blut. Aber sie kann die Kälte nicht vertragen, wird jeden Tag dunkler u. die Blüte zerfällt langsam. Die Rose erinnerte mich an das Weihnachtslied, in dem sie auch mitten im kalten Winter blühte. Das Lied an vergangene Weihnachten, von der Hohenstaufenstr. bis zum Königsforst. Dieselbe rote Kerzen, dieselbe Glockenweise, Mutters Ansprache, der Baum, Geschenke — über Weihnachten — Frieden — Liebe könnte ich viel schreiben. Da wir aber darüber eigentlich das Gleiche denken, will ich es lassen und mich nur für das indirekte Weihnacht-Geburtstagsgeschenk recht herzlich bedanken bezgl. für die Rasiersachen. Das "indirekte" hat mich sehr gefreut, war ganz in meinem Sinn, nur so groß hatte ich es mir gar nicht gedacht. — War der Rand des Geburtstagkind, dem Deine Malerei galt und was stellt sie dar?

Wenn Dir das Malen so viel Spaß macht, hast du nicht Lust, das Kind mit den blauen Mongolenäugelein mal zu portraitieren. Im nächsten Sommer, wenn sie braungebrannt ist und auch auf Günther-Wagner. – Tante Lisbeths schriftlicher Gruß hat mich außerordentlich gefreut. Ich las ihn immer wieder und denke an eine Unterhaltung mit ihr nach dem Theater, bei der ich sehr viel Unsinn redete, den sie mir aber nicht übel nahm. Inzwischen habe ich vieles besser erkannt. Auf das Wiedersehen mit den Pinos freue ich mich auch. Tante Rosie herzlichen Dank für das gutgemeinte Päckchen. Es kam in die richtigen Hände. Gruß an Eva u. Peter, ebenso an den Weihnachtsbraut, den ich leider nicht kenne, der mir aber auf dem Bild so gut gefiel. Ruths Schicksal bedrückt mich. Wenn ich nur draußen wäre, vielleicht könnte ich ihr helfen. So bleibt mir nichts übrig, als ihr viele Grüße zu bestellen und ihr baldige Besserung zu wünschen. Mir selbst geht es physisch und psychisch den Umständen entsprechend gut. Weihnachten werden wir uns zwei gemütliche Festtage machen, gute Bücher vorausgesetzt. Das Beste meiner Lektüre in den letzten Wochen war außer dem van Loon: S. Hedin, Abenteuer i. Tibet, – W. Filchner, Rätsel d. Matschu, – Balsfield, Das Kapitänbuch, – Ottmann, Wunderland a. Nil, – Casati, 10 Jahre i. Äquatoria, – Hagenbeck, Südsee-Fahrten u. Oribulka, Berühmte Weltfahrer. Interessiert hat mich auch das Vorkriegsmilieu in Otto Ernst, Asmus Semper. – Seit Jahrhunderten singen die frommen Juden am Pessach: Im nächsten Jahr aber in Jerusalem … ich singe in 14 Tagen: im nächsten Jahr zu Hause. Möge das kommende Jahr für uns besser werden, als das alte war. In diesem Sinn

Euch allen ein herzliches, frohes Neujöhrche! Gottfried.

Liebe Leni, nun jährt sich zum vierten Mal der Tag unserer Weihnachten i. der Loosenau. Jedes Jahr am 24.12 habe ich daran gedacht und die Erinnerung stimmte mich immer froh. Weißt Du noch als wir am heiligen Abend so übermütig waren? Warte, verhältnismäßig bald kommt das wieder und Du wirst Dich wundern, wie ausgelassen ich, trotz allem Erlebten, noch sein kann. – Über unseren Altersunterschied hatte ich schon nachgedacht bevor Du im Brief etwas davon erwähntest. Der jetzige Unterschied, wenn überhaupt vorhanden, hätte sich vor 4 Jahren störender auswirken müssen, als heute. Davon habe ich aber seinerzeit nichts bemerkt. Bleibt also der körperliche übrig. Bei aller Bewertung des körperlichen Faktors in der Erotik halte ich doch einen klugen Kopf, einen festen Charakter und ein gutes Herz auf der Grundlage gemeinsamer Interessen für wesentlichere Bedingungen in der Beziehung zweier Menschen, als vorwiegend körperliches Gefallen. Statt Bedingungen will ich lieber sagen: Momente. Ich glaube aber Du bist nur eitel und Dir nicht mehr hübsch genug. Was soll ich denn erst sagen? Schöner werde ich hier bestimmt nicht und bin doch so kühn zu glauben, daß Du (trotzdem) noch freundliche Gefühle für mich hegst.

– Wenn es Dir gut geht und Du Freude auf Deinen Fahrten und im übrigen Leben hast, so macht mir die Mitteilung davon das Herz nicht schwer sondern leicht. Euer Wohlergehen ist eine der wesentlichsten Bedingungen für das unsrige. Du wirst später in Schauspiel, Oper u. Konzert mich führen müssen u. mir von deinen Kenntnissen mitgeben, denn meine sind wie auf vielen andern Gebieten, so auch auf diesem gering. Timmermans kenne ich und besitze von ihm ein Inselbändchen: Das Tryptichon der hl. Drei Könige. Lies es mal. Das paßt jetzt gut in die Zeit. Von Manfred Hausmann kenne ich einen Band zarter etwas melancholischer Novellen. Auf die gesammelte „Atlantis" bin ich gespannt. Schreib mir doch bitte immer die Titel der wichtigsten Aufsätze und wie dir die jeweilige Nummer gefällt. Wie hat dir der Farbenfilm gefallen und welches Resultat zeitigte der Photowettbewerb? – Falkenfeld, „Einführung in die Philosophie" würde mich auch sehr interessieren, überhaupt ist die Unmöglichkeit mich hier weiter zu bilden einer meiner wunden Punkte. In das Unabänderliche muss man sich aber fügen und so bleibt mir nur übrig, mir fest vorzunehmen, später um so eifriger zu sein. – Einen Rat für Mokken kann ich dir nur dann geben, wenn ich ungefähr weiß, welcher Art die entgegenstehenden Schwierigkeiten sind. – Das Jahr 37 ist nun bald zu Ende. Noch einmal habe ich mich bei d. Behandlung einer schwierigen Frage unbedacht u. aufbrausend wie ein Junge benommen. Ich glaube in dem Jahr so viel gelernt zu haben, daß das sich nicht mehr wiederholen wird und so habe ich vielleicht von der Zeit doch etwas profitiert. Grüße deine lieben Eltern und alle Bekannten recht herzlich, vor allem deine liebe Musiklehrerin. Der vorläufig ersehnte Termin ist ja bald da: „Nächstes Jahr kommt er." Gemütliche Weihnachten u. Prost Neujahr Gottfried

Herford, den 16. 10. 1938
Eimterstr. 15

Vor- und Zuname: Ballin Wolfgang

1. **Briefverkehr:** Der Gefangene darf alle 2 Monate einen Brief absenden und empfangen. Die Briefe sind frei zu machen und deutlich mit Tinte in deutscher Sprache zu schreiben.
Das Einlegen von Briefmarken, Photos und Zeitungsausschnitten ist verboten.
2. **Besuche:** Besuche sind alle 3 Monate zulässig. Vor Ausführung des Besuches ist die schriftliche Genehmigung vom Anstaltsvorstand einzuholen.
Für die Antwort ist ein **Freiumschlag** beizufügen.
Besuchszeiten sind täglich von 9—16 Uhr.
3. **Paketsendungen:** Zusendungen von Paketen und Päckchen jeder Art sind verboten. Ausnahmen werden nur mit vorheriger schriftlicher Genehmigung durch den Anstaltsvorstand gestattet.

Vermerk: Es darf nur auf den Linien geschrieben werden.

Meine Lieben, zuerst herzlichen Dank für Eure lieben Briefe. Vaters Bild habe ich behalten dürfen. Ihr erkundigt Euch vor allem nach meiner Gesundheit. Die ist so gut wie sie selten gewesen war. Die „immergrüne Pflanze" hat sich in den schönen Septembertagen braun gefärbt (schade, daß Mutter das beim letzten Besuch noch nicht sehen konnte), sodaß die Kameraden sagten, selbst Ballin habe Farbe bekommen. Einige lose Mäuler zweifelten an ihrer Echtheit und hielten die Bräunung für Dreck. Wasser- und Seifenprobe bewiesen aber, daß die Tönung indauthren ist. Muskelkater und andere Anfangsschwierigkeiten sind überwunden. Trotz der Schwere der Arbeit fühle ich mich wohl und möchte nie mehr mit der Tütenkleberei tauschen. Allmählich schwellen auch wieder die Muskeln, und da mir die Arbeit langsam leichter fällt, merke ich, daß die Kräfte wiederkommen. Wegen der

Briefbogen für Zuchthausgefangene.

Zahnbehandlung hatte ich vordem. Der Zahnarzt hatte zuerst behauptet, er müsse mir unbedingt eine Krone machen, die ca. 30 Rm. kosten würde. Jetzt nachdem das Geld, für das ich hiermit vielmals danke, eingetroffen ist, meint er, ich solle besser mit der Anfertigung der Krone warten bis ich wieder draussen sei, weil er mit der ihm in der Anstalt zur Verfügung stehenden Apparatur eine Krone nur schwer machen könne. Er hat den Zahn mit einer ???????? ausgeschmiert und dafür 2,50 Rm. berechnet. Er glaubt, dass der Zahn jetzt nicht weiter abbröckeln wird. Schmerzen habe ich an den Zähnen keine. Die ersten Eindrücke von der Aussenarbeit völlig wiederzugeben bin ich nicht imstande. Ich hatte nur dauernd das Gefühl, dass alles gar nicht wirklich sei und ich bald aus einem angenehmen Traum aufwachen müsse, um wieder in der Beengtheit und dem Druck der Zelle aufzuwachen. Am 15. August sind wir Juden, in einer besonderen Kolonne zusammengefasst, zum erstenmal ausgerückt u. zwar zum Bohnenpflücken im Anstaltsgarten, der ausserhalb der Mauer liegt. Als wir dann um 9 Uhr beim 2. Frühstück auf einer kleinen Mauer in der Sonne sassen, umgeben von Obstbäumen, Himbeerhecken und Gemüsebeeten, zur Seite die Strasse mit Fussgängern in Sommerkleidern, spielenden Kindern, Autos u. Fuhrwerken, da hatte ich kaum noch das Ge-

fühlt Gefangener zu sein. Wenige Tage später begann die reguläre
Arbeit bei einer Baustelle 15 Minuten von der Anstalt entfernt.
Die gleichbleibende Tageseinteilung ist folgende: ½6 Uhr aufstehen –
6 Uhr 1. Frühstück; kurz vor 7 Uhr ausrücken zur Arbeit. 8³⁰
oder 9 Uhr 2. Frühstück, zu dem wir von der Anstalt eine geschmierte
Doppelschnitte u. Kaffee mitbekommen. Es wird zu gewährt der
Unternehmer auch Wurst dazu. 12 Uhr Mittagessen, das aus d.
Anstalt geholt wird. Beide Pausen, Frühstück u. Mittag, dauern
zusammen 60 Minuten. Gegen 6 Uhr sind wir wieder auf der
Zelle. Bisher haben wir an 5 verschiedenen Stellen gearbeitet.
Zuerst Fundamente für Brückenpfeiler ausgeschachtet, dann
ein Fundament für ein Haus, Gräben für Gas- und Wasserrohre
ausgeworfen, eine Schotterdecke für eine neue Straße ausgebreitet
und jetzt sind wir dabei eine Straße tiefer zu legen.
Bis auf den letzten sind wir zu den Arbeitsplätzen zu Fuß gegangen und Ihr werdet Euch vorstellen können, daß jeder An-
u. Abmarsch für mich ein Erlebnis war. Jeder Passant, jedes
Geschäft, die Kronenbäume, die Gärten mit blühenden Dalien
Gladiolen, Astern, Rosen u. Geranien wurden bestaunt. Zum
letzten Arbeitsplatz sind wir einmal zu Fuß gegangen, mitten
durch Herford durch mit seinen mittelalterlichen Straßen und
Häusern, durch Anlagen, die mich lebhaft an den Kölner

Grüngürtel erinnerten, durch Villenviertel die der Marienburg ähnelten und über eine Landstraße, die mich glauben machte, ich sei wieder auf Fahrt. Jetzt fahren wir, da der Weg zu weit ist, jeden Morgen u. Abend mit einem eleganten Omnibus hin u. von der Arbeitsstätte und haben abends schon den Genuß, die erleuchteten Schaufenster der Herforder Geschäftsviertels bestaunen zu können. Während der schönen Herbsttage haben wir oft im Freien zu Mittag gegessen, mit dem Blick auf die Herford umgebenden Hügel, auf Felder mit pflügenden Bauern und vereinzelte Gehöfte. Das Essen schmeckt nach der anstrengenden Arbeit natürlich besonders gut und ich haue ein, wie ein Scheunendrescher. Abends lege ich mich nach dem Stiefelputzen und Waschen sofort ins Bett und habe daher in letzter Zeit nur wenig gelesen: Eichendorffs gesammelte Werke, ein Sammelwerk: Meister deutscher Prosa von Meister Eckhart bis zu den Modernen, E. Geibel, Gedichte, die mir gar nicht u. Caesar Flaischlen, Gedichte, die mir wenig zusagten. Eine alte Bekanntschaft aus den Schulbüchern erneuerte ich als ich Joh. P. Hebels ges. Werke bekam. Im Augenblick lese ich Fr. Hebbel, Werke. Gruß an allen Lieben, besten Dank für die Lieb u. besondere Grüße. Täglich sehe ich jetzt die D-Züge die von Köln kommen oder dahin fahren u. morgen sind es noch 11 Monate. Gottfried

Absender: Ballin, Gothf. 59 — Mutter
Briefbuch Nr.: 9
Siegburg, den 3.9. 1939.
Luisenstr. 90

Liebe Mutter,

was wir vor acht Tagen befürchteten ist nun eingetroffen, und es bleibt uns nichts anderes übrig, als uns tapfer und mit dem festen Willen, den Kopf nicht hängen zu lassen, in das Kommende zu fügen. Was Du für mich tun konntest, hast Du getan. Ich hatte mich über die Erfolge Deiner Tätigkeit sehr gefreut. Wenn meine Auswanderung nun auch bis auf weiteres nicht realisiert werden kann, so bin ich doch nicht mutlos. Traurig würde ich nur sein, wenn ich Dich unglücklich wüsste. Habe Vertrauen in die Zukunft. Es geht Dir sicher heute noch besser als vielen Müttern in Deutschland, in dem Bewusstsein zwei Deiner Kinder fern aller Gefahr im auskömmlichen, wenn auch nicht glänzenden Lebensverhältnissen zu wissen. Das dritte Kind, das weist du, wird sich schon durchbeissen, was auch kommen wird.

Meinen braunen Anzug habe ich am 1.9. an Dich abgeschickt

Bevor du mich am 17. abholen kommst, fragt Du am besten telefonisch oder per Rückantworttelegramm hier an, ob ich auch tatsächlich entlassen werde, unter Berufung auf die Zuschrift des Herrn Regierungsrates vom 11.8.

Nun möchte ich dir noch viel Gutes und Tröstliches sagen, aber das müsste ich dir auch sagen können und nicht schreiben müssen. Denke aber an die Wahrheit des Satzes, dass geteiltes Leid halbes Leid ist und das mehr Leid, als du, heute schon tausende haben und bald Millionen haben werden. Aufrecht und gut wollen wir im Unglück bleiben, nicht?

Grüsse alle, die Dir und

mir nahestehen Auf ein baldiges Wiedersehen und Wiedersprechen

          Gottfried.

Wie ich eben von einem Beamten
erfahren habe, sind telef. Anfragen unzulässig Du müntest Dich dann telegraphisch
erkundigen.

Konzentrationslager Sachsenhausen
Oranienburg bei Berlin

Auszug aus der Lagerordnung:

Jeder Häftling darf im Monat 2 Briefe oder 2 Postkarten empfangen und auch absenden. Ein Brief darf nicht mehr als 4 Seiten à 15 Zeilen enthalten und muß übersichtlich und gut lesbar sein. Postsendungen, die diesen Anforderungen nicht entsprechen, werden nicht zugestellt bezw. befördert. Pakete jeglichen Inhalts dürfen nicht empfangen werden. Geldsendungen sind zulässig, sie müssen aber durch Postanweisung erfolgen; Geldeinlagen im Brief sind verboten. Mitteilungen auf den Postanweisungsabschnitten sind verboten; Annahme wird sonst verweigert. Es kann im Lager alles gekauft werden. Nationalsozialistische Zeitungen sind zugelassen, müssen aber von dem Häftling selbst über die Poststelle des Konzentrationslagers bestellt werden. Unübersichtliche und schlecht lesbare Briefe können nicht zensiert werden und werden vernichtet. Die Zusendung von Bildern und Photos ist verboten.

Der Lagerkommandant.

Meine genaue Anschrift:
Schutzhäftling
Gottfried Ballin
Nr. 12797 Block 39
Oranienburg
Konzentrationslager bei Berlin

Postkarte

Frau
Anna Ballin b. Ar.

Köln-Lindenthal
Virchowstr. 5.

Sh'sn., den 29.12.40. Liebe Mutter, das ist nun die letzte Karte in diesem Jahr, deren Schluss schöner und inhaltreicher wurde, als der Anfang versprach. Ich habe die schönste Weihnachten erlebt, seit ich in Haft bin, mit Liedern u. Geschenken von Euch, denn die Wollsachen wurden mir kurz vor dem Fest ausgehändigt. Am Heiligabend habe ich lange an dich gedacht, dass dir mit den beiden Jungen diese Weihnacht tröstlicher wurde, als in den Jahren vorher. Vielen Dank für die 10,- vom 4.12. Viele Grüße an Euch Lieben Gottfried

Postkarte

und müssen übersichtlich und gut lesbar sein. Pakete jeglichen Inhalts sind verboten. Geldsendungen sind **nur** durch Postanweisung zulässig, deren Abschnitt nur Vor- und Zuname, Geburtstag und Häftlingsnummer trägt, jedoch keinerlei Mitteilungen. Geld, Photo und Bildereinlagen in Briefen sind verboten. Die Annahme von Postsendungen, die den gestellten Anforderungen nicht entsprechen, wird verweigert. Unübersichtliche und schlecht lesbare Briefe werden vernichtet. Im Lager kann alles gekauft werden. Nationalsozialistische Zeitungen sind zugelassen, müssen aber vom Häftling selbst im Konzentrationslager bestellt werden.

Der Lagerkommandant.

Wohlgeboren Frank

Köln

St. Apernstr. 62

---

18. 10. 42

Meine Lieben, vielen herzlichen Dank für Euer Paket. Das waren ein paar frohe Minuten, als ich liebe, bekannte Dinge begrüssen konnt. Wenn ich die Trainingsjacke trage, muss ich an gemeinsam erlebte Stunden denken und werde darüber traurig und froh. Wenn Ihr mir nun noch Zahnputzzeug schicken wer-det, wäre mir wieder aus einer Verlegenheit geholfen. Gestattet ist es. Viele herzliche, dankbare Grüsse Gottfried

Meine genaue Anschrift: Schutzhäftling **Gottfried Ballin**
Nr. 12797 Block 39

Oranienburg
Konzentrationslager bei Berlin

7.9.1941

Liebe Mutter, gestern erhielt ich deinen langen, schönen Brief vom 1.9., der mir doch ein ungefähres Bild von deinem Leben gibt. Dein Sorgenkind brauche ich in der heutigen Zeit nicht mehr zu sein, wenn man mit dem Namen das Kind meint, das einem besondere Sorgen vor den andern Kindern macht. Das, was ich nun schon geraume Zeit muss, das Leben Tag für Tag nehmen und dabei doch versuchen, zu leben, das ist heute Notwendigkeit für die meisten Menschen. Aus allem Erlebten das Positive zu gewinnen, sich nicht in Verärgerung oder Resignation abschliessen, das muss unsere Aufgabe sein. – Neulich dachte ich daran, dass unser Heutchen nächstes Jahr schon 25 wird, so alt wie ich 39. An solchen Kleinigkeiten merke ich dann, wieviel Zeit, seit unserer gemeinsamen Vergangenheit schon verflossen ist. Ich würde mich freuen, wenn die Kinder mal direkt an mich schrieben. Dass ich mit ihnen nicht korrespondiere liegt ja nur an den Umständen. Auf dein liebes Angebot antworte ich im nächsten Brief.

Herzlichst, Gottfried

Ab April 1938 wurden Briefe von Angehörigen nur noch alle 14 Tage ausgehändigt. Helene wohnte weitgehend bei Anna, ging arbeiten, kümmerte sich um ihre Eltern, und alle hofften, daß die fünf Jahre Zuchthaus, zu denen Gottfried verurteilt worden war, schnell vorübergingen. In dieser Zeit bereiteten Anna und Helene die gemeinsame Auswanderung vor. Gottfrieds Bruder Arnold ging über England nach Südafrika. Wolfgang, der inzwischen Arzt war, wanderte in die Vereinigten Staaten aus. Die Familie Ganz hatte sich in alle Winde zerstreut. Annas Schwester, Lisbeth Pinette, lebte mit ihrem geliebten Mann Pino in Brüssel. Helene besuchte sie dort, um Hilfe zu finden. Sie wollten wie Arnold über England ausreisen, da ihnen dort eine Tante, die etwas Geld besaß, weiterhelfen wollte. Die Reise sollte nicht, wie Gottfried gewünscht hatte, nach Palästina führen, wo er gern als Lehrer gearbeitet hätte. Das Ziel war vielmehr Südamerika.

Die Auswanderung wurde nun immer häufiger Thema in den Briefen.

Im Oktober 1938 wurden die Juden im Herforder Gefängnis in einer Kolonne zur Gartenarbeit herangezogen. Gottfried war über diese Abwechslung und die Arbeit an der frischen Luft begeistert und schilderte seine neuen Eindrücke.

Herford, den 16.2.1938

Liebe Mutter,
dieser Brief sollte eigentlich ein Vorfrühlingsbrief werden, da das Wetter in den ersten Februarwochen so mild war, dass das Fenster meiner Zelle Tag und Nacht offen stand und auf dem Hof die ersten kurzstengligen Gänseblümchen aus dem falben Vorjahresgras auf die bleichgesichtigen schwarzen Männer schauten, die wortlos, im Gleichschritt ihre Runden liefen. Nun hat es aber wieder geschneit, kleine, feste Flocken, die auf den Dächern der Herforder Villen u. Häuser liegenblieben und auf den hügligen Ausläufern des Teutobur-

ger Waldes, die den Horizont der Zellenaussicht bilden, einer Aussicht, die ich leider nur einmal in der Woche, beim Fensterputzen, geniessen kann. Der scharfe Ostwind weht gerade auf meine »Wohnung« zu, dringt durch die Fensterritzen rein und fährt durch die Türritzen wieder raus, so dass Wünsche nach Frühling, Westwind und Sonnenwärme rege werden. – Gesundheitlich bin ich völlig in Ordnung. Weihnachten habe ich mich über Eure Briefe sehr gefreut. Das war die richtige Mischung. Es ging mir auch ansonsten an den beiden Tagen recht gut. Ich war rundherum satt u. sass »weihnachtsstollenessenderweise« mit dem Rücken an der Heizung, gute Bücher lesend, über die ich an Leni berichten werde. Meine Lektüre ist zwar im Augenblick etwas spärlich geworden, ich habe aber ›meine‹ Bibel wieder, sitze abends wie der hl. Hieronymus im Gehäus über der heiligen Schrift, die mich in vieler Hinsicht interessiert, und freue mich dieser urwüchsigen Gestalten der Anfangsgeschichte des jüdischen Volkes, die gewiss heroisch sind und doch ihre menschlichen Schwächen haben. Über den Zarathustra denke ich ähnlich wie Du u. habe ihn damals doch gern gelesen. Originell und konsequent ist er gewiss, ob es aber überhaupt so etwas wie einen Übermenschen gibt, scheint mir die Frage. – In einem Bibliotheksbuch befand sich eine Karte von Holzgau i. Lechtal u. Umgebung. Vor mir tauchte unsere Reise auf durch das sommernde Rheinland, über den Bodensee nach Vorarlberg. Da war ich ob der Erinnerung froh. – Du wolltest mir über Ruths Zustand schreiben und sollst mir die Lutze herzlich grüssen, da sie Dir so schöne Bücher schenkt, desgleichen Tante Thildchen, deren Opferwilligkeit für mich sich jetzt oder nie beweisen muss. Aber darüber müssen wir beim Besuch sprechen. Die Grüsse von Pinos haben mir wohlgetan, wie jedes freundliche Wort in einer Atmosphäre ständigen Hasses ermuntert und hilft. Gruss an alle Lieben, die Rudolfse, Dures'se und s.w., den Mann, der der blauen Blume nachjagte, nicht zu vergessen (oder war der Enzian nicht doch ein Goldlack?). Bis bald, herzlich, herzlichst,   Gottfried

Liebe Leni, es war für mich ein doppelt angenehmes Gefühl zu wissen, dass Weihnachten 37 für Dich so schön und zufriedenstellend verlaufen ist, da Du mir im Jahr vorher in Deiner Einsamkeit so beson-

ders leid tatst. *Das Versprechen, Laute oder Gitarre spielen zu lernen, will ich Dir lieber nicht geben, weil man Versprechen halten soll, und ich glaube, dass draussen zuviel andere Arbeit meiner wartet. Was ich tun kann, werde ich tun. Knut Hamsun, Viktoria, kenne ich nicht, möchte es aber gern lesen und freue mich schon darauf. Anselm Feuerbachs Briefe an seine Mutter habe ich auch nicht gelesen, hingegen in den letzten 2 Monaten folgende gute Bücher: Waldemar Bonsels, der Autor von »Biene Maja«, Indienfahrt, Manfred Kyber, Unter Tieren. Beide sind stark von Gedankengängen indischer Religion und Philosophie beeindruckt. Hendrik van Loon, Männer u. Meere, eine Geschichte der Seefahrt mit seinen berühmten, originellen Zeichnungen und recht gesellschaftskritischen und unidealistischen Ansichten. H. Wilkins Eismeerflug, Jahrgang 1906 der Zeitschrift d. deutschoesterr. Alpenvereins mit hervorragenden Aufsätzen über Bergbesteigungen, Bergexpeditionen, Geologie u. a. mehr, Victor Heiser, Eines Arztes Weltfahrt, verlegt bei D.V.A. Stgt., eine hochinteressante, dringend zu empfehlende Biographie eines amerik. Arztes, der sich erst im Dienst d. amerik. Staates, später der Rockefellerstiftung der Verhütung von Krankheiten bes. in den Tropen widmete. Kolbenheyer, Meister Joach. Pausewang, ein gut lesbarer Roman aus dem Mittelalter, H.S. Thielen, D. Medicus Engelb. Kämpfer, Erlebnisse eines deutsch. Arztes in Japan um 1690. Dann las ich zum x-ten Mal H. Löns, Der Werwolf. – Sieh doch mal bitte unter meinen Büchern nach, ob ich nicht eine Ausgabe von Herders Werken besitze mit den Ideen zur Philosophie d. Geschichte d. Menschheit. Es ist lange her, dass ich meine Bücher zum letzten Mal sah, u. meiner Neuerwerbungen aus Onkel Pauls Nachlass erinnere ich mich nur dunkel. – Hab Dank für Deine lieben Briefe. Aus der Atlantis wollte ich aber nur die Überschriften erfahren evtl. mit einigen kurzen Bemerkungen von Dir dazu. Inhaltsangabe ganzer Artikel wird ebenso wie die klassischen Dramen (sofern sie sich über Seiten erstreckt) weder von mir noch von der Zensur gern gesehen, zumal mir der Inhalt d. meist. klass. Dramen geläufig ist. Sehr interessiert mich immer alles, was Du persönlich erlebtest: Fahrten, Theater, Spaziergänge, Gedanken und das, was mir in meiner Weltabgeschiedenheit ein, wenn auch flüchtiges*

Bild von dem geben kann, was mir am meisten fehlt, vom Leben in d. Freiheit. – Rüste mir d. Mutter gut z. Besuch aus, steck ihr Papier und Bleistift zu und sorge, dass sie nichts vergisst. Von jetzt an denke ich Dienstagabend immer an Dich.
Grüss alle
Gottfried

Herford, den 8.4.38

Mein liebes Geburtstagskind
meinen herzlichen Glückwunsch! Wenn Du am 21.5. mit Leni einen samstäglichen Geburtstagsspaziergang machst, werde ich sicher an Euch denken und uns eine frohe Zukunft wünschen, auf dass wir kommendes Jahr nicht nur in Gedanken, sondern auch in personis zusammensein werden. – Ich habe das Werden der Jahreszeit noch nie so bewusst erlebt wie in diesem Jahr. Das mag daher kommen, dass ich die Zeit schier fressen möchte, um sie abzukürzen. – In den ersten Märztagen, als die schon frühlingshafte Sonne zum ersten Mal die Backsteine an meinem Fenster golden färbte, so dass die gar nicht mehr so nüchtern aussahen, kam jeden Morgen ein Spatz zu mir herüber, plusterte sich in der Sonne auf u. tschilpte behaglich. Das Spatzengeschrei, das den Winter über geherrscht hatte, wurde dann allmählich dünner u. das Pinken, Zwitschern, Trillern u. Flöten der Zugvögel immer lauter. An einem strahlenden, hellblauen Sonnenmorgen kamen während der Freistunde die Wildenten in Form einer langen, grauen 1 angeflogen. Ihnen entgegen surrten unter einem hellroten Cirruswölkchen 3 silberne Flieger. Ein herrliches, farbenfrohes Bild, das meinen nur an graue Farbtöne gewöhnten Augen gut tat. Jetzt blühen im Hof die Stiefmütterchen, die Stengel der Gänseblümchen werden immer länger und sie selbst zahlreicher, die Wiese grüner u. die Rosenstöcke haben rote u. hellgrüne Schösslinge. Über die Mauer sehen blühende Obstbäume. Es ist ganz Frühjahr. – Mit Wirkung von diesem Brief ab tritt folgende Verordnung in Kraft: »Privatbriefe von

Angehörigen werden den Gefangenen nur noch alle 14 Tage ausgehändigt.« Schreibt bitte in Zukunft Eure Briefe zusammen. – Arnolds beruflicher Erfolg hat mich sehr gefreut. Der Verlust seiner Freundin ist für ihn sicher sehr schmerzlich. Wenn er ihn auch sicher überwinden wird, so soll man ihm gegenüber ihn doch nicht allzu leicht nehmen. Das war immerhin der einzige gleichaltrige Mensch, der ihm nahestand. – In allen die Auswanderung betreffenden Fragen kann Dir in Herford niemand Rat erteilen. Ich möchte Dir aber nochmals dringend raten, Dich mit Ernsts Mutter in Verbindung zu setzen. Sofern sie Dir keine Auskunft geben kann, kann sie Dir wahrscheinlich solche vermitteln. Die im Wege stehenden Schwierigkeiten werden sich, bei gutem Willen überwinden lassen. – Ich hätte schon Lust, 39 mit Dir zu Arnold zu fahren, aber brauche ich Dir, als meiner richtigen Mutter, versichern, dass mich Martha K.'s Beruf weit mehr locken würde? Selbstverständlich bin ich aber bereit, alles anzupacken, was sich bietet. – Folgende Fragen möchte ich gern beantwortet haben: 1. Das Wichtigste bei der Auswanderung ist die Beschaffung der Einreisepapiere. Wer kümmert sich darum? 2. Was ist das Ziel von Tante Thildchens Bemühungen bei d. Quakern? – Die Gründe, die Dich zur Stellung d. Verlegungsantrages bewogen, ohne mit mir vorher Rücksprache zu nehmen, müssen schwerwiegend gewesen sein. Du hast sicher alles wohl erwogen. Sage den Pinos, der Lutze u. Tante Thildchen für Ihre Liebe und Mühe vielen Dank. Dank auch für Geburtstagswunsch u. -gruss. Stille, frohe, beschauliche Ostern u. Pfingsten! Auf Wiedersehen, wahrscheinlich Dienstag 7.6. hier. Herzlichste Grüsse, Gottfried

Mein lieber Jung, zum Geburtstag kann ich Dir leider noch nicht gratulieren, so tue ich es denn zu der von Dir so geliebten Sonne u. tiefen Bräunung. Dank für Deine lieben Briefe. – Gesundheitlich geht es mir den Umständen entsprechend gut. – Von Dir möchte ich gern wissen, was Du für Deine Zukunft planst. – Mit den Englischstunden willst Du also im Sommer aussetzen! Ich rate Dir zu folgendem Kompromiss: Lass sie ausfallen und unterrichte Dich im Sommer selbst. Bei schönem Wetter im Freien in irgendeiner Anlage, bei schlechtem Wetter zu Hause. Nimm Heft, Bleistift u. Ameri-

ca of today, übersetze zuerst schriftlich einen Abschnitt in gutes Deutsch u. dann zurück ins Englische. So kannst Du Dich stets kontrollieren. Kaufe Dir vielleicht jeden Monat im Hbf. die Wochenausgabe einer englischen Zeitung (Kostet ca. 35 Pf), dann hast Du auch interessanten, aktuellen Lesestoff, u. Deine Kenntnisse schwinden nicht. – Du schreibst, Du seist die ganze Zeit draussen gewesen. Was heisst das? Spazierengehen, schwimmen usw. Wozu willst Du die längere Freizeit des Sommers benutzen? Da der Schulmeister gerade in mir geweckt worden ist, gebe ich Dir noch folgenden Rat. Wenn ich mit Briefschreiben zu Ende bin, lese ich mir das Elaborat halblaut vor, um Flüchtigkeitsfehler zu vermeiden (Chorus versammelter Frauen: Oh, dieser gräuliche Pedant!). Ist aber nicht bös gemeint. Ich habe übrigens den gedankenlosen Lener in meinem letzten Brief um eine Auskunft gebeten, die nicht erteilt wurde. Wenn die Sache auch unwichtig ist, beantworte er meine Briefe etwas genauer! Was machst Du für Handarbeit? Ich habe, wenn ich das letzte Wort höre, ein etwas schlechtes Gewissen, da ich seinerzeit Deinen Bemühungen um hauswirtschaftliche Künste falsche Motive unterschob. Mittlerweile habe ich den Irrtum eingesehen und bitte das zuviel Gesagte ab. – James Hilton, Ein schweigsamer Held, kenne ich nicht. Schreib mir mal ein paar Worte darüber. Ich las in der Bibel, in der ich bis zum zweiten Buch Samuel vorgedrungen bin. Dann Carl Raswan, Im Land der schwarzen Zelte, ein Buch über die Beduinen Innerarabiens mit hervorragenden Fotos. A.E. Brachvogel, Friedemann Bach, ein Kulturbild des Rokoko, die Volksausgabe d. Edda übers. v. Felix Genzmer, Forstrat Georg Escherich, Der alte Forstmann, eine Art Autobiographie, u. Gustav Freussen, Die drei Getreuen. Was ich sonst bekam, waren leichte Unterhaltungsromane, die mir so wenig zusagten, dass ich beschloss, wenn möglich zu den Klassikern zurückzukehren. – Einer meiner Sehnsuchtsträume ist, im Sommer auf einer Decke in einer Waldschneise in d. Sonne zu liegen u. ein gutes Buch zu lesen, deshalb kann ich es nur schlecht verstehen, dass Du d. Sommer buchlos verbringst. Aber jeder nach seinem Geschmack! Was hörst Du für gute Musik! Die Charakteristik des Theaterpublikums ist wohl richtig, ähnliche

Wahrnehmungen habe ich früher auch schon gemacht. Grüss alle, bes. Malchen nebst Anhang. Wie sah der aus?
Herzlichst, Dein Gottfried

Herford, den 14.6.38

Liebe Mutter,
die zu beantwortende Post ist ja recht mager geworden. Da liegen nun drei kurze, liebe Lebenszeichen vor mir, die mir kaum mehr sagen, als dass Ihr da und gesund seid. Sie erinnern mich aber daran, dass der im Februar verlorengegangene Brief mir im April ausgehändigt wurde. Von meiner Gesundheit hast Du Dich nun augenscheinlich überzeugen können. Sie ist im Sommer immer etwas besser, da das sonnige, warme Wetter auch das Gemüt aufhellt, das bessere Licht den Augen wohl tut und die Hitze den Kalorienverbrauch vermindert. Tag und Nacht ist jetzt wieder das Fenster offen. Nach den Regengüssen steigt der Geruch der feuchten, warmen Erde zu mir in die Zelle und weckt die Erinnerung an Fahrten der Vergangenheit, die zur Sehnsucht wird, wenn von der nahen Strasse altbekannte Lieder herübertönen. Am 5. Mai kamen die ersten Schwalben, jagten sich kreischend in der Luft und sausten in Geschwadern an den Wänden des Gebäudes entlang. Genau einen Monat später habe ich die erste aufgeblühte rote Rose entdeckt, und jetzt sind alle Sträucher voll Blüten und Knospen. – Meinen herzlichen Glückwunsch zu Wolfgangs offizieller Verlobung. Sie hat mir sehr viel Freude gemacht. Einen ganzen Morgen lang habe ich über die ›offizielle‹ gegriemelt und gefeixt. Aber Du hast mir ja gar nicht erzählt, wie die neue Schwägerin Ruth mit Nachnamen heisst. Ich werde sie deshalb in künftigen Briefen mit Ruth med. bezeichnen zum Unterschied von der K.K. Ruth (was sich auf die vielen zu erwartenden kleinen Kinder beziehen soll.) Zu dem ersten in dieser Reihe lasse ich jetzt schon herzlich gratulieren.
Auch der Eva bitte ich meinen Glückwunsch zu übermitteln. Wieso geht es denen so schlecht und warum setzen sie dann noch Kinder in die Welt? – Ich habe beim Besuch den Eindruck gehabt, als hätten wir

uns bei dem Gespräch über L. nicht richtig verstanden, weil sich hinter denselben Worten verschiedene Begriffe bargen. Es ist schwer, psychologische Probleme mit ein paar Worten klarzulegen. Vielleicht ist die ganze Angelegenheit auch von mir zu krass gesehen und wird sich bei persönlicher Fühlungnahme bald ausgleichen. – Grüsse bitte die lieben Pinos recht herzlich von mir. Ich habe mich über ihre Worte ganz ausserordentlich gefreut und weiss gar nicht, wie ich mich für ihre Liebe bedanken kann. Wenn ich in ihrem Denken lebe, so sie in meinem noch viel reger. Ich bin durch so viel Güte ganz beschämt. Grüsse alle Lieben ganz herzlich und frag den Martin mal nach Neuerscheinungen.

Lieber Jung, hab Dank für die Briefe. Es ist jetzt wohl 10 Jahre her, dass ich mich mit Botanik und Pflanzenbestimmen beschäftigte. Deine naturwissenschaftlichen Exkursionen interessieren mich, und wenn Du magst, kannst Du mir davon berichten. – Du schreibst, dass Wolfgangs Verlobung Dich an mich erinnert hätte, bei dem auch ein fremdes Mädchen jemand anderes verdrängte. Das stimmt aber nur rein äusserlich gesehen und ist eine Verwechslung von Ursache und Anlass. Das fremde Mädchen war nur der Anlass. Die Ursache meiner Trennung von Ruth lag doch tiefer. Wir hatten uns derart auseinanderentwickelt, unsere Interessen und Ansichten hatten sich so voneinander entfernt, dass ein Zusammenleben nicht mehr möglich war. Du kannst also ein etwa vorhandenes schlechtes Gewissen getrost beruhigen. Nachdem mir Mutter beim letzten Besuch die Geschichte von Ruth und ihren Bildchen erzählte, ist es mir noch klarer als früher, dass ich damals richtig handelte. Was macht der Sport? Du wolltest doch im Frühjahr das Schwimmen wieder aufnehmen. Ist aus den seinerzeit geplanten Paddelbootfahrten jemals etwas geworden? Du willst nun noch wissen, was ich lese. Es ist mir gelungen, aus der Anstaltsbibliothek wieder »Klassiker« zu bekommen. Vorher erhielt ich erst noch Waldemar Bonsels Notizen eines Vagabunden, enthaltend die Bücher: Menschenwege, Eros und die Evangelien und Narren u. Helden. Dann F. Bechtold, Deutsche am Nanga Parbat, Expeditionsbericht der deutsch. Himalayaexpedition 1934. Nun als »Klassiker«: von dem Aestheten Friedr. Theod. Vischer den Roman: Auch Einer, Faust

III. Teil, eine Parodie auf den Goetheschen Faust, die ich recht mässig fand, und Gedichte, von denen mir auch nur einige, satirisch kritischen Inhalts zusagten. Von dem Romantiker Ed. Möricke, die berühmten Gedichte, das Stuttgarter Hutzelmännlein, ein Märchen, und die Novelle, Mozart auf der Reise nach Prag. Schiller: Gedichte, Räuber, Fiesko, Kabale und Liebe und Don Carlos. Franz Grillparzer, Sappho, die Ahnfrau, König Ottokar und das goldene Vlies. Im Augenblick lese ich Christian Dietrich Grabbes Werke. Zwischendurch wurde die Bibel vorgenommen, die beiden Bücher der Könige, Sprüche Salomos, Prediger u.d. Psalmen. Kennst Du das Buch von Ernst Wiechert, Die Majorin? Wenn nicht, leihe es Dir doch mal bei Frl. Lutze. Grüss mir das Malchen und alle Lieben recht, recht herzlich. G.

Herford, den 14.8.1938

Liebe Mutter,
die gewünschte Antwort auf Deinen Brief vom 9. kommt hiermit. Entschuldige, wenn sie etwas wirr ausfällt. Die Eintönigkeit des 2 1/2 jahrelangen Tütenklebens wurde jäh unterbrochen durch den Befehl, mich fertig anzukleiden. Ich wurde auf die Kammer geführt, mit »Knobelbechern«, Windjacke, Brotbeutel versehen, in einen anderen Flügel der Anstalt verlegt, auf eine schöne, helle, saubere Zelle, und soll Montag auf Aussenarbeit, also ausserhalb der Anstalt, im Freien kommen. Wenn mich schon jede etwas andere Umgebung verwirrt, so kannst Du Dir leicht vorstellen, wie die Aussicht wirken muss, nach vier Jahren ununterbrochener Zellenhaft ins Freie zu kommen. Wolfgang und seiner lieben Frau die herzlichsten Grüsse und vielen Dank für ihre Zeilen. Ich wünsche den beiden von Herzen, altruistisch und egoistisch, viel Glück in der neuen Welt und gratuliere Wolfgang und Arnold schon jetzt recht herzlich. Viel Glück in der Zukunft für uns alle! Arnolds Brief hat mich sehr gefreut, und ich finde es wirklich lieb, wie er an mich denkt, aber meine Briefe eignen sich doch so gar nicht, an ihn weiterbefördert zu werden. Ich werde für ihn erst schreiben,

wenn ich wieder in Freiheit bin. Du bist für das Stationäre im Wirbel der Zeiten und glaubst, ich würde Dich deshalb für uralt halten. »Dot üch nur kinen Deu an«, Frau Doktor, ich bin doch der Konservativste von Euch allen, die Katz', die am Haus hängt und müsste somit nie jung gewesen sein. – Einen Fülli hättest Du nie besessen bei all dem Unsinn, den Du geschenkt bekommen hast. Stimmt nicht! Ruth und ich schenkten Dir einen sehr schönen, goldenen zum Geburtstag. Einer Deiner Söhne hatt' ihn Dir sicher irgendwann »ausgespannt«. Aber behalte meinen ruhig und benutze ihn eifrig. Draussen kaufe ich mir 'nen neuen. – Onkel Felix Frank wünsche ich gute Besserung und hoffe, dass er doch durchkommt. Zu Onkel Simons Tod lasse ich Tante Thildchen kondolieren. Hat sich durch ihn in Deinem Etat etwas geändert? – Dass Du mir ausführlich über das Buch von Viktor Heiser berichtest, finde ich lustig, da ich es dir wenige Monate vorher zu lesen empfahl. Lichtenberg ist mir dem Namen nach als Zeitgenosse Lessings und als Autor der Aphorismen bekannt. Gelesen habe ich diese noch nicht, wollte es aber schon lange. Ausserdem weiss ich von L. nur noch, dass er zum Entsetzen seiner hochmögenden Kollegen sein Dienstmädchen heiratete. – Bring doch bitte beim Besuch Bilder von Ajo, Wolfgang und Ruth, von denen ich nicht mehr weiss, wie sie noch oder überhaupt aussehen, zum Ansehen mit. Und eine kräftige Zahnbürste! Der letzte Deiner Söhne in Deutschland grüsst Dich deshalb doppelt herzlich,
Gottfried

Lieber Lener, zuerst vielen Dank für Deine lieben Briefe. Ich war beim letzten Besuch nicht niedergeschlagen, sondern nur dadurch beeindruckt, dass Mutter mich nicht verstand, und ich mir vorwarf, das Thema überhaupt angeschnitten zu haben. Aber ich glaube, Du hast gedacht, ich würde brieflich schimpfen. Keine Angst! Ich bin doch dabei, es mir abzugewöhnen. Versteh mich nun recht. Ich will doch nicht, dass Du traurig bist oder es Dir schlecht geht, sondern das Gegenteil, aber der richtige Ton im Verkehr mit Menschen, die es schwer haben, ist doch: ruhig, ernst u. herzlich. Das ist ja auch oft der Ton Deiner Briefe. Leichtigkeit und gezwungener billiger Spass wirkt ebenso deprimierend wie Jömerei. Hast Du das nicht aus der »Majo-

rin« herausgelesen? – Solltest Du mit Mutter noch mal zu den Siegener Bekannten fahren, so grüsse sie von mir herzlich, ebenso die Eltern, denen Du ja erzählen kannst, wie es mir geht. Gesundheitlich so gut, wie es unter den obwaltenden Umständen möglich ist. Ich habe im letzten Quartal 10 Pfd. zugenommen und wieder normales Gewicht. Turnübungen wurden bis zum 1. August pünktlich gemacht, dann wegen zu grosser Hitze auf der Zelle ausgesetzt. Was machen aber bei Dir die Leibesübungen? Darüber schweigst Du immer. Darf ich nicht fragen? Hör' mal, wo die Mutter jetzt allein ist, musst Du mir für sie sorgen. Schieb mit Willensanstrengung die Gedankenlosigkeit bei Seite und beweise, dass Du auch für jemand sorgen kannst. Dulde nicht, dass sie jömert und immer zu Hause sitzt. Sie muss ab und zu, selbst mit sanfter Gewalt, bewegt werden. Zeige, dass man sich auf Dich verlassen kann. Nun schnell noch zu den Büchern. Ich las: Chamisso: Werke, enthaltend Gedichte, Peter Schlemihl, Adelberts Fabel und die Reise um die Welt; Dante, Göttl. Komödie; Anette v. Droste-Hülshoff, Werke, enthaltend Gedichte, die Judenbuche, Bilder aus Westfalen, Bei uns zu Hause auf dem Lande u. Fragmente u. Briefe. Im Augenblick les ich Eichendorff. Kopf hoch, grüss alle Lieben wie ich Euch grüsse   Gottfr.

Herford, den 16.10.38

Meine Lieben,
zuerst herzlichen Dank für Eure lieben Briefe. Vaters Bild habe ich behalten dürfen. Ihr erkundigt Euch vor allem nach meiner Gesundheit. Die ist so gut, wie sie selten draussen war. Die »immergrüne Pflanze« hat sich in den schönen Septembertagen braun gefärbt (schade, dass Mutter das beim letzten Besuch noch nicht sehen konnte), so daß die Kameraden sagten, selbst Ballin habe Farbe bekommen. Einige lose Mäuler zweifelten an ihrer Echtheit und hielten die Bräunung für Dreck. Wasser- und Seifenprobe bewies aber, dass die Tönung indanthren ist. Muskelkater und andere Anfangsschwierig-

keiten sind überwunden. Trotz der Schwere der Arbeit fühle ich mich wohl und möchte sie nicht mehr mit der Tütenkleberei tauschen. Allmählich schwellen auch wieder die Muskeln, und da mir die Arbeit langsam leichter fällt, merke ich, dass die Kräfte wiederkommen. Wegen der Zahnbehandlung hatte ich Verdruss. Der Zahnarzt hatte zuerst behauptet, er müsse mir unbedingt eine Krone machen, die 30 RM kosten würde. Jetzt nachdem das Geld, für das ich hiermit vielmals danke, eingetroffen ist, meint er, ich solle besser mit der Anfertigung der Kronen warten, bis ich wieder draussen sei, weil er mit der ihm in der Anstalt zur Verfügung stehenden Apparatur eine Krone nur schwer machen könne. Er hat den Zahn mit einer Porzellanmasse ausgeschmiert und dafür 2,50 RM berechnet. Er glaubt, dass der Zahn jetzt nicht weiter abbröckeln wird. Schmerzen habe ich an den Zähnen keine. Die ersten Eindrücke von der Aussenarbeit völlig wiederzugeben, bin ich nicht im Stande. Ich hatte nur dauernd das Gefühl, dass alles ganz unwirklich sei und ich bald aus dem angenehmen Traum aufwachen müsse, um wieder in der Beengtheit und dem Druck der Zelle aufzuwachen. Am 15. August sind wir Juden, in einer besonderen Kolonne zusammengefasst, zum erstenmal ausgerückt, u. zwar zum Bohnenpflücken im Anstaltsgarten, der ausserhalb der Mauer liegt. Als wir dann um 9 Uhr beim 2. Frühstück auf einer kleinen Mauer in der Sonne sassen, umgeben von Obstbäumen, Himbeerhecken und Gemüsebeeten, zur Seite die Strasse mit Fussgängern in Sommerkleidern, spielenden Kindern, Autos u. Fuhrwerken, da hatte ich kaum noch das Gefühl Gefangener zu sein. Wenige Tage später begann die reguläre Arbeit bei einer Baustelle 15 Minuten von der Anstalt entfernt. Die gleichbleibende Tageseinteilung ist folgende: 1/2 6 Uhr Aufstehen, 6 Uhr Frühstück; kurz vor 7 Uhr Ausrücken zur Arbeit. 8,30 oder 9 Uhr 2. Frühstück, zu dem wir von der Anstalt eine geschmierte Doppelschnitte und Kaffee mitbekommen. Ab und zu spendiert der Unternehmer auch Wurst dazu. 12 Uhr Mittagessen, das aus der Anstalt geholt wird. Beide Pausen, Frühstück und Mittag, dauern zusammen 60 Minuten. Gegen 6 Uhr sind wir wieder auf der Zelle. Bisher haben wir an 5 verschiedenen Stellen gearbeitet. Zuerst Fundamente für Brückenpfeiler ausgeschachtet, dann ein Fundament für ein Haus, Gräben für Gas- und Wasserrohre ausgeworfen, eine Schotterdecke für eine neue Strasse ausgebreitet, und jetzt sind wir dabei, eine Strasse tiefer zu legen. Bis auf den letzten sind wir zu den Arbeitsplätzen zu Fuss gegangen, und Ihr werdet Euch vorstellen können, dass jeder An- und Abmarsch für mich ein Erlebnis war. Jeder Passant, jedes Geschäft, die Strassenbäume, die Gärten mit blühenden Dahlien, Gladiolen, Astern, Rosen u. Geranien wurden bestaunt. Zum letzten Arbeitsplatz sind wir einmal zu Fuss gegangen, mitten durch Herford durch mit seinen mittelalterlichen Strassen, Häusern, durch Anlagen, die mich lebhaft an den Kölner Grüngürtel erinnerten, durch Villenviertel die der Marienburg ähnelten und über eine Landstrasse, die mich glauben machte, ich sei wieder auf Fahrt. Jetzt fahren wir, da der Weg zu weit ist, jeden Morgen u. Abend mit einem eleganten Omnibus zur u. von der Arbeitsstätte und haben abends schon den Genuss, die erleuchteten Schaufenster des Herforder Geschäftsviertels bestaunen zu können. Während der schönen Herbsttage haben wir oft im Freien zu Mittag gegessen, mit Blick auf die Herford umgebenden Hügel, auf Felder mit pflügenden Bauern und vereinzelte Gehöfte. Das Essen schmeckt nach der anstrengenden Arbeit natürlich besonders gut, und ich haue ein wie ein Scheunendrescher. Abends lege ich mich nach dem Stiefelputzen und Waschen sofort ins Bett und habe daher in letzter Zeit nur wenig gelesen: Eichendorffs gesammelte Werke, ein Sammelwerk: Meister deutscher Prosa von Meister Eckhart bis zu den Modernen, E. Geibel, Gedichte, die mir wenig zusagten. Eine alte Bekanntschaft aus den Schullesebüchern erneuerte ich, als ich Joh. Peter Hebels ges. Werke bekam. Im Augenblick lese ich Fr. Hebbel, Werke. Gruss an alle Lieben, besten Dank für die Söck u. besondere Grüsse. Täglich sehe ich jetzt die D-Züge die von Köln kommen oder dahin fahren, u. morgen sind es noch 11 Monate.

Gottfried

Herford, den 4.12.1938

Meine Lieben,
das war der erste Herbst, den ich draussen in guter Gesundheit, sicher schöner als ihr, erlebt habe. Kurz nach meinem letzten Brief war unsere Arbeit an der letzten Arbeitsstelle in der Nähe der Stadt zu Ende, und die neue lag weit draussen auf dem Land, 14 Kilometer von Herford entfernt, in einer Gegend, die ganz den Charakter des Bergischen Landes trug. Nur der Stil der Bauernhöfe und die Mundart der Arbeiter und Bauern erinnerte daran, dass wir uns in Niedersachsen befanden. Während der ersten Fahrt im Omnibus war ich ganz benommen von dem Eindruck, den die Landschaft im dämmerigen Grau und den weissen Nebeln des Herbstmorgens auf mich machte. Die Kameraden unterhielten sich angeregt. Ich konnte kein Wort herausbringen, wollte nicht sprechen, sondern nur schauen. Ich verschlang förmlich die Bilder, die vor meinen Augen dahinhuschten. Grosse Bauernhöfe von Bruchsteinmauern umfriedigt mit alten Eichen und Linden, eine schmale Landstrasse, die über Berge und Hügel lief mit Birken zu beiden Seiten, die sich nach der dem Winde abgewandten Seite hinbogen, Weiden mit jungen Pferden, Täler, in die plötzlich die helle Morgensonne schien, Windmühlen, deren grosse Räder sich langsam drehten und die noch dieselbe Form hatten wie die auf den Bildern der alten Niederländer, kurz die ganze Fülle ländlicher Schönheit, die ich lange entbehrt hatte. Dann hielt das Auto vor der Dorfkirche, neben der die Schule lag. Aus den offenen Fenstern starrten uns die Kinder neugierig an. Wir marschierten zu unserem Arbeitsplatz ab, einer neu zu bauenden Strasse in der Nähe der Reichsautobahn. Abends fuhren wir einen anderen Weg nach Hause durch das Salzetal über Salzuflen, durch herrlichen Buchenhochwald mit immer dunkler werdenden Blättern, an Mischwald vorbei in seiner herbstlichen Farbenfreudigkeit und über die hell erleuchteten Strassen des bekannten Bades. Ich habe schöne Augenblicke auf diesem Arbeitsplatz erlebt. Die Strasse lief von einem Hügel unter einer Brücke der Autobahn durch in das Dorf. Arbeiteten wir oben, dann hatten wir einen herrlichen Blick auf fernes Bergland und nahe Gehöfte, Äcker, Gehölze, Wiesen mit weidendem Vieh und baumbe-

standenen Landstrassen. Eines Tages war die ganze Gegend unter uns in dichten Nebel gehüllt, nur die Baumkronen tauchten wie Inseln aus einem Wolkenmeer auf, und auf dieses Wolkenmeer schien eine feine, matte Herbstsonne. An einem Morgen wechselte ein Rudel Rehe aus einem Wäldchen in ein Roggenfeld, äste dort, beäugte uns und verschwand langsam hinter einer Hügelkuppe. Als der Autobus an einem warmen Oktoberabend sich verspätete, sassen wir über eine Stunde in der Dämmerung auf einer Mauer an der kleinen Dorfkirche, assen Butterbrote und plauderten. Es war ganz so, als wären wir auf Fahrt gewesen und sässen nun vor der Jugendherberge. Auch die Liebe zur Bakel ist hier wieder in mir geweckt worden. Jedenfalls hörten und sahen wir die Kinder vor der Dorfschule, die der in Rupp durchaus ähnelte, in den Pausen herumtollen und sich jagen. Als wir nun mal vor der Schule waren und Schienen abluden, stand ich auf dem Lastwagen und sah durch die offenen Fenster in die Klasse, aus der die ärgerliche Stimme eines Lehrers tönte, ärgerlich deshalb, weil die Köpfe seiner jugendlichen Zuhörer längst unserer viel interessanteren Tätigkeit zugewandt waren. Da habe ich mich doch an die Stelle des Ärgerlichen gewünscht. – Die Arbeit an dieser Baustelle hat nun auch aufgehört. Wir haben 3 Tage an der Eisenbahn gearbeitet, an der grossen Strecke nach Bremen, wo ein Anschlussgleis für ein Elektrizitätswerk gelegt wurde. Schienen schleppen, Schwellen bohren, Schwellen legen und die Schienen auf den Schwellen befestigen. Du hast sicher bei einer Eisenbahnfahrt schon die Gleisarbeiter mit den grossen Schraubenschlüsseln gesehen, aber wohl kaum daran gedacht, das einer Deiner »filiusse« auch mal dabei sein könnte. Am Freitag waren wir in einem Steinbruch bei Bielefeld, wo wir in einer richtigen Freischützszenerie arbeiteten. Gestern waren wir wieder beim Strassenbau in einem kleinen Orte kurz vor der Stadt. – Die Tage sind nun so kurz geworden, dass wir die Sonnenauf- und -untergänge in den herrlichsten Tönen draussen miterleben. Wenn ich so etwas Schönes sehe, denke ich immer an Euch, an mein liebes Geburtstagskind, dem ich hiermit herzlich gratuliere!! Alles andere beim Besuch am 11., auf den ich mich so freue. Viele, viele Grüsse
Gottfried

Anfang 1939 wurden die Auswanderungsvorbereitungen konkreter, es ging um Paßfotos, Gesundheitszeugnisse, schließlich um Bekleidung, die beschafft werden mußte.
Am 6.6.1939 berichtete Gottfried, daß Beschreibungen der Außenarbeiten nun verboten waren. Er freute sich über den vermeintlich letzten Besuch. Am 27.6. bat er aus dem Siegburger Gefängnis um einen allerletzten Besuch, um die Vorbereitungen für die Auswanderung zu besprechen.

Herford, den 5.2.1939

Meine Lieben,
zuerst die besten Wünsche für das neue Jahr. Weihnachten u. Neujahr sind für mich eintönig und still dahingegangen, und da ich nichts Gutes zu lesen hatte, sogar ein bisschen langweilig. Nur am Weihnachtsabend wurden Lautsprecher an der Zentrale des Gebäudes angebracht und eine Weihnachtssendung mit Gedichten, Orgelmusik, Chor und Glockenklang aus Köln übertragen. Lauter gute, alte Bekannte tönten mir entgegen: Die Domglocke und das »Kling Glöckchen Klingeling« von einem Kinderchor gesungen, »Auf dem Berge da wehet der Wind« und viele alte und neuere Weihnachtslieder, die, je nachdem, wo ich sie zuerst gehört habe, meine Erinnerung an die Weihnachtsabende von Berlin, Rupp und den Königsforst wachriefen, das rote Zimmer in der Hohenstaufenstrasse mit dem in meiner Einbildung riesigen Weihnachtsbaum u. den grossen Erwachsenen, das Weihnachtsbad in der Waschküche, die Ansprache des »Hoberlehrers« und den strahlend schmausenden Pappi mit seinem glücklichen Lächeln. Leni will wissen, wie es mir geht, was ich lese, u. Mutter erkundigt sich nach der Arbeit. Gesundheitlich geht es mir sehr gut, zu lesen habe ich dagegen nur selten etwas, das überhaupt des Lesens wert wäre. In den letzten 2 Monaten kann ich überhaupt nur 2 Bücher erwähnen: Otto Ludwig, Die Heiterethei, u. ein Bändchen feiner, sanfter Erzählungen von Agnes Miegel, Katrinchen kommt nach Hause.

Von der Arbeit aber kann ich mehr berichten. Ende Dezember arbeiteten wir am Abbruch einer Eisenbahnrampe am Bahnhof Kirchlengern in der Nähe von Herford. Als die Kältewelle hereinbrach, zogen wir uns alles an, was wir hatten, so dass nur noch das Handtuch zu Hause blieb und wir in 2 Hosen, 2 Unterjacken, 1 Jacke u. 1 Windjacke wie die reinsten Rollkuchen aussahen. Bei der Arbeit wurden dann noch die Halstücher um die Ohren u. das Taschentuch um den Mund gebunden. Trotzdem zog die Kälte im Laufe des Tages bis auf die Knochen durch, u. ich war abends froh, wenn ich in der Falle lag. Bei –18 Grad musste das Abbrechen eingestellt werden, weil der Boden zu hart gefroren war, selbst der Sand gehackt werden musste, wodurch die Arbeit unrentabel wurde. Da kamen wir wieder an ein einsames Tütenkleben, das – nach der gemeinsamen Arbeit im Freien, nach den schönen Sonnenauf- und -untergängen gar nicht mehr schmecken wollte. Aber nach 8 Tagen schon ging wieder auf die Tür, in der Woche zwischen Weihnachten u. Neujahr gab es wieder einen Auftrag für uns: Eichenstämme auf dem Herforder Kleinbahnhof umzuladen. Seelenvergnügt stapften wir in den Schnee hinaus, glücklich, ein gewisses Haus hinter uns lassen zu können, schleppten Holz, assen Mittag in einem Personenwagen d. Kleinbahn und zogen abends nass, aber froh nach Hause. Nach 5 Tagen war der Auftrag ausgeführt, und wir hatten 1 1/2 Tage Ruhe, luden einen Nachmittag lang Furnierholz ab u. kamen dann zur Arbeit in die grösste Gärtnerei Herfords, wo die Erde in den Gewächshäusern erneuert werden musste. Tagelang karrten wir Erde und Mist in die Treibhäuser, gruben die Beete um, entschlammten die Wege u. trugen abgeblühte Fliederstöcke in Mistbeete, wo sie bis zum Frühjahr bleiben, um dann im Freien wieder ausgepflanzt zu werden. Ein Teil der Treibhäuser war voll von blühendem weissen Flieder, ebenso blühenden hellroten Azaleen, lila Tulpen, weissen u. roten Alpenveilchen u. blassblauen Hortensien. Der Duft des Flieders zog in unseren Essraum und machte kaum glaubhaft, dass draussen noch Januar war. Zwischendurch luden wir einen Tag in der Panzerabwehrkaserne Kartoffeln ab u. assen Mittag in der hellen grossen Soldatenkantine. Dann kamen die schönsten Tage, die wir bisher draussen erlebten: Wir wurden zum

Dreschen auf einen grösseren Hof in der Nähe von Salzuflen kommandiert. In der grossen Scheune, deren Schiebetüren weit offen waren, stand die Dreschmaschine. Die Arbeit wurde eingeteilt: 3 Mann Säcke tragen, 3 Mann Stroh fahren, 3 Mann Kaff tragen u. 3 Mann Garben anreichen. Am 1. Tag fuhr ich Stroh von der Scheune in den eigentlichen Hof, ein altes westf. Bauernhaus, das bereits 500 Jahre im Besitz derselben Familie ist. Von der Diele, zu deren beiden Seiten die Kuhställe sich befanden, wurde das Stroh mittels einer Winde auf den Boden gebracht. An den nächsten Tagen trug ich Säcke auf Wagen u. auf die Kornböden u. wog Säcke ab. Die Weizensäcke wogen 150 Pfd. Abends wusste ich, was ich getan hatte, u. ohne die Dreschzulage, die die Bäuerin uns mittags gab, wäre die Arbeit kaum zu schaffen gewesen. Der Weg zum Kornboden ging durch den Pferdestall mit 6 Pferden u. ein paar Fohlen. Wenn man sachte zu ihnen kam, liessen die Pferde sich streicheln u. schnupperten an den leeren Kornsäcken auf unseren Schultern. – Jetzt arbeiten wir wieder im Tiefbau. Ausschachten von Hausfundamenten. Grüsse an Wo. u. Ajo. Gute Reise für Ruth. Gratuliere zu Ingrid. Glück zur neuen Stelle für Leni u. herzl. Grüsse a. der. Eltern. Bringt Fotos mit z. Besuch. Herzlichst, Gottfried

Herford, den 2.4.39

Meine Lieben,
nun ist seit zwei Tagen schönster Frühling. Bei der Arbeit ist es schon so heiss, dass wir uns die Ärmel aufkrempeln. In den Gärten, die an unserem Weg zur Arbeitsstelle liegen, beobachten wir Tag für Tag die wachsenden und aufbrechenden Knospen von Flieder- und Stachelbeersträuchern. Grüne Hänflinge, bunte Finkenmännchen und kleine Schwärme von Rotkehlchen umflattern die Baugruben, die wir nach wie vor für Kellerfundamente ausschachten. Es war aber auch Zeit für einen Wetterumschwung. Ende März sind wir buchstäblich im Dreck steckengeblieben. Abends sahen die schwarzen Uniformen

khaki aus von nassem Lehm, und wir schlitterten mehr über die Baustelle, als wir gingen, wobei ab und zu sich einer von uns, zur grossen Freude seiner Kameraden der Länge nach hinlegte.

Anfang März waren wir eine Woche lang zum Holzfällen in einem Gehölz bei Diebrock 5 km von Herford entfernt. In dem noch kahlen Wäldchen waren ca. 50 dicke Buchen und Eichen zum Fällen angezeichnet. In Gruppen von zwei und drei Mann verteilten wir uns an die Bäume. Kurz über dem Wurzelansatz wurde mit der Axt eine grosse Kerbe, ein sog. Tritt geschlagen u.zw. [und zwar, d. Hrsg.] nach der Seite, nach der der Baum fallen sollte. Dann wurde an der gegenüberliegenden Seite gesägt. Je weiter die Säge in den Stamm ging, desto schwerer wurde das Sägen. Dann mussten Keile aus trockenem Buchenholz in den Schnitt geschoben werden. War der Stamm fast durchgesägt, wurde die Säge zurückgezogen, die Keile mit dem schweren Hammer hineingetrieben, und der Baum prasselte nieder. Mittags assen wir in der Tenne eines alten Bauernkottens; über uns baumelten galerieweise Zervelatwürste, Schinken und Speckseiten. Unser Dörrgemüse oder die Steckrüben auf den Knien, ging der Blick mit Schmunzeln, einem lachenden u. einem weinenden Auge sehnsuchtsvoll nach oben.

Da ich vor Juni nicht wieder schreiben kann, will ich dem lieben Geburtstagskind schon jetzt recht herzlich gratulieren und ihm wie mir baldiges Wiedersehen irgendwo draussen in einer schöneren und angenehmeren Umgebung wünschen.

Deine Karte vom 14.3. rechnete als Post, so dass mir der Brief vom 20.3. erst am 30. ausgehändigt wurde.

Dem Jung herzlichen Dank für seine lieben Briefe. Ich wusste erst gar nicht, wo Oberhof liegt und musste mich bei weiter gereisten Kameraden erkundigen. – Mit dem Bild hat es keine Eile. Sollte Dr. K. ein besonders schönes herstellen, kann Mutter es mir ja beim Besuch mitbringen. – Über Uruguay ist mir keine Literatur bekannt, über Südamerika kenne ich den Titel eines Buches von Katz, Bummel durch Südamerika. Meine Lektüre in den letzten Monaten übergehe ich besser mit Schweigen. Schreibt mir mal ein bisschen mehr über das Zukunftsland, wenn ihr was darüber erfahren könnt.

Gestern nachmittag habe ich 3 Dokumente zur Erlangung einer steuerlichen Unbedenklichkeitserklärung unterschrieben. Die Dokumente selbst habe ich nicht lesen können, die Unterschriften jedoch geleistet, als mir Dein Brief im Auszug vorgelesen wurde. Morgen werde ich den Antrag auf Anfertigung von Passbildern stellen und sie Dir, so schnell wie möglich, zustellen lassen. Mit den Aufnahmen von 1929 könnte ich Schwierigkeiten bekommen. Das Gesundheitsattest werde ich Anfang nächsten Monats beantragen und Dir ebenfalls zustellen. Solltest Du noch meinen Ausmusterungsschein von 1935 oder die Wehrunwürdigkeitserklärung vom Juni 36 brauchen, so fordere sie hier an. Beide liegen hier auf der Kammer bei meinen Sachen.
Über die Kleiderfrage können wir ja noch beim Junibesuch sprechen. Da ich ausreichende Entlassungskleidung habe, wird man mir kaum gestatten, weitere Sachen zu kaufen. Vor meiner endgültigen Entlassung werde ich wahrscheinlich doch nach Köln zur Polizei kommen. Ich denke dort die Möglichkeit zu erhalten, mir zur Auswanderung Notwendiges zu beschaffen. – Wann geht das Schiff? – Seid mir alle recht herzlich gegrüsst, Verwandte wie Bekannte, spezieller Gruss an Wo, Ajo, Pinos, Budels, L's Eltern. Danke für Malchens Brief
Euer braunerer Gottfried

Herford, den 1.5. 39
Einliegend: 3 Passbilder

Liebe Mutter,
auf Deinen letzten Brief hin hatte ich mich bei der Verwaltung der Strafanstalt vorführen lassen und gefragt, ob mir durch Vermittlung der Anstalt das zum Visum für Uruguay benötigte polizeiliche Führungszeugnis ausgestellt werden könne. Daraufhin wurde mir gestattet, Dir mitzuteilen, dass ein solches Zeugnis nur durch die Polizeibehörde meines letzten Wohnortes ausgefertigt wird. Du schreibst zwar, dass ein bereinigtes Führungszeugnis erst nach Strafentlassung ausgestellt werden kann. Aber ist denn die Bereinigung notwendig?

Meine Straftat wie die Strafe sind politischer Natur, und ich glaube nicht, dass die uruguayische Behörde daran Anstoss nehmen wird. Meines Erachtens nach soll das Führungszeugnis dem Einwanderungsland lediglich die Gewähr bieten, dass keine kriminellen Elemente aufgenommen werden. Es ist mir aus unserer Kolonne ein Fall bekannt, wo ein Führungszeugnis vor der Entlassung ausgestellt wurde und der Behörde genügte.
Die Passbilder sind inzwischen fertig geworden, und ich lasse sie in den Brief einlegen. Sie sind zwar nicht besonders gut geworden, (meine Backe sieht so dick aus, als hätte ich die Mumps. Das rührt von einem dreitägigen Bart her, den ich mir vor dem Photographieren nicht mehr abnehmen konnte.) aber da sie aus jüngster Zeit sind, können keine weiteren Schwierigkeiten entstehen. Ferner ist mir die Genehmigung erteilt worden, das erforderliche Gesundheitsattest ausstellen zu lassen. Ich werde mich am 2.5. zum Arzt melden lassen und hoffe, dass Du dann bald das Attest bekommst.
Habt vielen Dank, Ihr Lieben, für Briefe und Geburtstagsglückwünsche. Dass es mir gesundheitlich gut geht, brauche ich Euch kaum noch zu sagen. Als wir nach den vier Feiertagen von Karfreitag bis Ostermontag wieder ins Freie kamen, da waren an den warmen Ostertagen die Knospen vollends aufgegangen, und das helle Grün der jungen Blätter mischte sich mit dem zarten, duftigen Rosa der Pfirsichblüten und dem leuchtenden Weiss der Apfelbäume zu einer Frühlingsfarbensinfonie, die mich um so mehr beglückte, als ich daran denken musste, dass diese Farben nicht eher verblassen werden, als ich in die Freiheit gehe.
Unsere alte Arbeit ist zu Ende, am Dienstag beginnt eine neue: Kabelgräben auf einer 3 km langen Strecke anlegen.
Alle Grüsse erwidere ich, gratuliere nochmals zum Geburtstag, hoffe, dass der Jung seine Grippe überwunden hat, wie er seine Zitaterichkrankheit überwinden möge, und grüsse herzlichst
Gottfried

Herford, den 6.6.1939

*Meine Lieben,
das war aber der letzte Besuch, so schön und sonnig und so voller Verheissung künftiger Freiheitsfreuden. Ich gratuliere Mutter nochmals zu ihren Erfolgen in den Bemühungen um meine Auswanderung und bin der Überzeugung, dass bei einer derartigen Vorbereitung alles klappen wird. Nun will ich mich dafür gern bedanken, aber das geht in Worten so schlecht. Für eine Kleinigkeit Dank sagen, ist einfach, aber es gibt Leistungen, bei denen Dankesworte hohl klingen würden, und so muss ich auf die Zukunft vertrösten.
Ich sollte Dich an meine Wünsche erinnern, die ich beim Besuch äusserte. 1. Schicke mir doch bitte eine Aufstellung über die Kleidung, die ich noch zu Hause habe. Evtl. kann ich mir in der Anstalt etwas machen lassen. 2. Schicke mir bitte 8 Tage vor der Entlassung, also so um den 9.9. herum, einen Handkoffer mit einer Kopfbedeckung (am besten eine graue Sportmütze), mein Portemonnaie (falls noch vorhanden) und die versprochenen Bücher über u. für das Zukunftsland. Die Erlaubnis für diese Paketsendung kannst Du ja 3 Wochen vorher einholen. – Eine Frage habe ich bei dem Besuch nun doch vergessen. Weshalb war die Zusammenarbeit mit Tante Thildchen zum Verzweifeln? – Die Bilder waren wirklich hübsch. Aber selbst auf die Gefahr hin, weibliche Eitelkeit zu kränken, der Dures mit der Pief hat mir am besten gefallen. – Dem Jung ist sein kurzer Maibrief gerne verziehen, dass ich an seiner Besuchsfahrt den herzlichsten und persönlichsten Anteil nehme, wird er mir sicher glauben und verstehen, dass ich gern über Erfolg und Misserfolg unterrichtet sein möchte.
Die Mutter schrieb in einem der letzten Briefe, sie sei mit weiblicher Handarbeit für mich beschäftigt. Darf man wissen, welcher Art die Arbeit ist? Wenn Mutter Wolfgangs und Ruths Bild übrig hat, mag sie es mir im nächsten Brief einlegen. Der Jung soll man nicht beleidigt sein, wenn ich 'nen Spass mache. So bös bin ich doch gar nicht.
– Jetzt noch eine kurze Erklärung, weshalb der Brief nicht, wie ich beim Besuch sagte, Sonntag geschrieben wurde, sondern erst Dienstag. Ich hatte am Sonntag ausführlich über die Arbeit im Freien ge-*

schrieben. Das wurde mir mit der Begründung verboten, dass Mitteilungen aus dem Gefängnis verboten seien. Deshalb wird dieser Brief auch nur kurz. Ihr habt so lange Geduld gehabt, wartet noch die 3 Monate, dann schreibe ich Briefe, wie Ihr sie Euch wünscht, und was noch besser ist, wir können uns mal gründlich aussprechen. Vielleicht schreibe ich diesen Monat noch mal. Seid mir alle recht herzlich gegrüsst
Gottfried

Grüss die Pinos besonders, und schreibe Budels im nächsten Brief, wie froh ich sei, dass die Zukunft nun nicht ganz schwarz vor mir läge, und dass ich ihm für alle Mühe vielmals danke.

Siegburg, den 27.6.1939

Meine Lieben,
nun bin ich doch noch ohne mein Zutun für das letzte Dutzend Wochen der Strafzeit nach Siegburg verlegt worden, da die Strafanstalt Herford aufgelöst wurde. Von der kurzen Entfernung nach Köln hast Du nun nichts mehr, es sei denn, dass Du Ende August noch mal zu einem Besuch hierhin kommen willst. Besuchszeit ist täglich in den Nachmittagsstunden, und ich würde mich freuen, wenn ich alle Angelegenheiten der Auswanderung noch mal mit Dir durchsprechen könnte.
Auf dem Transport von Herford nach Siegburg hatte ich meine Zivilsachen an und musste dabei feststellen, dass die Schuhe defekt waren. Sobald mein Geld von Herford hier ist, werde ich darum bitten, mir die Anfertigung eines Sportanzuges und ein paar brauner Halbschuhe zu bewilligen. – Du ersuchst am besten in 5 Wochen um die Erlaubnis, mir die übrigen Entlassungssachen schicken zu dürfen. Solltest Du mich Ende August besuchen, dann kannst Du sie ja gleich mitbringen.
Von der Herforder Anstaltsverwaltung wurde ich gebeten, alle überflüssigen Kleinigkeiten nach Hause zu schicken. Du hast das

Paket sicher inzwischen erhalten. Bestätige mir aber sicherheitshalber bitte den Empfang.

Um Deinen beim letzten Besuch besprochenen Plan zu verwirklichen, müsste ausser einem Permit noch ein Visum besorgt werden, da England seit ein paar Jahren den Visumzwang eingeführt hat. – Ist mein Pass mit dem Sichtvermerk schon aus London zurück? – Es wäre mir natürlich lieber, wenn ich in einem englischsprechenden Land die Einreise nach U.S.A. abwarten könnte, da die Vorbereitungsmöglichkeiten dort besser und grösser sind. Wolfgang und Ruths Bild habe ich noch in Herford bekommen, aber Deine Ansicht, dass ich es nur zur Vervollständigung des graphologischen Urteils haben wollte, ist irrig. Im übrigen denke ich gar nicht daran, mit Deinem Ältesten ins Gericht zu gehen. Wer hätte mich zum Richter berufen? Ich zupfe mich an der eigenen Nas'.

Ich freue mich sehr, dass nun bald auch zu mir die grosse Familienkorrespondenz gelangen wird. Schreibt ausführlich, wie es Euch allen geht, Brüder, Bräute, Onkel und Tanten und vor allem Du liebe Mutter seid mir herzlichst gegrüsst
Gottfried

Siegburg, den 18.7.1939

Liebe Mutter,
anbei eine Vollmacht zur Entgegennahme des Permit. Die Ausstellung eines Blankoantrags, den Du für die Schiffahrtsangelegenheiten haben wolltest, ist abgelehnt worden. Muss der Antrag gemacht werden, so setze ihn auf, lass' Raum für meine Unterschrift und schicke ihn per Eilboten an die hiesige Verwaltung mit der Bitte, ihn mir so schnell wie möglich zur Unterschrift vorzulegen, und unter Angabe der Dringlichkeitsgründe. Dem Antrag könntest Du ein Freikouvert (am sichersten Einschreiben) mit der Adresse des Innenministeriums beilegen, dann braucht das Schreiben nicht erst wieder an Dich zurückgesandt werden. Ob ich mir hier einen Anzug machen lassen

kann, ist fraglich, da mein Geld aus Herford bisher nicht angelangt
ist. Alles weitere im nächsten Brief oder beim Besuch im August.
Es grüsst herzlich
Gottfried

Siegburg, den 8.8.1939
Liebe Mutter,
Deinem Wunsche gemäss, schicke ich Dir hiermit die Aufstellung meiner in Siegburg befindlichen Kleidung. Alle übrigen Sachen habe ich ja seinerzeit aus Herford an Dich abgehen lassen.
1 Windjacke
1 Anzug besteh. aus Aermelweste u. Knickerbockerhose
1 Sporthemd
1 Unterhose
1 Krawatte
1 Paar braune Halbschuhe (defekt)
1 Baskenmütze
1 Paar Sportstrümpfe
Ob ich mir einen Anzug machen darf und ein Paar Stiefel kaufen kann, ist noch fraglich. Auf meinen diesbezüglichen Antrag habe ich noch keinen Entscheid erhalten.
Wenn Du die Liste für die Devisenstelle fertig hast, dann schicke mir bitte eine Abschrift davon. Vielleicht fallen mir noch Kleinigkeiten ein, die Du vergessen hast.
Evtl. ist also in meiner Aufstellung noch zu ergänzen:
1 Sportanzug, 1 Paar Schuhe.
Endgültigen Entscheid darüber werde ich Dir wohl beim Besuch mitteilen können, ebenso evtl. die Masse für den Anzug.
Ich freue mich sehr darauf, Dich in drei Wochen zu sehen, und grüsse Euch alle herzlich
Gottfried

Im übrigen: Gesundheit – gut
Arbeit – gut
also es geht mir – gut

Als Gottfrieds offizieller Entlassungstag nahte, kündigte Helene ihre Stellung beim Konsum. Es bereitete ihr große Sorgen, daß sie ihre Eltern verlassen mußte, weil ihr Vater bereits seit 1933 ohne Arbeit war. Am 2.5.1933 hatten die Nazis das Volkhaus gestürmt und die Gewerkschafter hinausgeprügelt. Als politisch verdächtiger Mensch mußte Heinrich Sälzer sich zwar jede Woche bei der Gauleitung melden, aber Arbeit fand er nirgends. So hatte Helene bisher ihre Eltern mit dem Nötigsten versorgt.

Am Tag der Entlassung warteten Helene und Anna vor dem Gefängnis Siegburg auf ihren Gottfried. Seit dem 1. September war Krieg. Ein Beamter kam zu ihnen und fragte, auf wen sie warteten. Als sie Gottfrieds Nummer angaben, teilte ihnen der Beamte in kargen Worten mit, daß Gottfried nicht entlassen, sondern mit einem Transport politischer und krimineller Häftlinge nach Dortmund geschickt werden sollte.

Völlig schockiert kehrten die Frauen in Annas Dachzimmer in der Lützowstraße zurück. Anna Ballin hatte inzwischen mehrfach die Wohnung wechseln müssen. Ihr war als Jüdin immer wieder gekündigt worden, und die zugewiesenen Wohnungen wurden immer kleiner.

Wieder begann die schreckliche Ungewißheit.

Gottfried blieb bis Oktober in Siegburg, wurde im November nach Dortmund gebracht und von dort in das Konzentrationslager Sachsenhausen-Oranienburg.

Ende Oktober schrieb er aus dem Polizeigefängnis Dortmund.

Dann kam die erste Postkarte aus dem KZ Sachsenhausen-Oranienburg. Wieder versuchte er, die Frauen zu trösten, bat um mehr Post und sehnte sich nach den geliebten Büchern. Über sein Leben im KZ durfte er wegen der Zensur wenig berichten.

Siegburg, den 3.9.1939

Liebe Mutter,
was wir vor acht Tagen befürchteten, ist nun eingetroffen, und es bleibt uns nichts anderes übrig, als uns, tapfer und mit dem festen Willen, den Kopf nicht hängen zu lassen, in das Kommende zu fügen. Was Du für mich tun konntest, hast Du getan. Ich hatte mich über die Erfolge Deiner Tätigkeit sehr gefreut. Wenn meine Auswanderung nun auch bis auf weiteres nicht realisiert werden kann, so bin ich doch nicht mutlos. Traurig würde ich nur sein, wenn ich Dich unglücklich wüsste. Habe Vertrauen in die Zukunft. Es geht Dir sicher heute noch besser als vielen Müttern in Deutschland, in dem Bewusstsein zwei Deiner Kinder fern aller Gefahr in auskömmlichen, wenn auch nicht glänzenden Lebensverhältnissen zu wissen. Das dritte Kind, das weisst Du, wird sich schon durchbeissen, was auch kommen wird.
Meinen braunen Anzug habe ich am 1.9. an Dich abgeschickt.
Bevor Du mich am 17. abholen kommst, fragst Du am besten telefonisch oder per Rückantworttelegramm hier an, ob ich auch tatsächlich entlassen werde, unter Berufung auf die Zuschrift des Herrn Regierungsrates vom 11.8.
Nun möchte ich Dir noch viel Gutes und Tröstliches sagen, aber das müsste ich Dir auch sagen können und nicht schreiben müssen. Denke aber an die Wahrheit des Satzes, dass geteiltes Leid halbes Leid ist und dass mehr Leid als Du, heute schon Tausende haben und bald Millionen haben werden. Aufrecht und gut wollen wir im Unglück bleiben, nicht?
Grüsse alle, die Dir und mir nahestehen. Auf ein baldiges Wiedersehen und Wiedersprechen.
Gottfried

Wie ich eben von einem Beamten erfahren habe, sind telef. Anfragen unzulässig. Du müsstest Dich dann telegraphisch erkundigen.

Siegburg, den 11.9.1939

Liebe Mutter,
Du musst nun recht tapfer sein, wenn ich Dir eine traurige Nachricht bringe. Mir ist heute morgen eröffnet worden, dass ich trotz aller Schritte, die Du zu meiner Entlassung unternommen hast, auf Anordnung der Geh. Staatspolizei Dortmund-Hörde in Haft bleibe und mit dem ersten Sammeltransport nach Dortmund gehe, d.h. frühestens am 22. September. Da jedoch im Augenblick keine Sammeltransporte gehen, kann es noch wesentlich länger dauern. Bis zum Transport nach Dortmund bleibe ich hier. Mir ist ferner mitgeteilt worden, dass man alle Papiere, die Du in der Auswanderungssache besorgt hattest, nach Dortmund zur Einsicht geschickt habe, dass aber die dortige Staatspolizeistelle trotzdem die Haft befohlen habe. Man ist auf der Verwaltung der Ansicht, dass dieser Haftbefehl auf die augenblickliche politische Lage zurückzuführen sei, die es mir momentan nicht erlaube auszuwandern, weil ja doch kein Zug ins Ausland gehe.
Das Aktenzeichen, unter dem ich in Haft bleibe und das bei evtl. Briefen an die Dortmunder Stapo anzuführen ist, lautet:
Stapo Dortmund-Hörde
II D. Haft Nr. B 582
vom 7.9.39

Was es nun mit der verordneten Haft auf sich hat, wann sie zu Ende sein wird etc., konnte man mir nicht sagen.
Könntest Du Dich nun schriftlich in Dortmund erkundigen, wie lange die Haft voraussichtlich dauern wird, und ob man bei Wiedereröffnung der Grenzen mir gestatten wird auszuwandern? Die Adresse Geh. Staatspolizei, Dortmund-Hörde wird genügen.
Wegen mir und meinem Schicksal ist mir nicht bange, nur bin ich besorgt darüber, wie Du die Nachricht aufnehmen wirst. Ich hatte schon im letzten Brief mit der Möglichkeit gerechnet, nicht entlassen zu werden.
Nun möchte ich Dich gern sprechen und sehen und würde mich freuen, wenn Du an einem der Tage nach dem 17. mich besuchen würdest. In dem Besuchsantrag müsste stehen, dass meine Strafhaft am

17.9. beendet sei, damit die dreimonatliche Frist zwischen den Besuchen wegfallen kann.
Meinen neuen Anzug möchte ich nach Möglichkeit schonen, und da die Kleider auf Transport und in der Haft stark abgenutzt werden, hätte ich am liebsten, ich könnte den Anzug gegen eine alte Jacke u. Hose tauschen. Eine alte Knickerbockerhose ist meines Wissens noch da, nicht auch noch eine graue Aermelweste? Wir sprechen darüber noch beim Besuch. Vorläufig behalte ich ja Anstaltskleidung.
Verfallen übrigens die Fahrkarten jetzt nicht?
Hoffentlich sehe ich Dich bald.
Viele, viele Grüsse
Gottfried

Sei brav, Mutter, weine nicht, halte den Kopf hoch, es wird alles gut werden. Es ist nur der Gedanke an Euch Lieben draussen, der mich immer wieder bedrücken will. Weiss ich Euch ruhig und gefasst, bin ich es auch. Nochmals herzlich: Habt Mut!

Siegburg, den 22.9.1939

Liebe Mutter,
damit Du Dich nicht beunruhigst, wenn Du mich heute abend im Klingelpütz nicht antriffst, nimm zur Kenntnis, dass der Transport ohne mich abging, worüber ich jedoch keineswegs herabgestimmt bin, da Essen, Bücher und anderes hier besser ist als auf der Steinwache. Ich werde in den nächsten Tagen in Erfahrung zu bringen suchen, was nun mit mir geschieht, resp. wann ich auf Transport komme.
Ich wüsste nur gerne, ob meine Anwesenheit in D. irgend etwas dazu beiträgt, den Beschluss der Berliner Gestapo herbeizuführen, oder ob ich den genau so gut hier abwarten kann. Mit meiner Beförderung nach Dortm. wird es meiner Ansicht noch gute Weile haben, da keine Eisenbahntransporte gehen. So wie ich Bestimmtes weiss, gebe ich Dir Nachricht.

Eine Woche lang bin ich bestimmt noch hier. Du kannst also die Kleider hierhin schicken; Du legst am besten schriftl. Begründung bei, warum die Sachen getauscht werden sollen.
Du kannst mir jetzt ohne zeitl. Beschränkung schreiben, ebenso ich Dir. Besuch ist nach Antrag auch ohne die frühere Frist gestattet. Der Besuch hat mich sehr gefreut und ich bin jetzt ganz getrost, dass alles noch zum guten Ende kommen wird.
Grüsse alle Lieben und sage ihnen für ihre Bemühungen um mich vielen herzlichen Dank. Die Tatsache, dass für mich so eifrig gearbeitet wird, beruhigt und freut mich aus mehr als einem Grunde. Das gilt vor allem für unsern lieben Jung!
Herzlichst
Gottfried

Siegburg, den 13.10.1939

Liebe Mutter,
in dieser Minute ist mir Euer Brief vom 12.10. ausgehändigt worden. Ich hatte mir in Erwartung eines Briefes von Dir schon einen solchen bestellt, so dass ich sofort antworten kann.
Hab zuerst vielen Dank für Deine Briefe. Wie ich auf Post warte und gewartet habe, wirst Du Dir leicht vorstellen können. Es klingt sehr egoistisch, ist aber doch so, dass ich augenblicklich nicht viel anderes als Entlassung oder Nichtentlassung, Auswanderung oder Nichtauswanderung denken kann. Die Frage Sein oder Nichtsein liegt doch jedermann sehr am Herzen. Ich habe Euch aber dabei nie vergessen, im Gegenteil war Eure Einstellung zur Entscheidung der Gedanke, der mich am lebhaftesten bewegte.
Ganz ruhig werde ich erst wieder sein können, wenn ein Entscheid, so oder so, vorliegt. Das Unglück, unvermeidlich geworden, ist nicht das Schlimmste, sondern die Ungewissheit, das Warten ins Unbestimmte. Gekühmt wird jedoch nicht, Kopf hängen lassen kommt nur

für Sekunden vor. Das Mittel dagegen habe ich in mir, das hat mir der liebe Ernst seinerzeit anerzogen. Kommt wie im Augenblick noch ein Brief, dann steigt das Stimmungsbarometer bis zum Vergnügtsein. Dass der Entscheid noch auf sich warten lassen würde, wusste ich schon, als Du schriebst, dass meine Papiere erst gestern vor acht Tagen nach Berlin geschickt wurden.
Mir ist hier nochmals versichert worden, man habe gar kein Interesse daran, mich festzuhalten, aber ich könne doch gar nicht auswandern. Über die Auswanderungsmöglichkeiten ist man hier jedoch nicht orientiert. Das müsst Ihr am besten wissen.
Ich freue mich jedenfalls lebhaft auf Deinen Besuch am Mittwoch. Sollte ich, wie bestimmt, mit einem Sammeltransport nach Dortmund überführt werden, so kann das vor Donnerstag, dem 19.10., nicht geschehen, und vorher sprechen wir uns ja. Dem Onkel Max, wie allen Lieben die herzlichsten Grüsse
Gottfried

Dortmund, den 26.10.1939

Liebe Mutter,
am Donnerstag nach dem Besuch bin ich auf Transport gegangen, war bis Montag im Klingelpütz und bin seit Montag Mittag in Dortmund im Polizeigefängnis. Über mein weiteres Schicksal ist mir bislang nichts mitgeteilt worden. Da ich hier eigene Kleidung trage, schickst Du mir wohl wie 34 reine Wäsche per Postpaket hierhin. Lege mir bitte auch etwas zu lesen ein (Schopenhauer, Welt als Wille, und sonst etwas Schönes) und Briefpapier, Marken, Bleistift, damit ich Dir schreiben kann. Pakete können hierhin geschickt werden wie 1934. Wenn Du etwas schickst, lege direkt auch 2 Rückadressen u. 1 Paketkarte mit Deiner Adresse bei, damit ich die schmutzige Wäsche an Dich zurückschicken kann. Besuch ist nach Erteilung der Erlaubnis durch die Gestapo Dortmund-Hörde

*gestattet. Vielleicht ist Herr Dr. Katzenstein so liebenswürdig und besuch mich mal. Von Essen ist er ja schnell hier, die Kosten sind geringer, als wenn Du kämst, und er wird Dir ja dann alles mitteilen, was Du wissen willst.
Mit den herzlichsten Grüssen an alle Lieben
Gottfried*

Es folgte der Transport ins Konzentrationslager Sachsenhausen-Oranienburg. Gottfried bekam die Häftlingsnummer 9804.

Ein jüdischer Freund machte Helene und Anna Hoffnung. In Berlin gäbe es Deutsche, die für Geld Menschen aus den Konzentrationslagern befreiten. Er gab ihnen eine Adresse in Berlin, wo sie wohnen könnten. Es war in der Schöneberger Straße bei Sapta Okmiansky, einer Jüdin, die wegen ihres litauischen Passes einen besonderen Status hatte. In ihrer Verzweiflung griffen die beiden Frauen nach jedem Strohhalm, der Rettung versprach. So zogen sie im Dezember 1939 nach Berlin, wo sie von Sapta mit offenen Armen empfangen und in der Wohnung aufgenommen wurden. Freunde versorgten sie mit Lebensmittelkarten, und Helene konnte sogar ihren Eltern ein wenig unter die Arme greifen.

Postkarte
Konzentrationslager Sachsenhausen
Oranienburg bei Berlin
Schutzhäftling Gottfried Ballin, Nr. 9804, Block 39

Liebe Mutter, vielen Dank für Deine Karte v. 13.11. Ich bin überzeugt, dass Du in klarer Erkenntnis meiner Lage das Mögliche tun wirst. Beachte bitte bei Briefen an mich, dass keine gefütterten Kou-

verts benutzt werden. Ich habe bis auf weiteres genügend Geld zu meiner Verfügung. Mitteilung über den Stand meiner Auswanderung erwarte ich sehnlichst. Mut und Vertrauen auf Dich verliere ich nicht. Es grüsst herzlichst   Gottfried

Konzentrationslager Sachsenhausen
Oranienburg bei Berlin

Liebe Mutter,
ausser Deiner Karte vom 13.11. hatte ich bisher leider keine Nachricht von Dir, und Ziel und Ergebnis Deines Berliner Besuches ist mir bislang unbekannt geblieben. Es wäre mir sehr wichtig, Möglichkeit und den derzeitigen Stand der Auswanderung zu wissen. Wichtige neue Nachrichten für mich schreibst Du am besten per Postkarte. Solltest Du mir Briefe schicken wollen, so achte peinlichst auf klare Schrift und ungefütterte Umschläge. Du kannst Dir kaum vorstellen, mit welcher Sehnsucht ich die kleinste Mitteilung von Dir erwarte, und Du wirst sicher so lieb sein, mir regelmässig Post zukommen zu lassen.
Du wirst Dir vorstellen können, dass es für mich sehr deprimierend war nach den Hoffnungen, die Ihr mir gemacht hattet, so bitter enttäuscht zu werden. Zieht daraus die Konsequenz für die Zukunft, mir eher zu wenig als zu viel Hoffnung für mein weiteres Schicksal zu erwecken. Ich möchte gerne wissen, innerhalb welcher Frist, die von Euch bearbeitete Auswanderung realisiert werden kann. Nun hoffe ich noch, dass Ihr alle, wie ich, gesund seid und so fest und aufrecht alles zu tragen versucht, wie ich mich zu tun es bemühe.
Herzlichst
Gottfried.
3.12.39

Postkarte an Anna Ballin b. Okmiansky, Berlin, Schönebergerstr. 25
Konzentrationslager Sachsenhausen
Oranienburg bei Berlin

Liebe Mutter,
ich sende Euch Lieben die herzlichsten Wünsche zu Weihnachten und hoffe für uns alles Gute. Deine Post habe ich jetzt alle in Händen und hoffe, dass wir uns bald wiedersehen. Mein nächster Schreibtag ist der 7.1. Schreibe mir doch den Termin des nächsten Schiffes u. den Entscheid der Behörde.
In guter Gesundheit grüsst Euch
Gottfried
Oranienburg, 17.12.1939

Gottfried gab die Hoffnung, entlassen zu werden, nicht auf.

Bis zum Ende des Jahres blieben Helene und Anna in Berlin, verkauften alles, was sich zu Geld machen ließ, und gaben dies zwei verkleideten Männern, die versprochen hatten, Gottfried zu befreien. Doch nichts geschah.

Als nichts mehr übrig war, kehrten sie im Oktober 1940 restlos enttäuscht nach Köln zurück. Wieder waren sie auf Briefe angewiesen. Wieder bedankte sich Gottfried für Geld und warme Sachen, bat um Post, sehnte sich nach Büchern. Selbstlos versuchte er, seine Mutter und Helene zu trösten, und hielt die Hoffnung auf ein Wiedersehen aufrecht.

Konzentrationslager Sachsenhausen

21.1.40

*Liebe Mutter,
ich habe Deine liebe Karte vom 1.1. mit dem optimistischen Inhalt vor 8 Tagen erhalten und war nur herabgestimmt, dass seit Absendung der Karte bereits 14 Tage verflossen waren und ich nichts weiteres erfahren hatte. Ich wäre Euch sehr dankbar, wenn ich konkrete Auskunft über den Entscheid der Behörde in meiner Sache bekommen könnte. Ich hatte auf Eure Post hin angenommen, dass eine vollgültige Auswanderung vorgelegt worden war. Mittlerweile wird man doch dazu Stellung genommen haben. Ich erwarte sehnsüchtig Bericht von Euch. Schreibe mir öfter mal eine Karte. Die Post ist, wenn sie Hoffnung macht, hier die grösste Freude. Ich halte den Kopf hoch und grüsse alle Lieben bei guter Gesundheit
Gottfried*

Einschreibebriefe nur in wichtigen Fällen senden! [Fremde Schrift/ Zensurstelle, d. Hrsg.]

Postkarte
Konzentrationslager Sachsenhausen
Oranienburg bei Berlin

17.3.40

*Liebe Mutter, für heute schicke ich Dir nur einen kurzen Gruss, weil ich leider keine Post von Dir zu beantworten habe. Ich habe den Eindruck, als schriebst Du nur dann, wenn Du mir etwas Positives über meine Auswanderung mitzuteilen hast. Ich freue mich aber über jede regelmässige Nachricht von Dir, auch wenn ich mich gedulden muss. Ich bin gesund, und es würde mich freuen, dasselbe von Dir zu hören.
Herzlichst   Gottfried.*

Konzentrationslager Sachsenhausen
Oranienburg bei Berlin, Block 45

12.5.1940

*Liebe Mutter,
ich habe gestern Deine beiden Karten vom 5.5. erhalten und mich sehr darüber gefreut. Dass es Wolfgang und Arnold gut geht und dass sie tüchtig sind, freut mich. Ich würde gern von beiden Näheres wissen. Mir selbst geht es gesundheitlich gut. Dass ich den Mut nicht verliere, hast Du wohl aus meinen letzten Briefen ersehen. Bezüglich Deiner Anfrage verweise ich auf den vorgedruckten Briefkopf. Ich habe am 7.5. eine Generalvollmacht für Dich unterzeichnet, deren Bedeutung ich nicht kenne. Wozu brauchst Du sie? Alle Auswanderung ist wohl jetzt in Frage gestellt. Trotzdem weiter Kopf hoch und durchgehalten.
Es grüsst alle Lieben
Gottfried*

Postkarte
Konzentrationslager Sachsenhausen
Oranienburg bei Berlin, Block 45

*Liebe Mutter, heute nur einen kurzen Geburtstagsgruss. Es ist noch genau wie früher, als Du uns zu Deinem Geburtstage beschenktest. Ich bekam nämlich Deine Brille. Sie passt und gefällt mir gut. Was ich Dir zum Geburtstag wünsche, kannst Du Dir leicht denken. Eine baldige glückliche Wiedervereinigung. Mir persönlich geht es gut. Ich bin gesund und hoffnungsfroh. Es würde mich sehr freuen, wenn ich öfters von Dir und den Lieben hören würde. Herzliche Grüsse
Gottfried
Or., den 26.5.40*

Konzentrationslager Sachsenhausen
Oranienburg bei Berlin, Block 45

9.6.1940

Liebe Mutter,
da ich so lange keine Post von Dir hatte, habe ich mich über Deine liebe Karte vom 1.6. ganz besonders gefreut. Vor einigen Tagen schon erhielt ich den Postabschnitt über die 15.–, die Du mir am 10.5. schicktest. Das Geld steht seitdem zu meiner Verfügung. Habe herzlichen Dank dafür. Du fragst nun weiter, ob wöchentlich oder monatlich. Es kommt natürlich nur monatlich in Frage, da das gegenwärtig völlig ausreichend ist.
Dass Wolfgangs Ehe unharmonisch verläuft, tut mir für beide Teile leid. Vielleicht war nicht genug Gemeinsames vorhanden, das die beiden zusammenhielt. Vielleicht fehlen beiden auch harte Widerstände und Schwierigkeiten in der Vergangenheit, um das Wesentliche vom Unwesentlichen unterscheiden zu können.
Ich für meinen Teil wünsche mir nur eins, dass ich die Erfahrungen der Vergangenheit in einem späteren Leben ausnutzen können möge. Es geht mir im Augenblick körperlich und geistig gut. Hoffentlich ist, was uns trennt, bald vorüber, und wir beiden Reifen richten uns, mit dem dritten im Bunde ein Leben ein, das uns alle befriedigt. Schreibe ein bisschen öfter, ich freue mich so über jede Zeile von Dir.
Grüsse die Brüder und alle Lieben
Gottfried

Konzentrationslager Sachsenhausen
Oranienburg bei Berlin, Block 17

23.6.1940

Liebe Mutter,
besten Dank für Deine liebe Karte vom 6.6. Das war die letzte Post, die ich von Dir erhalten habe, anscheinend warst Du damals noch nicht im Besitz meines Briefes vom letzten Schreibtag. An Dein selbstgemachtes Bilderbuch kann ich mich noch gut erinnern, und wenn ich einige ruhige Stunden habe, denke ich viel an unsere Vergangenheit und spinne über meine Zukunft. Es geht mir gesundheitlich wirklich gut. Es scheint ja jetzt, als wäre der Tag, an dem wir uns wiederhaben werden, nicht mehr in unabsehbarer Ferne. Stark sein, die Hoffnung nicht verlieren und uns gegenseitig nach Vermögen helfen.
Herzliche Grüsse
Gottfried

Konzentrationslager Sachsenhausen
Oranienburg bei Berlin, Block 17

7.7.1940

Liebe Mutter,
ich habe wirklich erleichtert aufgeatmet, als ich gestern Deine liebe Karte vom 23.6. bekam. Einen Monat hatte ich nun vergebens auf Postsendungen von Dir gewartet und weiss auch heute noch nicht, ob Du meine Briefe inzwischen erhalten hast. Das Geld, das Du mir am 10.5. schicktest, habe ich vorige Woche abgehoben, und es ist damit zu meiner Verfügung. Nochmals herzlichen Dank dafür. Hör' mal kleine Mutter, wir wollen doch eine Abmachung treffen, die wesentlich zu meiner Beruhigung beitragen würde. Du schreibst mir genau mit der Regelmässigkeit eines Automaten alle 14 Tage, wie ich an Dich,

ganz gleich, ob Du Post von mir hast oder nicht. Nur in besonderen Fällen schreibst Du mir extra. Bitte, bitte regelmässig schreiben und jedesmal den Eingang meiner Post bestätigen.
Mir selbst geht es gut, und ich bin gebräunt und gesund. An Dr. Lissner kann ich mich nur noch dunkel besinnen. War er nicht dabei als Wo. und mir die Mandeln ausgeschnitten wurden? Grüss mir Deinen lieben Besuch recht herzlich von mir. Ich denke oft an ihn, aber alles ist schon so lange her, dass es mir ganz unwirklich erscheint. Ich habe mich jetzt noch mehr verändert als in den vergangenen Jahren.
Vielleicht wird alles wieder gut, wenn ich wieder bei Euch bin.
Herzliche Grüsse
Gottfried

Postkarte
Konzentrationslager Sachsenhausen
Oranienburg bei Berlin, Block 17

21.7.40

Liebe Mutter, gestern erhielt ich Deine Karte und Deinen lieben Brief vom 14.7. Über soviel Post bin ich sehr vergnügt, beruhigt und daher in guter Laune. Es geht mir gut, zumal wenn ich so feine Post bekomme. Die 15.– vom 17.6. sind hier eingetroffen und zu meiner Verfügung. Dass Malchen sich so nett entwickelt hat, lässt mich hoffen, dass es um ihre Freundin ähnlich steht. Grüss mir alle, Malchen, die Brüder, die Verwandten, vor allem meinen geliebten Jung,   Gottfried

Postkarte
Konzentrationlager Sachsenhausen
Oranienburg bei Berlin, Block 37

4.8.40

Liebe Mutter, nun ist leider wieder ein Posttag vergangen, an dem ich ohne Nachricht von Dir geblieben bin. Mir geht es weiter gut. Irgend etwas Besonderes habe ich nicht zu vermelden. Aber tu mir doch den Gefallen und schreibe regelmässig. Es ist ein so wehes Gefühl, Post zu erwarten, sich im voraus darauf zu freuen und dann enttäuscht zu werden. Ich will aber annehmen, dass Du an der Verzögerung nicht schuldig bist. Bist Du gesund? Herzliche Grüsse   Gottfried

Konzentrationslager Sachsenhausen
Oranienburg bei Berlin, Block 39

18.8.40

Liebe, liebe Mutter, ich habe vorige Woche Deinen lieben Brief und die Postanweisung über 15.– und gestern Deine Karte vom 11.8. bekommen. Nun bin ich glücklich darüber, dass unsere Postverbindung so gut klappt, dass Ihr alle gesund seid und mich nicht vergessen habt. Deine Sendungen sind so, wie sie jetzt kommen, richtig. Ich will von nun an »glauben«, dass Du regelmässig schreibst und alles noch gut wird, obwohl ich annehme, dass ich bislang zu viel geglaubt und zu wenig gewußt habe.
Liebe Frau Okmiansky, die Mutter hat mir geschrieben, dass Sie so rührend für sie sorgen. Die Sorge um die Mutter hat mich hier immer am meisten beunruhigt, und so danke ich Ihnen recht von Herzen für alles, was Sie für sie und damit für mich getan haben. Gruss   Gottfried

Konzentrationslager Sachsenhausen
Oranienburg bei Berlin, Block 39

Sonntag, den 1.9.40

Liebe Mutter, ich freue mich, dass ich diesmal Post bestätigen kann. Hab vielen Dank für Deine liebe Karte vom 25.8.40. In meinen Lebensverhältnissen hier hat sich nichts geändert. Es geht mir weiter zufriedenstellend. Ich las gestern ein wunderschönes Heft der Atlantis, eine Sonderausgabe »Buchdruckerkunst«, und die Liebe und die Sehnsucht zu den Büchern erwachte so lebhaft in mir, dass der Mangel sich doppelt bemerkbar machte. Wenn wir wieder zusammenkommen, werden wir ein wunderschönes Leben führen. Die Hoffnung auf dieses Leben soll Euch die Kraft geben, die Gegenwart zu überwinden. Grüsse alle Lieben, die Brüder ganz besonders, und Ihnen liebe Frau »Okmi« die herzlichsten Glückwünsche zum Geburtstag   Gottfried

Konzentrationslager Sachsenhausen
Oranienburg bei Berlin

15.9.40

Liebe Mutter, vor mir liegt Deine liebe, vergnügte Karte vom 8.9.40, und gestern bekam ich den Postabschnitt über Deine letzte Geldsendung vom 26.8. Das wäre schon Grund genug für mich, um mich zu freuen. Aber Sigis Besuch stellt das alles weit zurück in den Schatten. Ich bin so froh, dass ich Dich jetzt beruhigt und klar sehend weiss. Zugleich bin ich von der Verlässlichkeit und Anhänglichkeit des guten Jungen sehr erbaut. Mir selbst geht es unentwegt weiter gut, und wenn ich erfahre, dass ihr gesund und aufrecht bleibt, dann fehlt es mir auch nicht an der nötigen inneren Ausgeglichenheit. Den lieben Jungen und seine Lehrherren lasse ich herzlich grüssen, ebenso Pinettes und Deine lieben Wirte. Liebe, gute Mutter, Kopf hoch und herzliche Grüsse   Gottfried

Konzentrationslager Sachsenhausen
Oranienburg bei Berlin, Block 39

29.9.1940

Liebe Mutter, gestern habe ich Deine liebe Karte vom 19.9. erhalten. Wolfgangs Scheidung hat mich nicht überrascht. Bindungen, denen keine tieferen Gemeinsamkeiten zu Grunde liegen als sexuelle, halten auf die Dauer nicht. Hoffentlich kommt Wolfgang innerlich fester und energischer aus dieser Affäre, dann hat ihm die überwundene Schwierigkeit nur genutzt. Über Sigi haben wir uns sehr gefreut. Solch zuverlässige Jungen sind leider nicht häufig, die zuverlässigen aber uns um so lieber, und so lasse ich meinen lieben Jungen recht, recht herzlich grüssen. Lasse Pinettes vielmals von mir grüssen, und grüsse vor allem Deine liebe Okmi. Bleibt mir Ihr Lieben nur alle gesund, dann kommt eines Tages das Wiedersehen   Gottfried

Konzentrationslager Sachsenhausen
Oranienburg bei Berlin, Block 39

13.10.40
An Anna Ballin, Köln-Lindenthal, Virchowstr. 5

Liebe Mutter, gestern bekam ich den Postabschnitt vom 23.9. über 15.–, auf dem der Absender mit Schreibmaschine geschrieben war. Ich vermutete sofort, dass irgend etwas Aussergewöhnliches geschehen war, und als ich nun Deinen lieben Kölner Brief bekam, war ich teils erleichtert, teils beschwert, denn dass der liebe Pino und die anderen Verwandten in vorgerückten Jahren noch so viel zu erleiden haben, dauert mich. Aber ich habe mich sehr gefreut, dass Du in Köln nicht vergessen warst und man Dich in alter Treue abholte und nach Hause spedierte. Die Taten sagen mir mehr als Worte oder Briefe und sind, mir berichtet, auch eine Verbindung. Mir geht es unverändert gut. Grüsse an die Lieben   Gottfried

Konzentrationslager Sachsenhausen
Oranienburg bei Berlin, Block 39

27.10.40

Brief nach Köln-Lindenthal bei Ast

Liebe Mutter, mittlerweile wirst Du im Besitz meines Briefes vom 13.10. sein und erfahren haben, dass ich 15.– RM am 24.9. von Onkel Max auf Deinen Absender erhielt. Gestern wurde mir Dein lieber Brief vom 17.10. ausgehändigt, und nun erfahre ich doch wenigstens etwas Näheres über <u>ein</u> Familienmitglied. Wolfgang und ich würden uns heute sicher gegenseitig gelten lassen, und wenn er zu so einer Frau gefunden hat, wie Du sie schilderst, uns auch gern haben. – Ich lese nun öfters auch die Atlantis, auf die der Jung damals abonniert war, und dann überfällt mich ein Heisshunger nach geistiger Arbeit und Ruhe zum Nachdenken. Das möchte ich finden in gemeinsamer Tätigkeit mit Euch. Gruss an alle Lieben, vor allem meinen Jung Gottfried

Konzentrationslager Sachsenhausen
Oranienburg bei Berlin Block 39

10.11.40

Liebe Mutter, gestern habe ich Deinen lieben Brief vom 1.11. erhalten, heute schreibe ich Dir wieder. Unsere Korrespondenz klappt besser als irgendwann vorher. Das Geld ist mir vor Ende Oktober ebenfalls bestätigt. Ich freue mich kurzum sehr, dass die mögliche Verbindung zwischen uns so gut klappt. Ich befinde mich gegenwärtig überhaupt wesentlich wohler als voriges Jahr um diese Zeit. Der grüne Pullover von Lenes Eltern wärmt mich nun den zweiten Winter. Noch nie habe ich eine solche Zuneigung zu einem Kleidungsstück empfunden, in diesem und in anderem Sinne.

Ernst tritt ja nun seine Reise an. Verpflegt ihn warm und teilt mir seinen neuen Aufenthaltsort mit. Viele herzliche Grüsse an alle Lieben.

Gottfried

Konzentrationslager Sachsenhausen
Oranienburg bei Berlin

24.11.40

Liebe Mutter, gestern erhielt ich Deinen lieben Brief vom 16.11. und die Postquittung über die von Dir abgesandten 30.– RM. Dein liebes Angebot nehme ich gerne an. Erhöhung um ein Drittel des bisherigen Betrages wäre voll ausreichend. – Heute nun muss ich unserem lieben Jung zum Geburtstag gratulieren und ihm wünschen, dass mit dem Ende des Krieges eine Reihe schönerer, befriedigender Geburtstage folgen möge. Bei dem Geburtstag unseres Jungen stehen zwei Geburtstage vor mir, die wir in den letzten Tagen hier verbringen. Ganz still, aber so wunderschön, wie nur die Liebe, die die Mutter uns lehrte, sie gestalten lässt. Überhaupt geht es mir in der letzten Zeit so zufriedenstellend, dass ich den anderen in Lagern befindlichen Verwandten nur ähnliches wünschen kann. Schreib mir immer über Ernst. Seid alle Lieben herzlich gegrüsst Gottfried

Postkarte

Sachsenhausen, den 8.12.40

Liebe Mutter, gestern erhielt ich Deinen lieben Brief vom 30.11. und die Bestätigung, dass die 20.– RM, die Du mir sandtest, eingetroffen sind. Meine Freude über Ernsts Wohlergehen kann ich Dir kaum

schildern. Das war die schönste Nachricht, die ich bisher hier bekam. Mir geht es völlig unverändert. Euch wünsche ich jetzt schon besinnliche Weihnachten und die Hoffnung auf ein glückliches neues Jahr. Grüsse an Euch alle Lieben, besonders an unseren Jungen. Herzlichst
Gottfried

Postkarte

Shn, den 29.12.40

Liebe Mutter, das ist nun die letzte Karte in diesem Jahr, dessen Schluss schöner und inhaltsreicher wurde, als der Anfang versprach. Ich habe die schönste Weihnacht verlebt, seit ich in Haft bin, mit Liedern u. Geschenken von Euch, denn die Wollsachen wurden mir kurz vor dem Fest ausgehändigt. Am Heiligabend habe ich lange an Dich gedacht, dass Dir mit den beiden Jungen diese Weihnacht tröstlicher wurde als in den Jahren vorher. Vielen Dank für die 20.– vom 4.12. Viele Grüsse an Euch Lieben   Gottfried

12.1.41

Liebe Mutter, jetzt schreibe ich wieder eine neue Jahreszahl, und es ist doch so, als hätte ich gerade erst mit der alten begonnen. Meine letzte Karte wirst Du inzwischen erhalten haben. Vielen Dank für Deinen lieben Brief vom 28.12. und die 20.– RM vom 4.12. Wolfgangs Brief freut mich für ihn und für Dich. Richte seiner Frau Grüsse von mir aus. Hoffentlich werden wir uns einmal persönlich kennenlernen. An Euch Drei, Ernst, den Jung und Dich habe ich viel am Neujahrstag denken müssen, so fern Ihr mir seid und so lange wir uns nicht mehr gesehen haben, so stark ist doch mein Denken und Handeln von

Euch beeinflusst. Im neuen Jahr wie im alten Zähne zusammen und weiter. Gruss an alle Lieben, die Du erreichen kannst.   Gottfried

26.1.1941

Liebe Mutter, habe vielen Dank für Deinen lieben Brief vom 11.1. und die 20.– RM vom 30.12., die ich in der verflossenen Woche erhielt. Es hat mich gefreut, dass Onkel Jupp den Besuch bei Dir nicht vergass. Mir geht es völlig unverändert, also gut, und es ist gegenwärtig kein Kunststück, den Kopf oben zu behalten, wenn ich Euch nur in guter seelischer und körperlicher Verfassung weiss. Hörst Du gar nichts von Arnold, und ist durch das Rote Kreuz keine Verbindung mit ihm herzustellen? Grüsse die Brüder und Verwandten von mir besonders, wie immer Ernst und unseren lieben kleinen Jung, an den ich oft denken muss, so, dass die langen Jahre der Trennung in Nichts zerrinnen. Herzliche Grüsse   Gottfried

9.2.41

Liebe Mutter, wahrscheinlich werden unsere Briefe von jetzt an wieder regelmäßig zum Posttag eintreffen. Gestern erhielt ich Deinen lieben Brief vom 5.2., und seit dem letzten Brief von Dir erhielt ich einen Postabschnitt über 20.– RM vom 30.12.40. – Du schreibst mir heute zum ersten Mal von Tante Annas Tod, und wenn er mich auch nicht überrascht, so berührt mich doch die Veränderung in Deinem Lebenskreis. Die Umgebung, in der ich lebe, kommt mir oft so unwirklich vor, dass ich zu träumen glaube und oft erstaunt bin, dass der Schlaf so lange dauert. Das Leben lehrt uns, dass Zustände nur scheinbar sind. In Wirklichkeit ist alles mit und um uns in steter Bewegung. In voller Gesundheit u. alter Frische grüsst Euch alle recht herzlich   Gottfried

23.2.41

Liebe Mutter, ich hätte gerne Deinen Brief beantwortet, aber er ist noch nicht hier, und so kann ich mich nur für die 20.– RM bedanken, die Du mir am 29.1. schicktest. Mir geht es unverändert gut, und ich hoffe nur, dass wir diese Zeit alle gleich gut überstehen. Ihr könnt mir in Euren Briefen doch mal schreiben, wie Ihr, Du und die beiden Jungen lebt, wie Ihr Eure Freizeit gestaltet. Ich lese in jeder freien Minute Zeitung, meist die D.A.Z. Zeitschriften (Atlantis, Umschau u.a.), und habe jetzt einen Roman erwischt, den ich mir schon vor Jahren vorgenommen hatte zu lesen, H. de Balzac, Vetter Pons, zwischendurch lese ich ein paar jungen Kameraden Märchen und Erzählungen von Wilde vor und bin bei den Büchern glücklich. Berni Hoffstadt lässt Dich vielmals grüssen wie   Gottfried

9.3.41

Liebe Mutter, herzlichen Dank für Deine lieben Briefe vom 21.2. und 5.3. Die Regelmässigkeit in unserer Korrespondenz scheint wiederzukehren. Auch die 20.– RM vom 20.1. habe ich inzwischen erhalten. Erika und ihren Mann habe ich nur flüchtig gekannt und kann mir von ihren Charakteren kein deutliches Bild machen. Dass Wolfgang sich mit seiner Frau so gut versteht und dass sie Dir so gut gefällt, freut mich um so mehr, da Ruths Charakter, wie Du ihn mir schildertest, uns zwei nie zusagen konnte. Lenes Beruf ist wunderschön. Diese Art von Beruf kann wirklich ein Leben befriedigend ausfüllen, und mit dem Gedanken an einen ähnlichen, der Fürsorge und Erziehung einschliessen würde, werde ich immer liebäugeln. Es grüsst Euch herzlich   Gottfried

23.3.41

Liebe Mutter, gestern kam der Postabschnitt über die 20.– RM vom 27.2. und Dein lieber Brief vom 19.3. Den Vetter Pons von Balzac habe ich nun zu Ende gelesen und bin etwas enttäuscht. Das Gesellschaftsbild ist zu schwarz-weiss. In Wirklichkeit sind Licht und Schatten doch gleichmässiger verteilt. In den vergangenen Jahren hat sich bei mir ein feines Gefühl für alles Realistische entwickelt, und jede Übertreibung empfinde ich als Dissonanz. Ich habe jetzt eine Karl Schurz-Biographie, über die ich Dir im nächsten Brief berichten werde. Grüsse die Jungen, vielleicht schreiben sie mal ein paar Zeilen drunter. Wenn Ihr Ostern über Land geht, dann denkt mal an uns. Grüsse mir alle Lieben. Herzlichst   Gottfried.

Konzentrationslager Sachsenhausen
Oranienburg bei Berlin, Block 39

6.4.41

Liebe Mutter und liebe Jungs! Euer Geburtstagsbrief war das schönste Geschenk, die unerwartetste Überraschung, die mir bereitet werden konnte. Ich werde jetzt schon damit gehänselt, dass ich Euren Brief mindestens 6 mal gelesen habe. – Ich habe noch nie soviel von meinem Geburtstag reden hören wie von dem siebten meiner Haft. Die Kameraden reiben sich schon schmunzelnd die Hände, weil sie mir nach altem Brauch meine Jahrzahl geben dürfen. Es sind aber doch mehr ernste Gedanken, die mir an diesem Tag durch den Kopf gehen werden. Das Leben, das ich nun seit Jahren führe, ist gewiss kein schönes, und doch gibt es etwas, was mich in dieser Zeit beglückt hat: die ernste, innige Zuneigung der Mitmenschen, wie sie aus Lenes Brief spricht, und die Liebe von Kameraden, die Möglichkeit, durch Liebe zu wirken. Ich bin, wie die Mutter, der Ansicht, dass, wenn wir auch unter den schlechtesten wirtschaftlichen Verhältnis-

sen zusammenkommen sollten, wir doch, durch die Not gereift, glücklich miteinander leben werden. Unser kleiner Jung lebt in meiner Vorstellung natürlich immer noch in der Gestalt, körperlicher und geistiger, wie ich ihn zuletzt sah, und ihm wird es mit mir genau so gehen. Ob wir uns voneinander ein richtiges Bild machen, wird wohl der Ältere der beiden Jungen am besten beurteilen können, obwohl ich mich seit der Zeit, in der wir uns zum letzten Mal sahen, auch wieder geändert habe, ich glaube jedoch nur zum Guten. Ich lese jetzt ein Buch, von dem Dora an Ernst einst schrieb: General Weygand: Turenne. Der militärische Fachmann ist an den politischen und militärischen Verhältnissen so stark interessiert, dass die Gestalt des französischen Marschalls mir menschlich im Dunkel bleibt. Die Schurzbiographie hatte kein Niveau. Ich habe sie deshalb nicht zu Ende gelesen. Bleibt mir gesund, und schreibt weiter so pünktlich. Ernst weiss, wieviel Freude bunte Briefe machen. Gruss an alle Lieben bes. die Brüder u. Pinos   Gottfried
Herzliche Grüsse sendet Ihnen Berni Hoffstadt [Handschriftlich von Hoffstadt, d. Hrsg.]

20.4.41

Meine Lieben, habt vielen Dank für Euren lieben Geburtstagsbrief vom 10.4., den ich mit Spannung erwartete und der mir viel Freude brachte. Ich erinnere mich vieler stiller, schöner Geburtstage, die wir als Kinder zu Hause erlebten, mancher sehnsüchtiger Geburtstage in den vergangenen Jahren, aber einen solch herzlichen Geburtstag mit so viel Liebe gestaltet, von so viel lieben Menschen getragen, habe ich bisher nicht gekannt. – Die Mikrobenjäger von de Kruif habe ich vor vielen Jahren gelesen, und ich erinnere mich, dass mich das Buch damals auch packte durch die lebendige Schilderung der Begründer und Grössen der Bakteriologie. Jetzt lese ich von Pearl S. Buck, Die Mutter. Habe es erst angefangen und schreibe darüber das nächste Mal. Herzliche Grüsse von Berni u. mir   Gottfried

4.5.1941

Liebe Mutter, vielen Dank für Euren lieben Brief vom 26.4. Dieser Brief, liebe Mutter, soll zugleich Dein Geburtstagsbrief sein. Die Zahl Deiner Jahre wird in diesem Tag rund, und solche Tage pflegt man ja besonders zu feiern. Ich hatte vor Jahren im Stillen gehofft, dass dieser Tag uns wieder beisammen treffen würde, dass dem heute nicht so ist, ist nicht so schlimm, wie es aussieht. Die Verbindung im Fühlen und Denken ist wichtiger als die persönliche Anwesenheit. Es war vor allem Liebe, was Du in Deinem Leben weitergegeben hast, und wenn ich heute in der Lage bin, ein wenig davon einigen Mitmenschen mitzuteilen, so ist das eine Kraft, die aus Dir über mich ausströmt. An einem solchen Tag der Rechenschaft wissen zu können, dass man seine Lebensaufgabe gut erfüllt hat, kann einen mit Stolz und Glück erfüllen. Nächstens mehr!   Gottfried

18.5.41

Liebe Mutter, ich habe Deinen lieben Brief vom 11.5. erhalten und danke Euch vielmals für Grüsse und Gedicht, das mich lebhaft an die Autobiographie Walthers v. d. Vogelweide erinnerte:»Ich sass auf einem Steine.« Ich las in der letzten Zeit verschiedene gute Bücher: Buck, Die Mutter, Hausmann, Viktoria, u. Eve Curie, Madame Curie. Das erste, etwas trocken, machte mir Mühe, die beiden anderen las ich voll Spannung bis zu Ende. Heute ist der erste schöne Frühlingstag, die Sonne brennt uns schon schön warm die Haut, ich bin gesund, und es geht mir unverändert gut. Über Wolfgangs Wohlergehen freue ich mich, grüsse ihn und alle Lieben. Minas Zeilen haben mich in längst vergangene Zeiten versetzt. Gruss an sie u. ihre Familie vor allem aber an meine beiden Jungs.   Gottfried

2.6.41

Liebe Mutter, vielen Dank für Euren lieben Brief vom 25.5. Eure schöne Geburtstagsfahrt kann ich Euch heute besonders lebhaft nachempfinden, wo die helle Morgensommersonne durch das offene Barackenfenster hereinflutet und wir alle froh und feiertäglich gestimmt sind. Heute nachmittag habe ich in der Sonne sitzend eine Biographie von J. Magnus Wehner über Struensee gelesen. Recht flüssig geschrieben mit einer guten Schilderung der kulturellen Verhältnisse im 18. Jahrhundert. Ich bin jetzt braun gebrannt und so gesund und kräftig wie vor 2 Jahren. Dieses Frühjahrssommerwetter weckt die Sehnsucht nach Euch am meisten. Aber einmal werden wir wieder zusammen ins Land ziehen. Wie geht es Möbelchens Mann? Euch grüsst in alter Liebe   Gottfried

15.6.41

Liebe Mutter, Dein Brief vom 9.6. liegt vor mir. Ich freue mich, dass es für Euch in dieser Zeit noch Stunden der Ruhe und Beschaulichkeit gibt, in denen Ihr das geniesst, woran wir uns gemeinsam immer am meisten freuen. – Die Wirklichkeit kommt mir oft ganz unwirklich vor, wohl deshalb, weil wir heute mehr denn je dem Zwang der Verhältnisse unterliegen, unser Leben nicht mehr so weitgehend selbst bestimmen und so ein Leben oft führen, das unserem Wesen nicht entspricht. Wenn wir dadurch Eigenheiten zeigen, geht nicht so scharf mit uns ins Gericht. – Ich hätte gern mal wieder etwas von meinen Jungs gehört und grüsse sie alle recht herzlich. Gruss vor allem auch an Wolfgang und seine Gefährtin. Den letzten Postabschnitt von Ende April erhielt ich vor einiger Zeit. Gruss   Gottfried.

29.6.41

Meine Lieben, Euer Brief und Geld vom 21.6. hat mich aussergewöhnlich interessiert und beeindruckt. Nur muss ich wieder unsere alte Erfahrung machen, dass bei einer derartigen Korrespondenz Irrtümer leicht auftreten können. Weder bin ich knurrig, noch durch die Schwierigkeiten meines Lebens beunruhigt. Ich wollte nur um Verständnis für Alfred werben und muss zu meiner Schande gestehen, dass ich den Sinn Deines letzten Briefes erst begriff, nachdem ich ihn beantwortet hatte. Ich weiss längst, dass ich mein Leben leben muss unter anderen Verhältnissen als die vergangenen Generationen. Es ist mir nicht leid darum. Die überwundenen Widerstände steigern die Lebenskraft.

Alles, was wir einmal besprachen, ist mir gegenwärtig und ich stehe dazu wie einst. Wie es Euch geht, kann ich mir denken. Immer Euer Gottfried.

13.7.41

Liebe Mutter, Dein lieber Brief vom 4.7. zeigt mir, dass Du den Drang zum Höheren hast, zuerst 4. und jetzt 5. Stockwerk. Schreib mir doch mal etwas über Deine Wohngegend und Dein Dachstübchen. Dass Du Dich mit den Eiflern so angefreundet hast, freut mich sehr, hoffentlich ist Ernst bald wieder in der Lage, Dich zu besuchen, lass ihn und meinen Jung recht herzlich grüssen. Mir geht es unverändert gut. Ich lese so allerhand kunterbunt durcheinander: Dringer, Zwischen Weiss und Rot, spannend und gut geschrieben, Filchner, O mani padue lunu, ein Tibetbuch, und jetzt Die Pickwickier vom guten Charles Dickens.

Du willst von mir etwas empfohlen haben. Kennst Du Oswald Spengler, Untergang des Abendlandes? Mommsen, Römische Geschichte u. Weltreich der Caesaren, Ranke, Geschichte d. Päpste? Kopf hoch und Mut!   Gottfried

27.7.41

Liebe Mutter, Dein Brief vom 20.7. und der Geldabschnitt vom 7.7. wurde mir heute ausgehändigt. Ich habe mich über Arnolds Lebenszeichen sehr gefreut, Du kannst doch recht froh sein, dass die beiden gesund und sicher sind. Es geht Dir in dieser Beziehung sicher besser, als vielen anderen Müttern. Und mir Unkraut geht es gut. Kennst Du das Goethe'sche Gedicht: Ich hab mein Sach' auf nichts gestellt? So geht es mir ungefähr. Ich mache mir um das Morgen herzlich wenig Sorgen und versuche, das Heute nach Möglichkeit zu nutzen. Ich lese jetzt Ulrich von Hassel: Wandlungen der Aussenpolitik des 19. und 20. Jahrhunderts, eine Reihe von Skizzen bedeutender Aussenpolitiker des 19. u. 20. Jahrhunderts. – Die beiden Jungs lasse ich herzlich grüssen, den älteren brauche ich ja kaum zu ermuntern, der steht fest auf beiden Beinen, und wenn der Kleine von seinem Geist etwas in sich hat, dann wird er auch, trotz mancher Nackenschläge, die Zeit gut überstehen. Grüsse an alle Lieben   G.

10.8.41

Liebe Mutter, das war ein schöner Brief, der vom 4.8. Soviel gute Nachrichten. Ich gratuliere unserm Grossen und fühle mich sehr erleichtert. Ich hatte gestern Nachricht von Marthe und ihrem Mann, der zur Erholung nach Hamburg fährt. Der Aufenthaltswechsel wird ihm bestimmt gut tun. Dass Martha rührend für ihn sorgt, weiss ich aus seinem eigenen Munde aus früherer Zeit und ebenso, dass er das oft als selbstverständlich hingenommen hat. Die zwei sind überhaupt ein merkwürdiges Gespann, und ich kann mir kaum vorstellen, wie sie auf die Dauer miteinander harmonieren können. Dass Wolfgang eine Entwicklung zu einfacherer tieferer Menschlichkeit nimmt, das wenigstens glaubte ich, Deinen Briefen zu entnehmen, freut mich für eine gemeinsame Zukunft. Das muß eine schöne Feier werden, wenn vier geläuterte Balline zusammenkom-

men, und darauf wollen wir fröhlich hoffen. Gruss an die lieben Jungs. Geburtstagswünsche für Arnold, Gottfried.

24.8.41

Liebe Mutter, in der vergangenen Woche erhielt ich den Postabschnitt über 20.– vom 30.7. und gestern Deinen lieben Brief vom 17.8. Mir geht es völlig unverändert, und wenn ich von Euch höre, dass es Euch in dieser Zeit erträglich geht, will ich zufrieden sein. – Ich lese jetzt ein Stück Weltgeschichte, Hermann Oncken, Sicherheit Indiens, und bin froh, wieder einmal ein Buch zu haben, das den weltgeschichtlichen Ablauf von einer höheren Warte und in einem grösseren Zusammenhang sieht. Wenn man dem Geschehen gegenüber den richtigen Blickpunkt hat, dann gleitet an einem die Unruhe der Zeit doch ziemlich ab. Wenn uns die Ereignisse nicht überraschen, wir im Gegenteil auf Grund unserer, vor allem durch wissenschaftliches Studium und Erfahrung gewonnenen Erkenntnis ein Stück in die Zukunft schauen können, lässt uns selbst unser persönliches Schicksal unerschüttert. Lasst es Euch allen gut gehen! Viele Grüsse Gottfried.

7.9.1941

Liebe Mutter, gestern erhielt ich Deinen langen, schönen Brief vom 1.9., der mir doch ein ungefähres Bild von Deinem Leben gibt. Dein Sorgenkind brauche ich in der heutigen Zeit nicht mehr zu sein, wenn man mit dem Namen das Kind meint, das einem besondere Sorgen vor den anderen Kindern macht.
Das, was ich nun schon geraume Zeit muss, das Leben Tag für Tag nehmen und dabei doch versuchen zu leben, das ist heute Notwendigkeit für die meisten Menschen. Aus allem Erlebten das Positive zu

gewinnen, sich nicht in Verärgerung oder Resignation abschliessen, das muss unsere Aufgabe sein. – Neulich dachte ich daran, dass unser Fleutchen nächstes Jahr schon 25 wird, so alt wie ich 39. An solchen Kleinigkeiten merke ich dann, wieviel Zeit seit unserer gemeinsamen Vergangenheit schon verflossen ist. Ich würde mich freuen, wenn die Brüder mal direkt an mich schrieben. Dass ich mit ihnen nicht korrespondiere, liegt ja nur an den Umständen. Auf Dein liebes Angebot antworte ich im nächsten Brief. Herzlichst   Gottfried.

Postkarte

8.10.41

Meine Lieben, vielen herzlichen Dank für Euer Paket. Das waren ein paar frohe Minuten, als ich liebe, bekannte Dinge begrüssen konnte. Wenn ich die Trainingsjacke trage, muss ich an gemeinsam verlebte Stunden denken und werde darüber traurig und froh. Wenn Ihr mir nun noch Zahnputzzeug schicken würdet, wäre mir wieder aus einer Verlegenheit geholfen. Gestattet ist es. Viele herzliche, dankbare Grüsse   Gottfried

Die Briefe von Ende 1941 und Anfang 1942 sind verlorengegangen.

7.8.1942

Meine Lieben, vielen herzlichen Dank für Euren lieben Brief und die an mich gerichteten Grüsse. Solch schöne Postsamstage könntet Ihr mir ruhig von Zeit zu Zeit bereiten, und wenn Ihr der Meinung seid, dass wieder einmal ein Sommertag zu Dritt kommen wird, dann will ich an ihm Euch danken können. Es ist zwar ein beschämendes und etwas bitteres Gefühl, immer in der Schuld zu stehen, immer danken zu müssen. Leider bin ich nun seit langem dazu verurteilt und weiss, dass es sehr schwer sein kann zu nehmen, viel schwerer als geben zu müssen. Allein der Gedanke, auch wieder mal in die Lage zu kommen, anderen zu geben und zu helfen, lässt mich das überwinden. Grüsst alle Lieben von mir. Herzlichst   Gottfried

Ende September 42

Meine Lieben, herzlichen Dank für Eure beiden Briefe v. 16. u. 24.9. Dass ich mich nun freue, könnt Ihr Euch denken. Wenn schon Brief ein schöner Gruss, eine kleine Verbindung mit der Freiheit sind, wieviel mehr die Sachen, die Ihr uns schicken dürft. Wenn es mir in diesem Winter warm ist, habt Ihr entscheidenden Teil daran gehabt. Ich stelle übrigens wieder fest, dass die Vorfreude die schönste Art der Freude ist. Gesundheitlich geht es mir gut, aber die lange Zeit, die ich nun von Euch getrennt bin, lässt mir die Wirklichkeit als unwirklich erscheinen. Seid Ihr Lieben aus einer anderen, schöneren Welt recht, recht herzlich gegrüsst. In Liebe   Gottfried

Im Herbst 1942 gab es noch einmal drei Briefe aus Sachsenhausen, die verlorengingen.

Ende 1942 (das genaue Datum ist Helene Ballin nicht mehr bekannt) schrieb Gottfried eine Karte an seinen Onkel Wilhelm. Dieses war sein letztes Lebenszeichen, das bereits aus Auschwitz kam. Danach erhielt der Onkel die Nachricht, daß die Asche des Gefangenen Gottfried Ballin in Auschwitz abgeholt werden konnte. Auch diese Karten sind verschwunden.

Richard Rosendahl, der Auschwitz überlebte, ließ Helene im Jahr 1945 von der Polizei suchen. Beim Wiedersehen erzählt er ihr, daß Gottfried Ballin nach einem Fluchtversuch in der Gaskammer ermordet wurde.

Davon erfuhr Anna nichts mehr. Sie hatte inzwischen den Befehl bekommen, sich für den Abtransport fertigzumachen. Helene suchte verzweifelt nach Möglichkeiten, Anna zu verstecken. Sie konnte sie bei Verwandten im Westerwald unterbringen, aber auch Mina Howig aus Rath bot an, Anna Unterschlupf zu gewähren. Mina hatte lange Jahre bei den Ballins als Haushaltshilfe gearbeitet und war für die Jungen immer die Seele des Hauses gewesen. Sie hatte in der Lützerather Straße ein kleines Häuschen mit einem Stall dahinter und wollte Anna in einem Raum einmauern.

Doch Anna war voller Vertrauen in die Zukunft und glaubte ganz fest daran, daß es nicht mehr lange dauern konnte, bis sich alle wiedersahen. So packte Helene Annas Rucksack. Auch heute noch kann sie mit Worten nicht ausdrücken, was sie dabei empfunden hat.

Anfang 1943 erfuhr Helene, daß Anna im KZ Litzmannstadt umgebracht worden war. Überlebende berichteten, daß Anna bis zu ihrem Tod anderen Hilfe leistete und Trost spendete.

Helene glaubte, nun wäre ihr Leben eigentlich zu Ende.

Sie arbeitete damals am Hohenstaufenring in der Praxis von Dr. Seel, der später in der Lindlarer Straße in Brück eine Praxis als Frauenarzt hatte. Am 28. Oktober 1944 machte sie sich auf den Weg vom Hohenstaufenring nach Mülheim zu ihren Eltern, um ihnen Essen zu bringen. Patienten steckten ihr oft etwas zu. Als sie dort war, kam der Großangriff, der Mülheim weitgehend zerstörte. Sie erlebten ihn im Keller, wo sie verschüttet wurden, jedoch gerettet werden konnten. Helene brachte ihre Eltern in den Westerwald. Dr. Seel, der das Kalker Krankenhaus leitete, wurde mit diesem nach Attendorn ausquartiert.

Helene ging auch in den Westerwald, wo sie bei einem Bauern, der aus seiner Nazigesinnung keinen Hehl machte, die Wäsche wusch und für ihr Essen schwer arbeiten mußte. Eines Tages kam ein Mann, um dem Bauern beim Schlachten zu helfen. Der sah ihr an, wie unglücklich sie war, und sagte zu ihr: »Warum läufst du nicht einfach weg? Warte, ich komme in den nächsten Tagen wieder.« Es wurde Dezember 1944, bis er wieder auftauchte und sie aufforderte, ihre Sachen zu packen und mitzugehen. Er nahm sie mit nach Breitscheid. Vor einem schönen Fachwerkhaus stand eine Frau und hackte Holz. Sie schaute Helene an und sagte: »Ach, da kommt ja unser Mädchen!« Sie nahm Helene in den Arm und führte sie ins Haus. Und dort saßen ihre Eltern, die ebenfalls von diesen Leuten aufgenommen worden waren. Ein russischer Kriegsgefangener hatte dort auch noch Unterschlupf gefunden. Es gab frisch gebackenes Brot und Eier und Freudentränen, von allem reichlich.

Helene kehrte unmittelbar nach dem Krieg nach Köln zurück und wohnte bei alten Freunden in der Wodanstraße. Sie schlug sich in den ersten Tagen immer wieder zu Fuß zum Hohenstaufenring durch, wenn nicht gerade ein Jeep sie mitnahm, und versuchte dort, die Praxis aufzuräumen. Das Haus hatte einen Treffer bekommen, aber die Hälfte stand noch. Wenn es wegen der Ausgangssperre zu spät geworden war, um wieder nach Rath zu gehen, schlief sie auch in der Praxis und glaubte, der einzige Mensch in der ganzen Straße zu sein. Als sie eines Tages die Treppen hinunterstieg – ein Geländer gab es nicht mehr, und es fehlten auch einige Stufen – sah sie dort einen Luftpostbrief liegen. Wer mochte in dieser zerschundenen Stadt, in diesem halb zerstörten Haus wohl einen Luftpostbrief bekommen haben? Es war ein Luftpostbrief aus Palästina für sie selbst. Er kam von Sapta Okmiansky. Sie hatte man trotz ihres litauischen Passes abgeholt und bis Kriegsende im geschlossenen Güterwagen hin- und hergefahren, als man nicht mehr wußte, was man mit den Juden anfangen sollte. Sie war befreit worden und mit dem ersten Schiff nach Palästina gefahren. Dies war der erste von vielen weiteren Briefen.

Die Ballins waren in alle Winde verstreut. Wolfgang lebte in Amerika und weigerte sich, auch nur ein Wort Deutsch zu sprechen.

Arnold war in Südafrika. Erst bei einem Besuch in Deutschland erfuhr er, was hier alles geschehen war. Dies konnte er nicht verkraften und brachte sich in Südafrika um.

1957 bekam Helene den Namen Ballin, so wie viele deutsche Bräute nachträglich beim Amtsgericht den Namen ihrer im Krieg gefallenen Verlobten annehmen konnten. Diese Heirat wurde auf 1932 zurückdatiert; Helenes Schwäger machten sie durch ihre Zeugenaussagen möglich.

Die SAPD in Köln

1. Einführung

Links stehende Sozialdemokraten, die keine Perspektive mehr in der Mitarbeit in der Sozialdemokratischen Partei Deutschlands (SPD) sahen, gründeten im Oktober 1931 die Sozialistische Arbeiterpartei Deutschlands (SAPD). Helene Sälzer und Gottfried Ballin wurden 1932 Mitglieder der Ortsgruppe Köln-Kalk der SAP.

Nach dem Verbot der Parteien im Juli 1933 durch die Nationalsozialisten ging die SAPD in den Untergrund und organisierte die Widerstandsarbeit. So geschah es auch in Köln. Helene Sälzer und Gottfried Ballin arbeiteten in dieser Gruppe mit, bis Gottfried Mitte September 1934 verhaftet wurde. Zu den politischen Anschuldigungen kam für Gottfried Ballin noch hinzu, daß er Jude war. Im Konzentrationslager Auschwitz kam er 1942 um.

Ein kurzer Abriß der Geschichte der Kölner SAPD im Rahmen der reichsweiten Bewegung soll seine politische Arbeit und die seiner Mitstreiter darstellen.

2. Die reichsweite Entwicklung

Nach dem Kieler SPD-Parteitag im Mai 1927 sammelte sich ein großer Teil der SPD-Linken um die Zeitung »Der Klassenkampf – Marxistische Blätter«, um inhaltliche Alternativen zur herrschenden SPD-Meinung zu entwickeln.[1] Die erste große Auseinandersetzung zeichnete sich ab, als die vom sozialdemokratischen Reichskanzler Hermann Müller geführte Regierung mit ihren vier SPD-Ministern 1928 und 1929 gegen die eigenen Parteitags- und Wahlprogrammbeschlüsse Raten für den Bau des Panzerkreuzers »A« im Etat der Reichswehr bereitstellte.[2]

Die Quittung für diese widersprüchliche Politik bekam die SPD in der Reichstagswahl im September 1930. Sie verlor ca. 0,6 Millionen Stimmen, die KPD gewann 1,3 Millionen und die Nazis stiegen von 800.000 auf 6,4 Millionen Stimmen.[3] Um die Nationalsozialisten an der Regierungsbeteiligung zu hindern, unterstützte die SPD die konservative Regierung Brüning, so daß diese sich lange Zeit halten konnte. Dies führte zu weiteren Spannungen innerhalb der SPD bis in die Reichstagsfraktion. Bei der Abstimmung über die Notverordnungen der Regierung im Dezember 1930 blieben zum ersten Mal neun sozialdemokratische Reichstagsabgeordnete der Beschlußfassung fern.[4] Als dann im März 1931 bei der Abstimmung des Reichswehretats weitere Raten für Panzerkreuzer anstanden, stimmten trotz Fraktionszwangs neun SPD-Abgeordnete mit den Kommunisten gegen die Aufrüstung, weitere 23 Parlamentarier blieben der Abstimmung fern.[5] Damit begann ein offener Konflikt zwischen der Parteivorstandsmehrheit und der Parteilinken in der SPD. Als die gleichen sozialdemokratischen Abgeordneten bei der 3. Lesung des Reichswehretats den KPD-Antrag unterstützten, das gesamte Flottenbauprogramm zu streichen, ergriff der SPD-Vorstand administrative Maßnahmen. Auf dem Ende Mai folgenden Leipziger Parteitag mißbilligte er das Verhalten der oppositionellen Reichstagsabgeordneten. Ein nochmaliges Zuwiderhandeln sollte als parteischädigendes Verhalten gewertet werden und somit zum Ausschluß führen.[6] Die Linke blieb jedoch nicht untätig. Sie versuchte ab August 1931 über den neu gegründeten Verlag »Freie Verlagsgesellschaft« mit der Zeitschrift »Die Fackel« die kritischen Stimmen in der SPD gegen die Politik von Brüning zu sammeln und mehrheitsfähig zu machen.[7] Dies wollte der Parteivorstand auf jeden Fall verhindern. Der Parteiausschuß beschloß die Unvereinbarkeit von SPD-Mitgliedschaft und Herausgeberschaft in der »Freien Verlagsgesellschaft«,[8] so daß der Vorstand die beiden Initiatoren und Reichstagsabgeordneten Max Seydewitz und Kurt Rosenfeld am 29. September 1931 aus der SPD ausschließen konnte.[9] Der Bezirksvorstand Ostsachsen schloß die Mitglieder Walter Fabian, Helmut Wagner und Franz Blazeizak aus.[10]

Diese gründeten unverzüglich am 4. Oktober eine neue Partei, die Sozialistische Arbeiterpartei Deutschlands (SAPD[11]). 88 Delegierte, 127 Gastdelegierte und über 200 Gäste[12] beschlossen neben einem provisorischen Aktionsprogramm und Organisationsstatut einen »Aufruf an alle Proletarier« aus SPD und KPD, sich in der SAP zu organisieren.[13] Zu gleichberechtigten Vorsitzenden wurden Rosenfeld, Seydewitz und Ströbel gewählt.[14] In fast allen Bezirken wurden Ortsgruppen gebildet. Hinzu kam eine Jugendorganisation – der Sozialistische Jugendverband Deutschlands (SJV). Im Laufe des Jahres 1931 traten der Sozialistische Bund, die kleine USPD, große Teile der Sozialistischen Arbeiterjugend (ca. 4.000 Mitglieder)[15] sowie weitere sechs SPD-Reichstagsabgeordnete zur SAPD über.[16] Auch Willy Brandt war im November in Lübeck mit der Hälfte der dortigen SAJ zum SJV übergetreten.[17]

Bis zur Jahreswende 1931/1932 hatte die SAPD ihren Höchststand von ca. 25.000 Mitgliedern erreicht. Die Sozialdemokraten hatten zur gleichen Zeit ca. 28.000 Mitglieder weniger als zu Jahresanfang.[18] Keine andere Partei besaß im Verhältnis zu ihrer Mitgliederzahl einen so starken Jugendverband wie die SAP, so waren ca. 8.000 bis 10.000 Jugendliche – zumeist aus der SAJ kommend – in dem SJV organisiert.[19] Die Linke in der SPD war durch diese Übertritte entscheidend geschwächt.

Alle Versuche der SAPD, zusammen mit der SPD, KPD und den »freien« Gewerkschaften (ADGB) eine gemeinsame Front aufzubauen, scheiterten. Die SPD und ADGB ignorierten die neue Partei, die KPD beschimpfte sie als »schlimmste Feinde der Arbeiterklasse, sozialfaschistische Agenturen«.[20]

So mußte die SAPD allein in die Wahlkämpfe gehen, obwohl eins ihrer programmatischen Ziele Vereinigung der Arbeiterbewegung war. Bei den Reichstagswahlen im Juli 1932 erreichte sie knapp 0,2 Prozent der Stimmen reichsweit, nur in Breslau (0,7%) und Dresden-Bautzen (0,6%) bekam sie mehr Stimmen.[21] Sie erhielt kein Reichstagsmandat. Bei der Reichstagswahl im November 1932 sank der Stimmenanteil sogar auf 0,1 Prozent ab.[22] So war es nur folgerichtig, daß der Vorstand im Januar 1933 mit der Auflösung der Partei begann. Im Februar forderten die beiden Vorsitzenden Seydewitz und Rosenfeld im Auftrag der Vorstandsmehrheit die Mitglieder in einem Rundschreiben auf, die Partei zu verlassen und sich wieder einer der großen Parteien (SPD und KPD) anzuschließen.[23] Diesem Aufruf folgten jedoch nur ca. 1.500 der inzwischen 17.100 Mitglieder, der Rest blieb in der Partei mit dem Ziel, die illegale Arbeit aufzubauen.[24]

Mitte März 1933 fand in Dresden ein SAPD-Parteitag statt, auf dem die illegale Parteileitung für die Widerstandsarbeit gewählt wurde, unter anderem gehörte ihr Walter Fabian an.[25] Auch die selbständige Jugendorganisation SJV wählte eine illegale Reichsleitung.[26] Die Organisation wurde neu strukturiert, in fast allen Orten begann die SAPD mit der illegalen Arbeit. Das Gros der sehr aktiven illegalen Kämpfer, die hauptsächlich Flugblatt- und Plakataktionen durchführten, stellte der SJV.[27]

Im August 1933 gab es den ersten Schlag gegen die Reichsleitung: Fast der gesamte Vorstand wurde verhaftet.[28] So wurde nun die Exilarbeit aufgebaut, die von den benachbarten Ländern Holland, Belgien, Frankreich, Tschechoslowakei, Schweiz und später Schweden Deutschland mit Agitationsmaterial versorgte.

3. Die Entstehung der SAPD in Köln

Die Auseinandersetzungen um die Reichswehretats ging auch an der Kölner SPD nicht spurlos vorüber. So rügte eine Mitgliederversammlung Mitte August 1928 die SPD-Minister wegen ihrer Zustimmung zur Beschaffung der Panzerkreuzer.[29] Die Jahreshauptversammlung der Kölner SPD im Januar 1929 billigte jedoch unter vehementem Einsatz des Kölner Reichstagsabgeordneten Wilhelm Sollmann die Position der SPD-Reichsminister und der Reichstagsfraktion mehrheitlich. Sie lehnte den Antrag des SPD-Distrikts Köln-Süd ab, daß die Reichswehr nur defensiven Charakter haben dürfe.[30] Aber die Verärgerung über die vom Sozialdemokraten Müller geführte Reichsregierung wurde immer größer. So forderte sogar der als rechts geltende Kölner SPD-Kreis im März 1930 den Austritt der SPD-Reichsminister aus der Regierung.[31] Die Einschätzung, daß sich diese Politik negativ bei den nächsten Wahlen auswirken würde, bestätigte sich auch in Köln. Der SPD-Stimmenanteil vor Ort fiel bei der Reichstagswahl am 14. September 1930 von 24,8 auf 19,4 Prozent, die KPD steigerte ihr Ergebnis dagegen von 14,4 auf 17,0 und die NSDAP von 1,6 auf 17,6 Prozent.[32]

Die SPD-Linke in Köln erneuerte ihre Kritik, als die Duldungspolitik gegenüber dem Kabinett Brüning nach der Wahl einsetzte. Dabei war die Linke kein geschlossener Block: Zu ihr zählten sich Pazifisten, radikalsozialistische Kreise und traditionelle Marxisten.[33] Stark war die Linke in den Distrikten Deutz (unter dem Vorsitzenden Ernst Ransenberg), Mitte, Süd (unter Fritz Maas) und Sülz/Klettenberg.[34] Auch bei den Jusos, der sozialistischen Studentenorganisation und der SAJ waren die Linken stark. Sie forderten auf der SPD-Kreiskonferenz für Köln-Stadt und -Land, die Unterstützung Brünings zu beenden. Sie fanden jedoch keine Mehrheit, statt dessen beschloß die Konferenz einen Kompromiß, der nur eine Überprüfung der besagten Politik forderte, aber auch eine »unzweideutige Regelung der Fraktionsdisziplin«.[35] Damit waren die acht Reichstagsabgeordneten gemeint, die mit den Kommunisten gegen die Panzerkreuzer gestimmt hatten.

Nach dem Leipziger Parteitag berichteten die Kölner Delegierten auf einer stürmisch verlaufenden Kölner SPD-Mitgliederversammlung am 13. Juni 1931 über die Beschlüsse und ihr Abstimmungsverhalten. Es muß zum Eklat gekommen sein, denn der Distriktvorsitzende Fritz Maas wurde wegen eines »ehrkränkenden Zwischenrufes« auf Antrag der Versammlung sofort aus der SPD ausgeschlossen, Heinz Kühn – SAJ-Funktionär – erhielt öffentliches Redeverbot.[36] Nachdem die Wortführer der Linken auf Reichsebene aus der SPD ausgeschlossen waren, verteidigte der Kölner Reichstagsabgeordnete Sollmann diese Maßnahmen als Ergebnis eines notwendigen Machtkampfes in der Partei.[37]

Unmittelbar nach der SAPD-Gründung auf Reichsebene konstituierte sich auch in Köln am 5. oder 6. Oktober eine SAPD-Gruppe. Erster Vorsitzender wurde August Stiegelmeier, Zigarrenmacher, 1928 als KPD-Stadtverordneter zur SPD übergetreten.³⁸ Außerdem gehörten dem ersten Vorstand Fritz Maas, Ernst Ransenberg, Josef Prenner, Hermann Neumann und Hans Maier an.³⁹ In der Spitze waren höchstens 150 Mitglieder in der Kölner Partei organisiert.⁴⁰

Wie auch auf Reichsebene versuchte die Kölner SAPD, ein gemeinsames antifaschistisches Bündnis zu organisieren. Im Januar 1932 wandte sie sich deshalb in einem offenen Brief an die Kölner Vorstände von KPD, SPD, KPO und ADGB zwecks Abstimmung eines gemeinsamen Vorgehens gegenüber dem Faschismus. Die KPD antwortete höhnisch, die anderen ignorierten die Anfrage.⁴¹ Ähnlich verlief der Versuch des SJV im Juli des gleichen Jahres, ein antifaschistisches Arbeiterjugendkartell in Köln zu bilden.⁴²

Auch hier war die junge Partei auf sich selbst gestellt. Bei den preußischen Landtagswahlen im April 1932 erhielt die Kölner SAPD 1.600 Stimmen, bei den Reichstagswahlen im Juli 593 und bei denen im November nur noch 375 Stimmen.⁴³ Trotzdem versuchte die Kölner Partei, weiter an ihrem Aufbau zu arbeiten. So wurde im Herbst 1932 u.a. eine SAPD-Gruppe in Kalk gegründet, an der Gottfried Ballin, Helene Sälzer und Ernst Ransenberg beteiligt waren.⁴⁴

Im Frühjahr 1933 traten auf einer als Fahrradtour getarnten Kurierfahrt des SJV über 20 SAJ-Mitglieder in die Jugendorganisation der SAPD über, darunter Heinz Kühn, Clara Jäckle, Erich Schmitz und Helmut Söll.⁴⁵

4. Illegale Arbeit der SAPD in Köln

Im Juli 1933 wurden alle Parteien außer der NSDAP verboten. Somit wurde auch die SAPD in die Illegalität gedrängt. Das Agitationsmaterial für das Rheinland wurde zumeist im westlichen Ausland gedruckt und auf als Ausflugsfahrten getarnten Kurierfahrten ins Land geschmuggelt. Oft wurden die im Dünndruck erstellten Agitationsschriften in Fahrradschläuchen versteckt transportiert.⁴⁶ Anfangs koordinierte der erfahrene Organisationsleiter Peter Keller die SAPD-Arbeit in Köln. Er führte interne Schulungen durch und baute die innerverbandliche Arbeit auf, um dann mit der vorhandenen Struktur an die illegale Arbeit zu gehen. Er wurde jedoch schon am 31. August 1933 verhaftet, die Aufbauarbeit ging nun an jüngere unerfahrene SJV-Mitglieder über.[47] Die illegale Arbeit von SAPD und SJV wurde Ende 1933 verschmolzen.[48] In Westdeutschland entstand aus zäher Kleinarbeit eine SAPD-Verteilerorganisation, die sich in drei Bezirke gliederte, einer davon war der Bezirk Mittelrhein mit Sitz in Köln.[49] Der westdeutsche Kontaktmann Eberhard Brünen nahm Kontakt zu den Kölner SAPD-Genossen auf, um in Köln ein Verteilernetz für das Agitationsmaterial der SAPD-Exilbüros aufzubauen.[50] Insbesondere ging es dabei um die illegale Zeitschrift »Das Banner für die revolutionäre Einheit«.[51] Ein Verteilerweg lief über einen Gewährsmann aus Holland über Duisburg nach Köln,[52] ein anderer aus Belgien über Aachen nach Köln.[53]

Die Leitung der illegalen SAPD-Arbeit in Köln lag ab Dezember 1933 in den Händen von Erich Sander und Ernst Ransenberg.[54] Sie bauten ein umfangreiches Vertriebsnetz auf, vor allem in Sülz und Ehrenfeld, und nahmen Kontakt zu auswärtigen Gruppen auf.[55] Alle vier bis sieben Wochen kam nun die Zeitschrift »Das Banner«, später auch der »Arbeiterkampf«, in ca. 70 Exemplaren und wurde an die einzelnen Gruppen weitergegeben.[56] Zeitweise kam aus dem belgischen Exilbüro noch die Zeitschrift »Sozialistische Warte« über Aachen nach Köln, und wurde von dort weitergeleitet.[57]

Neben der Verteilerorganisation wurden im Januar 1934 in Köln Schulungsgruppen der SAPD-Zellen gegründet, die sich wöchentlich zweimal trafen.[58] Ein geheimer Schulungsort war ein Wehrturm auf der Sülzburg bei Rösrath, der von Erich Sander gemietet war; dort trafen sich von Januar bis April 1934 regelmäßig SAPD-Zellen zu politischen Gesprächen und Schulungen.[59] Die Verbindung zum westdeutschen Kontaktmann Eberhard Brünen lief über Erich Sander; sie trafen sich von Dezember 1933 bis Mitte 1934 mehrmals in Köln, aber auch in Neuss.[60] Nach einer Auseinandersetzung in der Kölner Gruppe über ein einheitliches Vorgehen mit der KPD – Erich Sander lehnte dies ab – übernahm Amann, der mit der Mehrheit der Gruppe dies befürwortete, die SAPD-Führung in Köln.[61] Nachdem sich die Gestapo anfangs insbesondere um den kommunistischen Widerstand gekümmert hatte, begann sie ab Mitte 1934 auch, die SAPD zu beobachten. So wurde die Partei ab Juli durch ehemalige KPD-Mitglieder im Auftrag der Gestapo ausspioniert.[62] Ab August wurde der Staatspolizei Dortmund die zentrale Ermittlungstätigkeit gegen die westdeutsche SAPD übertragen.[63] In einem der ersten Berichte teilte diese Behörde dem Staatspolizeiamt in Berlin mit, daß die Gestapo die Neuorganisation der SAPD, die in Westdeutschland sehr intensiv durchgeführt würde, bewachte; zur Zeit unterbliebe der Zugriff aus taktischen Gründen.[64]

Erst im Herbst 1934 war es dann soweit. In einer gründlich vorbereiteten Fahndungsaktion wurden zwischen September und November über 50 aktive SAPD-Funktionäre in vier Städten verhaftet, davon 18 Mitglieder allein in Köln.[65] Dies war hier bis auf einige wenige der gesamte Schulungskreis.[66] Während die 1933 verhafteten SAPD-Kämpfer noch geringe Strafen erhielten, änderte sich das jetzt.[67] Von den 18 verhafteten Kölnern wurden am 31. Mai 1935 16 verurteilt, die fünf Hauptangeklagten zu hohen Strafen:

Erich Sander zu 10 Jahren Zuchthaus und Verlust der bürgerlichen Ehrenrechte,

Richard Rosendahl zu 10 Jahren Zuchthaus und Verlust der bürgerlichen Ehrenrechte,

Ernst Ransenberg zu 6 Jahren Zuchthaus und Verlust der bürgerlichen Ehrenrechte,

Friedrich Schneider zu 5 Jahren Zuchthaus und Verlust der bürgerlichen Ehrenrechte,

Gottfried Ballin zu 5 Jahren Zuchthaus.[68]

Insgesamt wurden 64 Jahre Zuchthaus verhängt. Erich Sander, Ernst Ransenberg und Gottfried Ballin wurden später in Konzentrationslagern bzw. Gestapohaft umgebracht.[69]

Der Kölner SAPD-Führer Amann konnte entkommen und tauchte in Holland unter.[70] Die Leitung der Kölner Gruppe übernahm nun Josef Prenner, er wurde 1937 zusammen mit weiteren vier SAPD-Mitgliedern verhaftet. Die Gruppe wurde am 29. Oktober 1937 zu insgesamt 9 Jahren und 7 Monaten Zuchthaus verurteilt.[71] Aber es gab trotzdem noch weitere SAPD-Aktivitäten. So wurden im März 1941 fünf Kölner Mitglieder vom Oberlandesgericht Hamm wegen Vorbereitung des Hochverrates zu insgesamt 7 Jahren und 9 Monaten Zuchthaus verurteilt; einer wurde freigesprochen.[72] Zusammenfassend kann festgestellt werden, daß in den ersten Jahren der NS-Zeit der Widerstand in Köln hauptsächlich von KPD und SAPD organisiert wurde. Dabei zahlten die jungen SAP-Mitglieder wegen ihrer Unerfahrenheit und ihrem damit verbundenem Leichtsinn und ihrer Tollkühnheit den höchsten Blutzoll.[73]

Anmerkungen

1 Jan Foitzik: Zwischen den Fronten. Zur Politik und Funktion linker politischer Kleinorganisationen im Widerstand 1933 bis 1939/40, Bonn 1986, S. 24; vgl. Ernst Wolowicz: Linksopposition in der SPD von der Vereinigung mit der USPD 1922 bis zur Abspaltung der SAPD 1931, Bonn 1982, S. 513.
2 Ernst Viktor Rengstorf: Links-Opposition in der Weimarer SPD. Die »Klassenkampf-Gruppe« 1928-1931, Hannover 1976, S. 33 ff.
3 Jürgen Falter, Thomas Lindenberger, Siegfried Schumann: Wahlen und Abstimmungen in der Weimarer Republik, München 1986, S. 71 f.
4 Wolowicz, a.a.O., S. 700.
5 Rengstorf, a.a.O, S. 68; vgl. Heinz Niemann: Entstehung und Rolle der SAP in der Endphase der Weimarer Republik, in: Beiträge zur Geschichte der Arbeiterbewegung, hrsg. vom IfML Berlin, 29. Jahrg. 1987, S. 745; vgl. auch Wolowicz, a.a.O., S. 714.
6 Theodor Bergmann: Das Zwischenfeld der Arbeiterbewegung zwischen SPD und KPD. 1928-1933, in: Manfred Scharrer (Hrsg.): Kampflose Kapitulation. Arbeiterbewegung 1933, Hamburg 1984, S. 174; vgl. Niemann, Entstehung, a.a.O., S. 746.
7 Wolowicz; a.a.O., S. 788; vgl. Bludau, Kuno; Gestapo – Geheim! Widerstand und Verfolgung in Duisburg 1933-1945, Bonn 1973, S. 47.
8 Wolowicz; a.a.O., S. 789.

9 Hanno Drechsler: Die Sozialistische Einheitspartei Deutschlands (SAPD), Meisenheim am Glan 1965, S. 100.
10 Ebd.; vgl. Wolowicz, a.a.O., S. 795.
11 Drechsler, a.a.O., S. 106; vgl. Niemann, Entstehung, a.a.O., S. 747.
12 Ebd.
13 Ebd.
14 Wolowicz, a.a.O., S. 807.
15 Heinz Niemann: Gründung und Entwicklung der SAP bis zum I. Parteitag (1931 -1932), in: ders. (Hrsg.), Auf verlorenem Posten? Linkssozialismus in Deutschland, Berlin 1991, S. 132 f.
16 Foitzik, a.a.O., S. 43.
17 Niemann, Gründung, a.a.O., S. 130.
18 Drechsler, a.a.O., S. 160; vgl. Wolowicz, a.a.O., S. 810; vgl. weiter Niemann, Entstehung, a.a.O., S. 750.
19 Drechsler, a.a.O., S. 164.
20 Bergmann: a.a.O., Das Zwischenfeld der Arbeiterbewegung zwischen SPD und KPD. 1928 -1933, in: Scharrer, Manfred (Hrsg.), Kampflose Kapitulation. Arbeiterbewegung 1933, Hamburg 1984, S. 178.
21 Foitzek, a.a.O., S. 43.
22 Bludau, a.a.O., S. 48.
23 Heinz Niemann: Der I. Parteitag der SAP. Ausbruch und Verlauf der innerparteilichen Krise bis zur Auflösung der Partei, in: ders. (Hrsg.), Auf verlorenem Posten? Linkssozialismus in Deutschland, Berlin 1991, S. 179.
24 Foitzik, a.a.O., S. 44; vgl. Niemann, Entstehung, a.a.O., S. 751.
25 Foitzik, a.a.O., S. 47.
26 Ebd., S. 48.
27 Drechsler, a.a.O., S. 332.
28 Foitzik, a.a.O., S. 48.
29 Jürgen Seitz: »Jungsozialisten heraus!«, in: »…die treiben es ja auch zu weit.« 75 Jahre Kölner Jusos – ein Sammelband, hrsg. von Jungsozialistinnen und Jungsozialisten in der SPD, Unterbezirk Köln, Dortmund 1996, S. 23.
30 Ebd.
31 Wolowicz, a.a.O., S. 641.
32 Reinhold Billstein: Anhang A. Statistische Übersichten, in: ders. (Hrsg.), Das andere Köln. Demokratische Traditionen, Köln 1979, S. 494.
33 Andreas Henseler: Die Kölner SPD in der Endphase der Weimarer Republik (1928 -1933). Auseinandersetzungen mit der KPD – Kampf gegen die NSDAP, in: Gerhard Brunn (Hrsg.), Sozialdemokratie in Köln. Ein Beitrag zur Stadt- und Parteigeschichte, Köln 1986, S. 174.
34 Ebd.
35 Ebd., S. 176.
36 Ebd.
37 Niemann, Gründung, a.a.O., S. 114.
38 OLG Hamm 50/3/35, vgl. Henseler, a.a.O., S. 177.
39 Ebd.
40 Henseler, a.a.O., S. 177.

41 Ebd.
42 Ebd.
43 Ebd.
44 Interview Helene Ballin
45 Zeitzeugenbericht Clara Schmitz; vgl. Foitzik, a.a.O., S. 56.
46 Volker R. Berghan, Reinhard Schiffers: Die sozialistische Arbeiterpartei Deutschlands (SAP) in Mannheim und Südwestdeutschland, 1933-1938, maschinengeschriebenes. Manuskript, hrsg. vom Institut für Sozialwissenschaften der Universität Mannheim 1980, S. 15.
47 Drechsler, a.a.O., S. 336.
48 Foitzik, a.a.O., S. 50; vgl. Drechsler, a.a.O., S. 332.
49 Bludau, a.a.O., S. 53.
50 OLG Hamm 50/3/35.
51 Ebd.
52 Foitzik, a.a.O., S. 56.
53 Ebd., S. 162.
54 OLG Hamm 50/3/35; Erich Sander, geb. 22.12.1903, Sohn des berühmten Fotographen August Sander, ab 1922 KJVD, ab 1924 KPD, dort 1929 ausgeschlossen, ab 1929 KPDO, ab 1931 SAPD.
55 OLG Hamm 50/3/35.
56 Ebd.
57 Foitzik, a.a.O., S. 162.
58 Zeitzeugenbericht Clara Jäckle.
59 Interview Helene Ballin, vgl. OLG Hamm 50/3/35.
60 OLG Hamm 50/3/35.
61 Wilfried Viebahn, Walter Kuchta: Widerstand gegen die Nazidiktatur in Köln, in: Reinhold Billstein (Hrsg.), Das andere Köln. Demokratische Traditionen, Köln 1979, S. 318.
62 Foitzik, a.a.O., S. 56.
63 Bludau, a.a.O., S. 57 f.
64 Ebd.
65 Foitzik, a.a.O., S. 56; vgl. Viebahn/Kuchta, a.a.O., S. 318; vgl. weiter Bludau, a.a.O., S. 58.
66 Zeitzeugenbericht Clara Jäckle.
67 Drechsler, a.a.O., S. 335.
68 OLG Hamm 50/3/35.
69 Interview Helene Ballin; Zeitzeugenbericht Clara Jäckle.
70 Zeitzeugenbericht Helene Perz.
71 Viebahn/Kuchta, a.a.O., S. 503.
72 Ebd., S. 504.
73 Vgl. Drechsler, a.a.O., S. 332.

Sander Erich

5 O.Js. 3/35

IM NAMEN DES DEUTSCHEN VOLKES !

[In der Strafsache gegen]

1) den Studenten Ernst Ransenberg aus Köln, Eifelstr. 9, geb. am 10.9.1908 in Köln,
2) den Photographen Erich Sander aus Köln - Lindenthal, Dürenerstr. 201, geb. am 22.12.1903 in Linz an der Donau,
3) den Buchhandlungsgehilfen Gottfried Ballin aus Köln - Braunsfeld, Maarwegstr. 29, geb. am 9.4.1914 in Berlin,
4) den kaufmännischen Angestellten Ernst Hirsch aus Köln, Eifelstr. 14/16, geb. am 7.8.1913 in Köln,
5) den Lehrling Richard Rosendahl aus Köln - Nippes, Kaiserswertherstr. 1, geb. am 27.1.1915 in Illingen a.d. Saar,
6) den Zimmermann Friedrich Schneider aus Köln, Lützowstr. 11, geb. am 21.4.1893 in Köddingen, Krs. Schotten (Oberhessen),
7) den Arbeiter Sebastian Höhl aus Köln - Höhenfeld, Marsliebchenweg 11, geb. am 13.8.1913 in Köln - Ehren-feld,
8) den Lehrling Georg Reiter aus Köln - Mauenheim, Guntherstr. 119, geb. am 31.12.1913 in Essen,
9) den Lehrling Erich Schmitz aus Köln, Severingstr. 127, geb. am 25.9.1914 in Ehrenfeld,
10) den Bäckergehilfen Johann Weil aus Köln-Knappsack, Müserstr. 20, geb. am 14.6.1912 in Köln,
11) den Verkäufer Heinrich Kersten aus Köln, Krefelderwall 28, geb. am 12.2.1916 in Ehrenfeld,
12) die Kontoristin Wilhelmine Oswald aus Köln-Bickendorf, Kanalstr. 11, geb. am 19.2.1915 in Köln,
13) den Graphiker Alfred Schnog aus Köln, Hohenzollernring 46, geb. am 28.2.1913 in Köln,
14) den Steinmetz Johann Loosen aus Köln - Sülz, Palanderstr. 9b, geb. am 30.10.1887 in Mayen,
15) den Hobler Jakob Appelmann aus Köln-Lindenthal, Bachemerstr. 276, geb. am 30.9.1908 in Köln,
16) den Zigarrensortierer August Stiegelmeier aus Köln - Zollstock, Nauheimerstr. 28, geb. am 27.4.1892 in Bünde,
17) den Handlungsgehilfen Rafael Weiß aus Köln, Grosser Grie-

chenmarkt 81, geb. am 12.12.1914 in Köln,
18) den Autoschlosser Franz Pesch aus Köln - Ehrenfeld, Vogelsanger
str. 15, geb. am 17.6.1913 in Köln,
z.Zt. sämtlich in Untersuchungshaft im Gerichtsgefängnis in Hamm i.
wegen Vorbereitung zum Hochverrat
hat der IV. Strafsenat des Oberlandesgerichts in Hamm i./W. in der
Sitzung vom 28. u. 31. Mai 1935, an der teilgenommen haben:

> Senatspräsident Bergmann
> > als Vorsitzender,
> Oberlandesgerichtsrat Weyl,
> Landgerichtsrat Hülshoff,
> Amtsgerichtsrat Wulff,
> Landgerichtsrat Broichmann
> > als beisitzende Richter,
> Staatsanwalt Dr. Hüntemann
> > als Beamter der Staatsanwaltschaft,
> Referendar Dr. Kirchhoff
> > als Urkundsbeamter der Geschäftsstelle

für Recht erkannt:

Das Verfahren gegen die Angeklagten Oswald und Pesch wird eingestellt.

Die übrigen Angeklagten sind des Verbrechens der Vorbereitung eines hochverräterischen Unternehmens schuldig.

Es werden bestraft:

Sander	mit 10 Jahren Zuchthaus
Ransenberg	mit 6 Jahren Zuchthaus
Ballin	mit 5 Jahren Zuchthaus,
Reiter	mit 3 Jahren Zuchthaus,
Schmitz	mit 3 Jahren und 3 Monaten Zuchthaus,
Weiß	mit 2 Jahren Zuchthaus,
Hirsch	mit 3 Jahren und 3 Monaten Zuchthaus,
Weil	mit 3 Jahren und 3 Monaten Zuchthaus,
Rosendahl	mit 10 Jahren Zuchthaus,
Kersten	mit einem Jahr und neun Monaten Zuchthaus,
Höhl	mit 3 Jahren Zuchthaus,
Schnog	mit 2 Jahren Zuchthaus,

- 3 -

Schneider	mit 5 Jahren Zuchthaus;
Loosen	mit 2 Jahren Zuchthaus;
Appelmann	mit 2 Jahren Zuchthaus;
Stiegelmeier	mit 1 Jahr und 8 Monaten Zuchthaus.

Es wird ferner erkannt gegen

Sander	auf 10 Jahre Verlust der bürgerlichen Ehrenrechte,
Ransenberg	auf 5 Jahre Verlust der bürgerlichen Ehrenrechte,
Rosendahl	auf 10 Jahre Verlust der bürgerlichen Ehrenrechte,
Schneider	auf 5 Jahre Verlust der bürgerlichen Ehrenrechte,

[Von den erkannten Strafen gelten durch die Untersuchungshaft als verbüsst:]

bei Sander	8 Monate und 2 Wochen,
bei Ransenberg	6 Monate und 3 Wochen,
[bei Ballin	8 Monate und 2 Wochen,]
bei Reiter	6 Monate,
bei Schmitz	6 Monate,
bei Weil	4 Monate,
bei Hirsch	8 Monate und 3 Wochen,
bei Heil	6 Monate,
bei Rosendahl	8 Monate und 3 Wochen,
bei Höhl	5 Monate und 3 Wochen,
bei Schneg	6 Monate,
bei Schneider	6 Monate und 2 Wochen,
bei Loosen	6 Monate,
bei Appelmann	6 Monate,
bei Stiegelmeier	6 Monate,

Alle Exemplare der beschlagnahmten Schriften sind einzuziehen und unbrauchbar zu machen nebst den zu ihrer Herstellung bestimmten Platten und Formen.

Die Kosten des Verfahrens, soweit sie nicht gegen die Angeklagte Oswald und den Angeklagten Pesch entstanden sind, welche der Staatskasse zur Last fallen, fallen den verurteilten Angeklagten zur Last.

Gründe:

Die Hauptverhandlung hat folgenden Sachverhalt ergeben:

Im Oktober 1931 trennte sich der linke Flügel der SPD unter Führung der damaligen Reichstagsabgeordneten Seydewitz und Kurt Rosenfeld von der Partei und gründeten die sog. sozialistische Arbeiterpartei Deutschlands (SAP). Die Jugend der SAP wurde in einer besonderen Jugendorganisation zusammengefasst, dem sog. sozialistischen Jugendverband (SJV). Die Partei blieb eine Splitterpartei. Es fehlte ihr an Einheitlichkeit. Insbesondere waren zwei Strömungen in ihr vorhanden, die fortgesetzt um die Führung miteinander kämpften. Die eine näherte sich in ihren Tendenzen der SPD, die andere neigte ihren Zielen der KPD zu. Im Februar 1933 fasste die unter dem Einfluss von Seydewitz stehende Gruppe den formellen Beschluss, die Partei aufzulösen. Dagegen beschloss eine hauptsächlich von Jacob Walcher und Zweiling geführte Opposition die Weiterführung der Partei, jedenfalls aber des SJV. Auf dem von ihnen einberufenen Parteikongress in Dresden vom 11. März 1933 bis 15. März 1933 wurden die Ziele und die Arbeitsweise der Partei, wie sie sich in Zukunft gestalten sollten, eingehend erörtert. Als Aufgabe für die Partei wurde hingestellt, Sammelpunkt aller marxistischen Elemente zu sein, die mit der Leitung der KPD und SPD unzufrieden waren und diesen Parteien deshalb den Rücken kehrten. Im Anschluss an den Parteitag setzte insbesondere in Westdeutschland eine illegale Tätigkeit der SAP ein, die teils in anderen Prozessen schon Gegenstand gerichtlicher Verhandlungen gewesen ist. Auch nach Erlass des Gesetzes über die Neubildung politischer Parteien vom 14. Juli 1933 hörte diese nicht auf.

Ende 1933 wurden in Köln frühere Anhänger der SAP wieder tätig. Sie stellten unter sich einen losen Zusammenhang her, hatten Verbindung mit auswärtigen Parteistellen und suchten auch andere alte Mitglieder der SAP und sonstige Gesinnungsgenossen für die illegale SAP zu gewinnen. Die Verpflichtung, die den einzelnen auferlegt wurde, bestand hauptsächlich nur in dem Bezuge des "Banner", welches das Parteiorgan der illegalen SAP zu dieser Zeit war. Äusserlich kennzeichnete es sich durch sein kleines Format und den kleinen Druck ohne weiteres als illegale Druckschrift, wie sie dem Senat in vielen anderen Strafprozessen bekannt geworden sind. Der volle Titel lautet:"Das Banner der revolutionären Einheit". Das Banner, das regelmäßig in Abständen von 4 bis 7 Wochen erschien, wurde von den Beziehern mit 0,15 bis 0,20 RM das Stück bezahlt. Daneben gelangten an spätere

Zeit auch andere Schriften zur Verteilung wie der "Arbeiterkampf".
Im übrigen wurde um freiwillige Spenden für die SAP geworben. Eigentliche Mitgliederversammlungen fanden nicht statt. Man kam aber in kleinem Kreise wiederholt zu politischen Debatten zusammen. Den Anlass zu der Wiederbelebung der SAP in Köln gab ein gewisser Brünen, der im Ruhrgebiet für die SAP tätig war, suchte im Dezember 1933 den Angeklagten Sander in Köln auf und redete ihm zu, den Neuaufbau der SAP in Gross-Köln in die Hand zu nehmen. Sander war schliesslich damit einverstanden. Es kam dann zweimal zu Besprechungen zwischen Brünen, Sander und dem Angeklagten Ransenberg, welcher letzterer von Sander ins Vertrauen gezogen worden war. Bei diesen Besprechungen wurde im einzelnen festgelegt, in welcher Richtung und mit welchen Mitteln die illegale Arbeit vor sich gehen solle. Brünen blieb dann auch in der Folgezeit mit der Kölner Gruppe in ständiger Verbindung. Insbesondere wurde diese durch ihn auch mit dem Druckschriftenmaterial der SAP beliefert.

Die sämtlichen Angeklagten sind in mehr oder minder grossem Umfange für die neu aufgezogene SAP in Köln tätig gewesen, oder sind doch wenigstens mit ihr in Berührung gekommen. Im einzelnen ist von ihnen folgendes festgestellt:

1) Der Angeklagte Sander.

Er ist der Sohn eines Photographen. Nach bestandenem Abiturientenexamen hat er bis 1931 zuerst Nationalökonomie und später Geschichte studiert. Als er dann das Geld zur Fortsetzung des Studiums nicht aufbringen konnte, trat er in das Geschäft seines Vaters ein, für das er in der Hauptsache als Reisender tätig war. Im Jahre 1924 schon wurde er Mitglied der KPD. Er ist nacheinander im Vorstand der Studentengruppen dieser Partei in Berlin und in Köln tätig gewesen. Im Jahre 1929 will er aus der KPD ausgeschlossen worden sein. Im April 1932 schloss er sich dann der SAP an, der er bis zur Auflösung im Jahre 1933 angehörte. Eine Funktion hat er in ihr nicht bekleidet; jedoch hielt er für sie in den Jahren 1932 - 1933 Kurse über die Geschichte der Arbeiterbewegung ab.

Sander hat sich im Dezember 1933 von Brünen, der ihm von früher her bekannt war, wie schon erörtert, dafür gewinnen lassen, in Köln die SAP wieder ins Leben zu rufen. Vorangegangen war eine Aussprache zwischen ihnen über die gegebenen Möglichkeiten. Brünen hatte ihm gesagt, dass er im Rhein - und Ruhrbezirk Verbindungen angeknüpft habe und dort Leute an der Hand habe, er solle die Arbeit in Köln leisten. Nach einigem Sträuben erklärte Sander seine Bereitwilligkeit und sagte Brünen auch zu, mit ihm in Verbindung zu bleiben. Auf die Anregung von Brünen oder aus eigener Initiative nahm er dann im Januar 1934 zunächst mit den Angeklagten Ransenberg und Schneider u mit einem gewissen Ammann Fühlung auf. Es kam zu den beiden Treffs zwischen Sander, Ransenberg und Brünen bei denen wiederum allgemein über die SAP gesprochen wurde, vor allem aber auch Einzelheiten bez der Arbeitsweise festgelegt wurden. Die Bezirke Ehrenfeld und Sülz wurden als vorläufig aussichtsreichster Boden für eine Betätigung g nannt. Dort sollten in erster Linie Ammann und Schneider eingesetzt werden. Sander und Ransenberg waren dann in der Folgezeit an leiten der Stelle gemeinsam tätig. Während aber Ransenberg sich mehr zurück hielt und sich mehr darauf beschränkte, mit Sander und anderen in Aussprachen über die Form des Vorgehens zu beraten, war Sander besc ders rührig. Er besass auf einem Bauernhof an der Sülz ein Wochenen zimmer, das er nun - hauptsächlich in der Zeit bis April 1934 - zur Abhaltung politischer Gespräche und zur Anknüpfung weiterer Verbind gen mit Gesinnungsgenossen ausnützte. So hat er sich dort mit dem A geklagten Ballin getroffen. Diesen hat er für die SAP gewonnen und ihm den Auftrag gegeben, weitere Anhänger zu gewinnen. Auch die Ang klagten Hirsch und Rosendahl hat er überredet, mitzumachen. Diese h ben sich ebenfalls an den politischen Gesprächen auf dem Wochenendz mer des Angeklagten beteiligt, desgleichen die Angeklagten Schmitz u Reiter. Mit Ammann unterhielt sich Sander über durch jenen seitens d KPD übermittelte Vorschläge zu einem einheitlichen Vorgehen. Er will diese allerdings abgelehnt haben. Den Literaturvertrieb nahm er gan in seine Hand. Die erste Lieferung des "Banner" durch Brünen erhiel er im Januar 1934. Es folgten in den Monaten Februar bis Mai 1934 in regelmässigen Abständen noch drei weitere Lieferungen. Die drei ersten brachte Brünen persönlich nach Köln. Die vierte holte sich B der auf Verabredung bei einem Zusammentreffen mit Brünen in Homberg ab. Eine weitere Lieferung erhielt er Mitte Juni 1934 auch wieder b einem mit Brünen verabredeten Treffen, das diesmal in Neuß stattfa Verschiedentlich waren unter den Schriften auch Exemplare des "Arbe terkampfes". Die Menge der einzelnen Lieferungen bewegte sich regel mässig etwa zwischen 60 - 70 Stück. Die letzte Lieferung war überhaupt nicht abgezählt. Sander selbst schätzt, dass es diesmal 80 - 100 Zeitschriften gewesen sind. Das Material leitete er insbesonder an Ammann, Schneider und Ballin weiter, die von ihm mit dem Zeitung verkauf beauftragt waren und gleichzeitig die Aufgabe zugewiesen er halten hatten, nebenher fortlaufend freiwillige Spenden zur Deckung der Unkosten bei solchen Gesinnungsgenossen, die dazu in der Lage waren, zu sammeln. Die grösste Anzahl Zeitschriften erhielt jeweils Ballin. Dieser erhielt auch Ende August 1934 von Sander einen Posten der Zeitschrift "Macht des Glaubens", die Sander von Ammann erhalten hatte. Ballin hat sie aber nicht mehr zur Verteilung gebracht, da er hierüber verhaftet wurde. Schneider bekam regelmässig etwa 4 - 7 Stück Zeitschriften. Auch Ransenberg erhielt jeweils aber nur für seinen alleinigen Bedarf je 1 Exemplar. Das Geld das aus dem Verkauf der Zeitschriften einkam, wurde zum allergrössten Teil regelmässig an Sander abgeführt. Schneider übergab ihm ausserdem auch schon im Januar 1934 einen Betrag von etwa 9,-RM, den er aus der alten SPD-Kasse noch hinter sich hatte. In Zwischenräumen leitete Sander das Geld, zu dem er auch eigene Beträge noch hinzutat, jeweils an Brünen weiter, nachdem die entstandenen Unkosten, die Sander aber auch teilweise auf sich selbst genommen hat, abgerechnet waren. Von etwa April 1934 ab war in diesen Vorgang auch noch Ammann eingeschaltet, mit dem Sander von diesem Zeitpunkt ab seinerseits zuerst abzurechnen hatte. Er erhielt aber die abgerechneten Beträge von Ammann zur Weitergabe an Brünen wieder. Damals hatten nämlich Sander und Ransenberg die Leitung an Ammann abgegeben, weil Differenzen entstanden waren, in denen die Handarbeiter gegen die Kopfarbeiter ausgespielt wurden. Zum Teil war der Rücktritt Sanders allerdings auch dadurch beeinflusst, dass er glaubte, aus beruflichen Gründen nicht mehr die nötige Zeit für die SAP aufbringen zu können. Aus diesem Grunde hat er auch im Sommer 1934 dem Ammann den Vorschlag gemacht, Rosendahl mit seiner Vertretung zu beauftragen. Sander machte schliesslich auch den Versuch, den in Dortmund wohnenden Heyen zu veranlassen, für die SAP wieder tätig zu sein. Auf Heyen war im Frühjahr 1934 in einer Unterhaltung zwischen ihm, Ransenberg und Brünen die Rede gekommen. Er und Ransenberg hatten ihrer Verwunderung geäussert, dass Heyen, der früher so rührig gewesen sei, nicht auch dabei sei. Brünen hatte ihnen daraufhin erklärt, dass Heyen jede Betätigung ablehne. Sander schrieb dann später im Juli 1934 von sich aus eine Karte an Heyen, in der er diesen aufforderte, sich mit ihm an einem angegebenen Ort zu treffen; Heyen antwortete jedoch nicht und kam auch nicht zu dem Treff. Sander schrieb dann nochmals im August 1934 und bat Heyen um eine Zusammenkunft in einem näher bezeichneten Café in Dortmund. Diese kam auch zustande. Sander hat bei dieser Gelegenheit versucht, Heyen zur Mitarbeit zu gewinnen.

Angeblich hat Heyen aber wiederum abgelehnt. Zu einem neuen vereinbarten Treff in Wuppertal zwischen den beiden ist es nicht mehr gekommen, weil Sander inzwischen verhaftet worden war. Heyen wurde hier von in einer mit "Robert" unterschriebenen Mitteilung benachrichtigt. Der Name "Robert" war der Deckname für Sander, den Sander Heyen vorsorglich für etwaige Nachrichten angegeben hatte.

2) Der Angeklagte Ransenberg.

Sein Vater war Arbeiter. Nachdem er das Abiturientenexamen bestanden hatte, studierte Ransenberg bis Sommer 1933 Philologie und Volkswirtschaft. Das Geld hierzu brachte er teilweise durch Werkarbeit auf. Als er dann das Studium abbrechen musste, suchte er sich durch Verkauf von Seife und ähnlichen Waren einen Erwerb zu verschaffen. Er hat seit 1924 zunächst der SAJ und dann von 1926 der SPD angehört. Im Jahre 1931 ging er bei der Neugründung der SAP zu dieser über. In der Folgezeit war er Vorstandsmitglied der Partei in Gross-Köln. Als solches hat er sich vielfach in den Versammlungen derselben als Redner betätigt.

Ransenberg liess sich im Januar 1934 von Sander nach anfänglichem Sträuben überreden, bei dem Neuaufbau der SAP in Gross-Köln mitzuwirken. Er nahm dann als dritter an den beiden grundlegenden Besprechungen teil, die Lader und Brünen zur Erörterung des Umfanges der einzelnen Arbeiten verabredet hatten. Bei der Besprechung über die Zielsetzung der SAP im allgemeinen trat für ihn zu Tage, dass Brünen für die evtl. Gründung einer neuen Internationale eintrat. In der Folgezeit waren Ransenberg und Sander leitend zusammen tätig, den Zusammenhang zwischen alten SAP-Leuten in Köln und nach auswärts wieder herzustellen bezw. aufrecht zu erhalten. In Aussprachen wurde zu den einzelnen auftauchenden Fragen Stellung genommen. Die Arbeit bezog sich zunächst hauptsächlich auf die Stadtteile Ehrenfeld und Sülz, Ammann und Schneider von Sander geworben waren. Erwogen wurde, in Stollberg Verbindung aufzunehmen, ohne dass es jedoch so weit gekommen sein soll. Im Gespräche zwischen Brünen, Sander und ihm war weiter im Frühjahr 1934 einmal die Rede davon, den Heyen in Dortmund wieder heranzuziehen. Sander hat später von sich aus Beziehungen zu Heyen geknüpft. Dass Heyen ablehnte mitzumachen, hat er Ransenberg erzählt. Ransenberg unterstützte im grossen und ganzen die aktive Tätigkeit Sanders mehr durch seinen Rat als durch direkte Arbeit. Er hielt sich insoweit mit Absicht zurück, weil er glaubte, durch seine äussere Gestalt – er hat einen hohen Rücken – und vor allem auch sein vielfa

uftreten in der legalen Zeit, zu bekannt zu sein, und weil er schliess-
ich der Meinung war, es sollten nicht zu viel Leute auf einmal arbei-
en. Zugleich mit Sander trat er dann im April 1934 von der Leitung zu-
ück und überliess diese wegen der aufgetretenen Differenzen und weil
hm der bisherige Erfolg in der Werbung nicht recht befriedigte, Ammann
Er will sich von dieser Zeit ab vollständig passiv verhalten haben.
edenfalls bezog er aber weiter regelmässig das "Banner", das ihm von
ärz bis Juli 1934 mit im ganzen etwa 3- 4 Exemplaren von Sander gelie-
ert worden ist. Als Entgelt zahlte er jeweils 0,20 RM.

[3) Der Angeklagte Ballin.

Der Vater des Angeklagten war Arzt. Kurz nach dem Kriege ist er
n den Folgen einer Kriegsverletzung verstorben. Ballin bestand im März
933 das Abitur und trat dann in eine Buchhandlung als Lehrling ein. Im
ahre 1930 war er Mitglied der Reichsarbeitsgemeinschaft der Kinder-
reunde, einer Untergliederung der SPD geworden. Daraus trat er jedoch
chon 1 Jahr später aus, um sich der neu gegründeten SAP anzuschliessen.
on Sommer 1932 ab will er sich zunächst jeglicher politischen Tätigkeit
nthalten haben.

Im Januar 1934 traf Ballin gelegentlich eines Spazierganges mit
osendahl mit Sander zusammen. Sander politisierte und lud ihn schliess-
ich zu einem Besuch auf sein Wochenendzimmer ein. Dieser Einladung ist
allin gefolgt. Er ist dann mehrfach dagewesen. Verschiedentlich waren
ei diesen Treffs auch Hirsch und Rosendahl anwesend. Sander brachte re-
elmässig das Gespräch auf die Politik , insbesondere auf die SAP. Schon
ei dem ersten Male fragte er Ballin, ob er Interesse für die Zeitschrift
er SAP habe. Er kam dabei auch mit dem Ansinnen heraus, Ballin möge
eim Wiederaufbau der SAP mitwirken. Dieser erklärte sich einverstanden.
uch war er bereit, seinerseits an der Werbung weiterer Gesinnungsge-
ossen teilzunehmen. Von Sander bekam er nunmehr entsprechende Aufträge;
nsbesondere übertrug ihm Sander den Zeitungsverkauf und das Sammeln
on freiwilligen Beiträgen. An Zeitschriften erhielt Ballin Ende Fe-
ruar 1934 etwa 10 "Banner" von denen er nach einiger Zeit einen Teil
n den Angeklagten Rosendahl weitergegeben hat. Den Rest hat er zunächst
icht verwertet. Später übergab er ihn dem Hirsch. In der Folgezeit er-
ielt er bis etwa Juli 1934 in regelmässigen Abständen von etwa 4 - 7
ochen das "Banner" in grosser Anzahl durch Sander. Er bekam auch Exem-
lare des "Arbeiterkampfes". Ende August 1934 gab ihm Sander schliess-
ich eine Anzahl Exemplare "Macht des Glaubens". Während er an der Wei-
ergabe der letzteren durch seine Krankheit und durch seine nachfolgen-

de Verhaftung verhindert wurde, setzte er die anderen Zeitschriften a
Er belieferte die Angeklagten Rosendahl, Hirsch, Schmitz und Reiter,
je nach dem Bedarf, den sie geltend machten. Die beiden letzteren hat
er geworben. Auch Hirsch hat er zu intensiver Arbeit veranlasst. Rose
dahl bekam jeweils 5 - 10 Stück des "Banner", Hirsch und Schmitz eben
jeweils durchschnittlich 5 - 6 Stück des "Banner" und einmal im Juli
1934 den "Arbeiterkampf". Reiter erhielt regelmässig ein "Banner" und
einmal 2 "Banner". Die Schriftenbezieher rechneten alle mit Ballin ab
Daneben kassierte Ballin von ihnen auch Spenden ein, deren Höhe weis
gemäss in das Belieben der Spender gestellt war. Das eingekommene Ge
lieferte er dann mit eigenen Beiträgen jeweils immer an Sander ab. Ro
sendahl hat Ballin einschliesslich Spenden regelmässig etwa 1 - 1,20
gegeben. Auch die anderen genannten Angeklagten haben wiederholt Beträge in verschiedener Höhe an Ballin abgeführt.

4) Der Angeklagte Reiter:

Der Vater Reiters ist an sich gelernter Bäcker, ist aber als
Gewerkschaftssekretär tätig gewesen. Reiter bestand im März 1933 sei
Abitur. Er trat dann als Lehrling in die Firma Gebrüder Stollwerck ei
Seit dem Jahre 1930 war er Mitglied der Reichsarbeitsgemeinschaft de
Kinderfreunde und gleichzeitig der SAJ. Im Juli 1933 ist er in den
Deutschen Handlungsgehilfenverband eingetreten.

Im März 1934 traf Reiter gelegentlich mit Ballin zusammen.
Ballin lud ihn zu einer Sonntagswanderung ein. Auf dieser kamen beid
in ein politisches Gespräch. Ballin bot Reiter schliesslich ein "Ban
ner" an, das Reiter auch annahm und später, nachdem er es gelesen ha
mit 10 bis 15 Pfg. bezahlte. Der Aufforderung Ballins, sich öfter zu
treffen, kam er in der Folgezeit nach. Bei diesen Treffs wurde rege
mässig politisiert. Verschiedentlich waren auch Sander, Rosendahl,
Schmitz und Hirsch zugegen. Das "Banner" erhielt Reiter nach dem ers
"Banner" in regelmässigen Abständen von 4 - 6 Wochen in einem Stück
einmal sogar 2 Stücken, bis etwa Juli 1934 durch Ballin gegen Bezahlung weiter zugestellt. Auf die Aufforderung Ballins hin gab er
diesem Juli oder August 1934 auch Spenden für die SAP in Höhe von
0,40 bis 0,50 RM.

5) Der Angeklagte Schmitz.

Schmitz ist der Sohn eines Schlossers. Auch er machte im Mär
1933 sein Abitur. Er trat dann als kaufmännischer Lehrling bei der
Telefunken AG. in Köln ein. Vom Jahre 1929 bis Frühjahr 1933 gehörte
der SAJ an. Im Sommer 1933 wurde er Mitglied der deutschen Arbeitsf

- 11 -

Schmitz kannte Ballin von früher her, da sie ihre Arbeitsstelle in der gleichen Strasse hatten, trafen sie sich ab und zu. Eines Tages - im März oder April 1934 - kam es zwischen beiden zu der Verabredung einer Wanderfahrt. Bei dieser brachte Ballin das Gespräch auf die Politik. Das Ende war, dass Ballin dem Angeklagten ein "Banner" anbot, das dieser auch annahm und mit 15 Pfg. bezahlte. Es folgten dann weitere Zusammenkünfte, in deren Mittelpunkt wiederum die Politik stand. Bei diesen lernte Schmitz auch Sander, Reiter, Hirsch und Rosendahl kennen, welcher letzterer ihn wiederum mit dem Angeklagten Weiß bekannt machte. Vorher schon hatte sich Schmitz auf Drängen Ballins bereit erklärt, das "Banner" fortlaufend zu beziehen und auch zu den Unkosten der SAP freiwillige Beiträge zu leisten. Die Vermittlung der Bekanntschaft Weiß durch Rosendahl erfolgte zu dem ausgesprochenen Zwecke, Weiß durch Schmitz mit dem "Banner" regelmässig zu versorgen. Schmitz erhielt, nachdem er das erste "Banner" erhalten hatte, von Ballin bis etwa Juli 1934 in regelmässigen Abständen von 4 - 7 Wochen 5 - 6 Stück "Banner" und einmal auch einen "Arbeiterkampf" für sich und zum Weitervertrieb. Davon behielt er jeweils ein Stück für sich, 3 gab er an Weiß weiter; den Rest will er verbrannt haben, weil er nicht den Mut gehabt habe, Ballin zu sagen, dass er für sie keine Verwendung habe. Von Weiß zog er jeweils Beträge bis zu 1,-RM ein, die er mit eigenen Zeitungsbeträgen und freiwilligen Spenden, deren Höhe im einzelnen nicht ermittelt ist, an Ballin abführte.

6) Der Angeklagte Weiß.

Weiß ist der Sohn eines Altwarenhändlers. Er ist polnischer Staatsangehöriger, lebt aber schon von frühester Jugend an in Deutschland; von Beruf ist er Handlungsgehilfe, ist jedoch seit Februar 1934 erwerbslos.

Er gehörte dem Zentralverband der Angestellten als Mitglied an. Weiß traf im Frühjahr 1934 den Angeklagten Rosendahl, mit dem er zusammen auf der Schule gewesen war. Rosendahl lenkte das Gespräch darauf, ob sich Weiß schon einmal politisch betätigt habe, was Weiss verneinte. Schliesslich sagte Rosendahl zu ihm, dass er ihm einmal etwas zum lesen geben wolle. Als sie sich das nächste Mal trafen, machte Rosendahl Weiss mit Schmitz bekannt. Mit diesem ging Weiss dann, nachdem sich Rosendahl verabschiedet hatte, zusammen nach Hause. Schmitz gab ihm bei dieser Gelegenheit ein "Banner", und verlangte dafür Bezahlung. In der Folgezeit trafen sich die beiden öfter. Schmitz händigte Weiss noch etwa 3 Mal bis etwa Juli 1934 heimlich jeweils etwa 3 Exemplare des "Banner" aus. Dafür erhielt er einmal von ihm einen

Betrag von etwa 1,-RM, einmal von etwa 80 Pfg. und einmal von etwa 60 Pfg., angeblich immer alles Kleingeld, welches Weiss gerade bei sich hatte.

[7) Der Angeklagte Hirsch.

Hirsch ist kaufmännischer Angestellter. Er hat die höhere Schule bis Obertertia besucht und von da an die Handelsschule.In den Jahren 1927 und 1928 wurde er Mitglied des deutsch-jüdischen Wanderbundes. Später im Jahre 1932 liess er sich in den SJV aufnehmen.Dort machte man ihn zum Wandergruppenleiter; vorübergehend war er auch Orgleiter für den Stadtbezirk Köln. Ende 1932 will er wegen Meinungsverschiedenheiten aus dem SJV ausgeschieden sein.

Hirsch traf im Januar 1934 gelegentlich Sander, der ihn dann einlud, ihn einmal auf seinem Wochenendzimmer zu besuchen. Er ist da dort in der Folgezeit mehrfach mit Sander zusammen gekommen, auch Ballin, Rosendahl, Schmitz und Reiter traf er dort an. Die Unterhaltung drehte sich meist um politische Fragen. Auch die Judenfrage ist erörtert worden. Dabei kam gelegentlich das Gespräch auf das "Banner" Hirsch fragte Ballin, was das sei. Dieser erklärte sich bereit, ihm ein Exemplar davon zu besorgen und brachte ihm etwa im März 1934 einmal ein solches mit. Bei einer folgenden Zusammenkunft gab Ballin ih wieder ein "Banner".Dabei äusserte er, dass Hirsch, wenn er mehr dav gebrauchen könne, etwa für Bekannte, auch noch mehrere haben könne. Hirsch bejahte das, und erhielt nunmehr in der Zeit von April bis J 1934 durch Ballin fortlaufend das "Banner" in 4 - 5, einmal auch 7 Exemplaren.Im Juli 1934 bekam er von Ballin ausserdem auch einmal de "Arbeiterkampf".Über die Zeitschriften rechnete er jeweils mit Balli ab. Er zahlte Beträge von 0,80 bis 1,30 RM. Daneben gab er auf die Bitten Ballins auch regelmässig freiwillige Spenden für die SAP, di sich in Höhe von 0,20 bis 0,40 RM bewegten.Die erhaltenen Druckschri ten behielt er teils für sich, teils gab er sie weiter. Ohne Entgelt hat von ihm ein gewisser Kreuter 3 Mal je ein Stück des "Banner" erhalten und ein Schwarz einmal 1 Stück. Dem Angeklagten Weil, der ein Bekannter von ihm ist, händigte er im Mai 1934 3 "Banner" aus und i Juni 1934 ebenfalls 3 "Banner", weil Weil ihm sagte, er habe Freunde die dafür interessiert seien.Im Juli oder August 1934 erhielt Weil ausserdem von ihm einen "Arbeiterkampf". Hierfür hat Weil nichts bezahlt; das "Banner" dagegen bezahlte er jeweils mit 0,15 bis 0,20 R das Stück.]

8) Der Angeklagte Weil:

Der Vater des Angeklagten Weil ist Maurer. Er selbst hat das

– 13 –

Bäckerhandwerk erlernt, und war, nachdem er eine zeitlang arbeitslos gewesen war, zuletzt als Botkutscher tätig. Im Jahre 1927 oder 1928 trat er in die SAJ ein. Dort bekleidete er zuletzt die Funktion eines Vorsitzenden einer Gruppe von 20 Mann. Mit der Neugründung der SAP 1931 ging er dann zum SJV über, wo er wiederum die gleiche Funktion übernahm. Im Oktober 1932 will er ausgetreten sein, angeblich weil ihm der Kurs zu radikal war.

Im April 1934 traf Weil mit Hirsch auf einer Wanderfahrt zusammen. Ihr Gespräch kam bald auch ins Gebiet der Politik. Schliesslich bot Hirsch dem Angeklagten 1 "Banner" an, das er auch annahm. Über das "Banner" sprach dieser bald darauf gelegentlich mit seinem Freund Lommershum, der sich dafür interessierte und erklärte, auch 1 Exemplar haben zu wollen. Weil besprach das mit Hirsch und erhielt von diesem zunächst noch 2 weitere "Banner". Jedenfalls im Juni 1934, nach seinen, allerdings von Hirsch bestrittenen, Angaben, sogar noch ein weiteres Mal, bekam er dann wiederholt von Hirsch 3 "Banner". Im Juli oder August 1934 erhielt er auf dem gleichen Wege 1 "Arbeiterkampf". Von den Exemplaren des "Banner" gab er jeweils 2 Stück an Lommershum weiter. Er nahm an, dass dieser sie weiterverbreiten wollte. Lommershum gab ihm für jedes Stück den Betrag von 0,15 RM, den er dann mit dem Zeitungsgeld für die Exemplare, die er selbst behielt, an Hirsch abführte.

9) Der Angeklagte Rosendahl:

Sein Vater ist Metzger. Er selbst bestand im März 1933 das Abitur und wandte sich sodann dem kaufmännischen Beruf zu. Er war bis zuletzt bei der Firma Cohn und Meyer als Lehrling beschäftigt. Von 1927 bis 1931 gehörte er dem jüdischen Jugendbund "Kadimah" an, der seine Aufgabe darin sah, seine Mitglieder zu Zionisten zu erziehen. Nach seinem Austritt aus der Vereinigung ist er keiner Organisation mehr beigetreten. Er hat aber wiederholt kommunistische Versammlungen besucht.

Rosendahl ist schon im Januar 1934 gelegentlich einer Wanderung, die er mit Ballin unternommen hatte, mit Sander zusammengetroffen. Sander setzte ihm in Gesprächen seine politische Idee auseinander. Ebenso wie Ballin folgte Rosendahl später den Einladungen des Sander auf sein Wochenendzimmer. Er war etwa 4 – 5 Mal dort. Dabei traf er auch Ballin, Hirsch, Reiter und Schmitz. Regelmässig ging das Gespräch die Politik. Bei einer dieser Gelegenheiten erklärte Rosendahl ausdrücklich seine Bereitschaft, in der SAP mitzuarbeiten.

Von da at erhielt er durch Ballin in regelmässigen Abständen bis Juli 1934 etwa viermal das "Banner", und zwar zunächst mit 5 und später bis zu 10 Exemplaren. Er rechnete darüber auch mit Ballin ab und leistete ausserdem an ihn auf dessen Aufforderung hin freiwillige Beiträge für die SAP. Die Beträge, die er regelmässig abführte, bewegten sich in der Höhe von etwa 1 - 1,20 RM. Für die Zeitschriften warb Rosendahl wiederum seinerseits Abnehmer, von denen er teilweise das ausgelegte Zeitungsgeld von 0,10 RM das Stück wieder erhielt. So hat er einem gewissen Frey, einem gewissen Hoffmann, einem gewissen Hoffstedt, einem Siewert und einem Schüller je 2 "Banner" überlassen. Eines der an Hoffstedt gegebenen Banner hat er mit diesem März oder April 1934 gegen eine "Rote Fahne" ausgetauscht. Der Angeklagte Höhl erhielt von ihm gegen Bezahlung in regelmässigen Abständen etwa viermal 2 bis 3 "Banner". Der Angeklagten Wilhelmine Oswald gab er ohne Entgelt bis Juni 1934 zweimal je 1 "Banner". Einen gewissen David belieferte er von April bis Juli 1934 drei- bis viermal mit je 1 "Banner". Von den Angeklagten Kersten zog er 1,- RM Zeitungsgelder ein für Exemplare des Banner, die dieser über David erhalten hatte. Daneben betätigte er sich, indem er in kleinerem Kreise über die Ziele der SAP diskutierte. An solchen Gesprächen haben insbesondere auch die Angeklagten Höhl und Schnog teilgenommen. Beide waren von Rosendahl für die SAP interessiert worden. Auch die Angeklagten Pesch und Weiss versuchte er zu gewinnen. Er sorgte auch dafür, dass Schnog und Pesch sowie ein gewisser "Max" durch Höhl und dass Weiss durch Schmitz regelmässig mit dem "Banner" beliefert wurde. Als Sander im Sommer 1934 aus beruflichen Gründen zeitweilig verhindert war, machte er Ammann den Vorschlag, Rosendahl mit seiner Vertretung zu beauftragen. Ob es allerdings zur Durchführung dieses Vorschlages gekommen ist, ist nicht ermittelt. Anfang August 1934 schliesslich nahm Rosendahl an einer Hochzeit in Holland teil. Bevor er die Reise antrat, erschien eines Tages ein angeblich unbekannt gebliebener Mann bei ihm, der sich als "Franz" vorgestellt haben soll und angab, dass er von einem gewissen Robert geschickt sei. Aus der Beschreibung, die der Unbekannte von Robert gab, glaubte Rosendahl entnehmen zu können, dass es sich dabei um Sa der handele. Eine dahingehende Frage bejahte ihm der Unbekannte. Dieser erklärte dann, dass Robert von seiner bevorstehenden Reise nach Amsterdam gehört habe und dass er ihm den Auftrag überbringen solle, in Amsterdam einen gewissen "Felix", der bei den Eheleuten Scholte, Norddistelweg 21 wohne, aufzusuchen. Rosendahl solle diesem einen

Gruss bestellen. Das weitere würde er dann von "Felix" hören. Rosendahl erklärte seine Bereitwilligkeit. Er traf dann auch am 12. August 1934 in Amsterdam in der Wohnung der Eheleute Scholte mit "Felix" zusammen. "Felix" liess ihn nach einer Unterhaltung mit ihm auf einem Zettel, der sich Band II Bl. 6 a d.A. befindet und auf dessen näheren Inhalt hier Bezug genommen werden soll - er war Gegenstand der Hauptverhandlung - , einige Notizen aufschreiben. Diese enthielten hauptsächlich Instruktionen hinsichtlich der Organisation der SAP und ihrer illegalen Verbindungen. Rosendahl erhielt dann von "Felix" die Anweisung, den Zettel mit nach Deutschland hinüberzunehmen. Der Unbekannte würde ihn demnächst bei ihm abholen. Rosendahl nahm den Zettel auch auftragsgemäss auf seiner Rückreise am 19.8.1934 mit. Er bewahrte ihn dann in seiner Wohnung auf, um ihn dem Unbekannten, wenn er käme, auszuhändigen. Der Unbekannte erschien jedoch nicht mehr. Der Zettel ist dann bei der Verhaftung Rosendahls bei ihm beschlagnahmt worden.

10) Der Angeklagte Kersten.

Der Vater ist von Beruf Schreiner. Die Eltern betreiben jetzt ein kleines Lebensmittelgeschäft. Er hat die Volksschule besucht und kam dann in die kaufmännische Lehre. Bis zu seiner Verhaftung war er als Verkäufer in einem Eisenwarengeschäft tätig. Seit dem Jahre 1927 gehörte er der Reichsarbeitsgemeinschaft der Kinderfreunde an. Anfang 1933 liess er sich in den Deutschnationalen-Handlungsgehilfenverband aufnehmen. Mit diesem wurde er im Sommer 1933 in die Deutsche Arbeitsfront überführt.

Kersten erhielt etwa im April 1934 von David zunächst ein Exemplar des "Banner". Bis etwa Juli gab ihm David in regelmässigen Abständen, noch drei weitere "Banner", im Juli und August 1934 schliesslich auch 2 Exemplare "Arbeiterkampf". Die erhaltenen Druckschriften bezahlte Kersten gelegentlich mit 1,-RM dem Rosendahl.

11) Der Angeklagte Höhl:

Höhl, Sohn eines Stuckateurs wurde nach seiner Schulentlassung Arbeiter. In den Jahren 1930-32 war er Mitglied der SAJ.

Im März 1934 traf Höhl den Angeklagten Rosendahl auf einer Wanderfahrt. Rosendahl fragte ihn aus, ob er sich schon früher politisch betätigt habe und erzählte ihm schliesslich von einer "neuen Organisation". Er bot sich an, Höhl Zeitungen derselben zu besorgen. Beide verabredeten sich, sich noch einmal zu treffen. Rosendahl sprach bei diesem zweiten Mal dann von der SAP und warb Höhl für diese. Als Höhl einwandte, dass er kein Geld habe, um Beiträge zu bezahlen, erwiderte Rosendahl, das sei nicht so schlimm, es brauchten nur die Zeitungen abgenommen werden. Höhl erklärte sich nun bereit mitzumachen. Er übernahm es insbesondere Zeitschriften an Schnog und Pesch, welche ihm bei dieser Gelegenheit von Rosendahl bekannt gemacht worden sind und auch an "Max" weiterzuleiten, und das Geld - 0,10 - 0,15 RM das Stück - dafür einzukassieren. In der Zeit von April bis Juli 1934 erhielt Höhl in regelmässigen Abständen 4mal von Rosendahl Zeitschriften, und zwar hauptsächlich das Banner. Von letzteren gab er 2mal und zwar im April und im Juni 1934 je 1 Stück an Pesch, 3mal je 1 Stück an Schnog, an diesen auch einmal einen "Arbeiterkampf", und schliesslich auch einige Exemplare an "Max" weiter. Von Schnog hat er einmal einen Betrag von 0,50 RM für Zeitschriften bekommen. Von Pesch dagegen konnte er überhaupt nichts erhalten. Was er im übrigen erhalten hat, ist nicht ermittelt. Das angenommene Geld lieferte er an Rosendahl ab.

12) Die Angeklagte Wilhelmine Oswald:-

Ihr Vater ist Arbeiter. Sie selbst ist als Bürogehilfin bei einem Anwalt beschäftigt gewesen. Von 1929 bis 1930 gehörte sie der SAJ an. Nach Neugründung der SAP trat sie zu dem SJV über, wo sie im Jahre 1932 den Posten einer Kassiererin bekleidete. Ende 1932 will sie dann ausgeschieden sein. Im Sommer 1933 wurde sie Mitglied des Verbandes weiblicher Angestellten und ist mit diesem dann in die Deutsche Arbeitsfront eingegliedert worden. Im September 1933 wurde sie bereits einmal im Rahmen einer gegen den illegalen SJV gerichteten Aktion festgenommen, jedoch nach ihrer Vernehmung wieder entlassen.

Wilhelmine Oswald ist im April oder Mai 1934 zufällig mit Rosendahl bekannt geworden. Rosendahl unterhielt sich u.a. mit ihr auch über Politik. Aus ihren Äusserungen entnahm er, dass sie vielleicht für die SAP zu interessieren wäre. Bei der Verabschiedung gab er ihr deshalb, ohne aber anzudeuten, um was es sich handele, ein "Banner" mit, das sie zu Hause durchgelesen hat. Sie will es dann, da ihr klar gewesen sei, dass etwas nicht stimme - ihr Rosendahl das zudem angeraten gehabt habe - vernichtet haben. Als sie sich dann einige Zeit später mit Rosendahl etwa im Juni 1934 ein zweites Mal traf, übergab ihr dieser ein weiteres "Banner", das sie auch wieder angenommen und gelesen hat. Dieses fiel ihrem Bruder in die Hand. Sie will ihn daraufhin gebeten haben, es sich doch einmal anzusehen. Er soll ihr gesagt haben, dass es sich um ein gefährliches Blatt handele und dass sie so etwas nicht haben dürfe. Als ihr Rosendahl später nochmals ein "Banner" anbot, verweigerte sie dessen Annahme. Geld hat Rosendahl die Schriften nie verlangt und auch nie erhalten.

13) Der Angeklagte Schnog:

Der Angeklagte Schnog ist von Beruf Graphiker. Seit Februar 1934 ist er selbständig. Irgendeiner politischen Organisation hat er früher nicht angehört.

Schnog war dem Rosendahl von der Schule her bekannt. Auf einer Wanderung im März oder April 1934 traf er mit ihm gelegentlich einmal wieder zusammen. Rosendahl verwickelte ihn dabei in ein politisches Gespräch und brachte schliesslich die Rede auf das "Banner". Bei einem verabredeten Treff für den nächsten Sonntag, bei dem dann auch Höhl und Pesch zugegen waren, erhielt Schnog durch Höhl ein erstes Exemplar des "Banner", das er mit etwa 0,20 RM bezahlte. In der Zeit bis August 1934 nahm er dann dem Höhl noch zweimal je ein "Banner" und einmal einen "Arbeiterkampf" ab. Diese konnte er zunächst nicht bezahlen, da er kein Geld bei sich hatte. Er gab aber später dem Höhl einen Betrag von 0,50 RM, der das Entgelt für alle noch nicht bezahlten Zeitschriften sein sollte.

14) Der Angeklagte Pesch:

Pesch hat die Volksschule besucht. Er wurde dann Autoschlosser. Aus seiner Stellung ist er im April 1933 wegen des Vorwurfs der Sympathie mit der KPD entlassen. Seitdem war er arbeitslos. Einer politischen Organisation will er früher niemals angehört haben. Im Mai 1934 liess er sich in die deutsche Arbeitsfront aufnehmen.

Pesch hat Rosendahl im Frühjahr 1934 auf einer Wanderfahrt kennen gelernt. Rosendahl hat dann bei ihm auch das Gespräch auf die Politik gebracht. Pesch will diesem aber ausgewichen sein. An einem der nächsten Sonntage im April 1934 trafen sich beide zufällig wieder. In Rosendahls Begleitung befand sich Höhl. Auch Schnog ist zu ihnen gestossen. Bei dieser Gelegenheit bekam Pesch von Höhl in einem Briefumschlag ein "Banner" übergeben, das er zu Hause gelesen hat, dann aber verbrannt haben will. Die von Höhl geforderte Bezahlung lehnte er mit der Begründung, er habe kein Geld bei sich, ab. Da ihm die Sache nicht geheuer vorgekommen sei, will Pesch in der Folgezeit dem Höhl aus dem Wege gegangen sein. Im Juni 1934 traf er ihn aber doch zufällig wieder. Höhl gab ihm wieder ein "Banner" das er gleichfalls zu Hause, und zwar diesmal ungelesen, verbrannt haben will. Geld bekam Höhl in diesem Falle auch nicht.

15) Der Angeklagte Schneider.

Schneider ist gelernter Zimmermann. Er hat allerdings später in

Bergbau gearbeitet; zeitweise war er dann arbeitslos. Kurz vor seiner Verhaftung hatte er wieder Arbeit erhalten. Er hat am Kriege teilgenommen, ist einmal verwundet worden. Direkt nach dem Kriege trat er der USPD bei, der er bis zu ihrer Vereinigung mit der KPD angehörte. Hiermit hängt eine Vorstrafe zusammen, die er am 7.6.1919 wegen schweren Landfriedensbruchs mit 1 Jahr und 3 Monaten Gefängnis erhalten hat. In der KPD war er bis 1925 Mitglied. Von diesem Zeitpunkt ab bis zum Jahre 1931 war er parteilos. 1931 liess er sich dann in die SAP aufnehmen, in der er bis zur Auflösung im Frühjahr 1933 gewesen ist.

An Schneider ist Sander schon im Januar 1934 mit dem Ansinnen herangetreten, für den Wiederaufbau der SAP im Stadtteil Sulz tätig zu sein. Nach einer eingehenden Aussprache sagte er zu. Er erklärte bereit, alte SPA-Leute zu besuchen und zu werben sowie bei dem Zeitungsvertrieb und bei dem Sammeln von Spenden behilflich zu sein. Er nahm dann auch Verbindung mit anderen Leuten und zwar zunächst mit den Angeklagten Stiegelmeyer und Loosen auf. Den Leuten, die er werben wollte, erzählte er, dass demnächst wieder eine Zeitung der SAP herauskäme. Er fragte sie, ob sie Interesse dafür hätten. Im Zusammenhang damit brachte er die Rede darauf, dass durch den Zeitungsvertrieb Unkosten entstehen würden. Es sollten deshalb auch Unkostenbeiträge aufgebracht werden, die aber an einen festen Satz nicht gebunden sein würden, da die Bessergestellten die Arbeitslosen entlasten müssten. Schliesslich redete er auch davon, dass ehemalige SAP-Leute in einen politischen Prozess verwickelt worden seien, und liess durchblicken, dass vielleicht demnächst eine Sammlung für politische Gefangene noch erfolgen solle. Die ersten Druckschriften erhielt Schneider bereits im Januar 1934 von Sander. Weitere erhielt er von Sander im Februar 1934. Bei diesen wie den bis etwa August 1934 nunmehr in regelmässigen Abständen von 4 - 7 Wochen folgenden weiteren Zeitschriftenlieferungen durch Sander handelte es sich regelmässig um das "Banner", und zwar um etwa 4 - 7 Exemplaren. Bis April 1934 verteilte Schneider diese so, dass er für sich selbst 1 Exemplar zurückbehielt und jeweils 1 Exemplar an Stiegelmeier gab. Den Rest gab er weiter, angeblich an Loosen. Diesem gab er auch einmal den "Arbeiterkampf". Von Mai 1934 ab will er alle Flugschriften bis das auf ihn fallende Exemplar sogar an Loosen weitergegeben haben. Loosen sollte damals angeblich ———————— für ihn die Weiterverteilung übernehmen, da er selbst Arbeit erhalten hatte und glaubte, selbst nicht mehr genügend Zeit zu finden. Im April oder Mai 1934 gab er übrigens dem Loosen auch den ausdrücklichen Auftrag, mit dem "Banner" regelmässig den Angeklagten Appelmann zu "bedienen." Diesen hatte er bei einem gelegentlichen Zusammentreffen dafür gewonnen, die Zeitschriften auch abzunehmen. Über die Zeitungen sollte Schneider mit Sander abrechnen. An diesen hat er auch schon im Jahre 1934 einen Betrag von etwa 9,-RM den er aus alten SAP-Geldern noch hinter sich hatte, abgeführt. Angeblich ist es aber zu einer weiteren Zahlung nicht gekommen. Schneider verwahrte das für die Zeitungen eingekommene Geld bei sich auf. Bis August 1934 haben sich bei ihm mit eigenen Beträgen, die er selbst gegeben hatte, 27,-RM angesammelt. Hiervon übergab er etwa im September 1934 15,-RM dem Brünen, der ihn in Köln aufsuchte und bei dieser Gelegenheit nach Neuß bestellt hatte, um dort Zeitschriften in Empfang zu nehmen. Brünen hatte ihm gleichzeitig gesagt, er müsse auch Geld mit nach Neuß bringen. Da er Sander nicht antraf, entnahm Schneider eigenmächtig die 15RM aus der Kasse und nahm sie nach Neuß mit, wo er sie an Brünen auslieferte. Bei dem Treffen in Neuß erhielt Schneider von Brünen 60 - 80 Stück Druckschriften, die aber zum grössten Teil nicht mehr verbreitet worden sind, weil sie Sander, dem die Verteilung oblag, infolge seiner Verhaftung, von der Schneider zunächst nichts gewusst hatte, nicht mehr abholen konnte. Schneider vernichtete diese Sendung, nachdem er von der Verhaftung des Sander gehört hatte, mit Ausnahme einiger Exemplare, die er Loosen schon übergeben gehabt haben will. Den Restbetrag von 12 RM aus Beiträgen und Zeitungsgeldern, den Schneider noch hinter sich hatte, verbrauchte er Anfang November 1934, als er in Arbeit kam, zur Begleichung dringender Bedürfnisse für sich. Er will das allerdings aus Not getan haben und mit dem Vorsatz, das Geld, sobald wie möglich, zurückzuerstatten.

16) Der Angeklagte Loosen:

Der Angeklagte Loosen hat am Kriege teilgenommen; er ist schwer verwundet worden, so dass er danach nicht mehr ins Feld hinauskam. Von Beruf ist er Steinmetz. Im Jahre 1927 bis 1933 hat es ihm wirtschaftlich schlecht gegangen; meistens war er ohne Erwerb. Von Dezember 1931 bis Juli 1932 ist er Mitglied der SAP gewesen. Im August 1934 liess er sich in die Deutsche Arbeitsfront aufnehmen.

Loosen ist von Schneider Anfang 1934 dazu gewonnen worden, das "Banner" regelmässig zu beziehen. Schneider hatte ihm davon erzählt, dass wieder eine Zeitung der SAP herauskäme. Bei dieser Gelegenheit hatte sich Schneider mit ihm auch darüber unterhalten, dass z.Zt. ein politischer Prozess schwebe, in den ehemalige Leute der SAP verwickelt seien und dass vielleicht demnächst eine Sammlung für die S stattfinden solle. Wie er selbst angibt, erhielt Loosen jedenfalls etwa Ostern 1934 bis August 1934 zu verschiedenen Malen dreimal das "Banner" und einmal den "Arbeiterkampf". Dafür zahlte er an Schneid 0,80 RM.Daneben bekam er von Mai bis August 1934 regelmässig auch noch für Appelmann das "Banner", das er auftragsgemäss weiterleitet Von Appelmann erhielt er dafür einmal den Betrag von 2,-RM und auss dem noch Beträge von etwa 0,50 RM. in ganzen etwa 3,50 RM.Diese lie ferte er an Schneider ab.

17) Der Angeklagte Appelmann:

Appelmann ist aus der Volksschule hervorgegangen. Von Beruf ist er Hobler.Seit April 1930 war er meistens erwerbslos. Von seine 14.Lebensjahre ab war er gewerkschaftlich organisiert. Er gehörte i den Jahren 1925 bis 1930 dem "Bunde der Naturfreunde", einer Nebenorganisation der SPD an. Von 1929 bis 1930 bekleidete er dort auch die Stellung eines Gruppenobmanns. Ausserdem war er in der Zeit von 1927 bis 1929 noch Mitglied der SPD. In der späteren Zeit will er sich politisch nicht mehr gebunden haben. Er habe damals alle Versammlungen besucht.

Appelmann hat Schneider in früherer Zeit auf einer Versammlung kennen gelernt. Im Frühjahr 1934 traf er ihn dann gelegentlich wieder; sie kamen auf politische Dinge zu sprechen. Schneider sprach auch von SAP-Leuten, die in einem politischen Prozess verwickelt sei en und auch wohl bald verurteilt würden. Er meinte dazu, es sei gut wenn die Leute einmal ein Päckchen Tabak erhielten. Schliesslich ka er damit heraus, er wolle Appelmann einmal eine Zeitung besorgen, w dieser Geld habe, solle er dann etwas dafür geben, da die Beschaffu ziemlich teuer sei. Appelmann war einverstanden. Loosen überbrachte ihm dann demnächst, und zwar etwa Mai 1934, ein erstes "Banner", fü das er an Loosen 0,50 RM entrichtete. In der Folgezeit wurde Appelm von Loosen bis etwa August 1934 wenigstens noch zweimal mit dem "Ba ner" beliefert. Als Entgelt zahlte er weitere Beträge an Loosen, e mal sogar 2,-RM, in ganzen zahlte er etwa 3,50 RM.

18) Der Angeklagte Stiegelmeier:

Stiegelmeier ist an sich von Beruf Zigarrensortierer; später wurde er Strassenbahner. Im Juni 1933 ist er als solcher entlassen worden; seitdem ist er erwerbslos. Er hat den Krieg mitgemacht, besitzt das EK II und ist dreimal verwundet worden. In den Jahren 19 bis 1928 war er Mitglied der KPD. Im Jahre 1926 wurde er kommunistischer Stadtverordneter in Köln, welches Mandat er auch nicht niederlegte, als er im Jahre 1928 zur SPD übertrat. Bei Neugründung der SAP ging er 1931 zu dieser über. Er war dort Vorsitzender der Ortsgruppe Gross-Köln. Von Spätherbst 1932 ab will er aber nichts mehr für die Partei getan haben, da diese damals in Köln nicht mehr aktionsfähig gewesen wäre. Im März 1934 liess er sich in die Deutsche Arbeitsfront aufnehmen.

Schneider hat Stiegelmeier Anfang 1934 veranlasst, regelmässiger Bezieher des "Banner" zu werden. Bis April 1934 erhielt Stiegelmeier von Schneider in etwa 4 verschiedenen Exemplaren fortlaufend das Banner. Für die ersten 3 bezahlte er an Schneider Beträge bis zu 20 Pfg. für das Stück; das letzte Blatt will er nicht mehr bezahlt haben. Nach April 1934 erhielt er keine Zeitschriften mehr.

Dieser Sachverhalt ist auf Grund der eigenen Einlassungen der Angeklagten und auf Grund des zum Gegenstand der mündlichen Verhandlung gemachten Urteils des 4. Strafsenats des Reichsgerichts vom 4. Januar 1934 in der Strafsache Lamm und Genossen (12 J.191-33 - XII H. 53 - 33) festgestellt worden.

Die einzelnen Feststellungen für jeden Angeklagten beruhen dabei, abgesehen von der Person des Angeklagten Kersten, im wesentlichen auf seinem eigenen Geständnis. Der Senat hat keine Bedenken getragen, diesen zu folgen, da sie in den Angaben der anderen Angeklagten in hinreichender Weise eine Stütze haben. Soweit in einzelnen Punkten, die übrigens in keinem Falle besonders wesentlicher Natur waren, der Senat von der eigenen Darstellung der Angeklagten abgewichen ist, beruhen die Feststellungen auf den dem Senat glaubhafter erscheinenden Angaben von gleichfalls an dem jeweiligen Tatsachenkomplex beteiligten anderen Angeklagten.

Die gegen den Angeklagten Kersten getroffenen Feststellungen sind auf Grund seiner früheren Angaben, die er vor der Polizei gemacht hat und dann gleichlautend bei seiner ersten Vernehmung durch den Richter am 19. Dezember 1934 wiederholt hat, getroffen. Kersten hat diese Angaben zwar später und zwar erstmalig am 8. Januar 1935 widerrufen. Er hat dabei angegeben, dass er sich durch Rosendahl habe bestimmen lassen, ein unrichtiges Geständnis abzulegen, um sich dadurch Unannehmlichkeiten zu ersparen. Bei dem Widerruf ist er auch noch in der Hauptverhandlung verblieben. Er macht geltend, dass seine ersten Angaben nicht einmal richtig sein könnten, weil David in der fraglichen Zeit überhaupt nicht in Köln gewesen sei. Dieser habe sich da-

mals auf Wanderschaft befunden und habe ihm also die Schriften garnicht
geben können. Dafür, dass David von 1933 bis Herbst 1935 auf Wanderschaft abgemeldet gewesen ist, hat er auch polizeiliche Meldebescheinigungen vorgelegt. Er will David in den letzten Jahren überhaupt nur
einmal getroffen haben. Das soll gelegentlich eines Besuchs der Schlachtfelder von Verdun, den er Pfingsten 1934 unternommen habe, gewesen sein.
Damals habe er David in der Nähe von Metz getroffen. Dieses Vorbringen
des Angeklagten über den Aufenthalt des David und darüber, dass er
David nur einmal gesehen habe, an sich schon wenig überzeugend, ist
durch die Beweisaufnahme widerlegt. Denn feststeht durch die auch nach
eindringlichen Vorhaltungen aufrecht erhaltenen Einlassung des Angeklagten Rosendahl, der in dieser Hinsicht einen glaubhaften Eindruck gemacht hat, dass zunächst Rosendahl in der in Frage kommenden Zeit persönlich mit David zusammen gekommen ist, und dass sie bei einer solchen Gelegenheit auch zufällig einmal Kersten getroffen haben. Weiter
war der Einlassung des Rosendahl zu entnehmen, dass David von ihm regelmässig Druckschriften bezogen hat und dass sich David, als sie zusammen den Kersten getroffen haben, ausdrücklich bei Rosendahl erkundigt hat, ob er die Zeitschriften an Kersten weitergeben könne. Das will
Rosendahl allerdings damals abgelehnt haben. Danach kann keine Rede davon sein, dass die frühere Einlassung des Angeklagten Kersten unrichtig sein muss. Sie hat vielmehr sogar alle Wahrscheinlichkeit für sich.
Im übrigen kann der Druck, unter dem Kersten gestanden haben will, ihn
an sich kaum noch bei seiner richterlichen Vernehmung zu unwahren Angaben beeinflusst haben. Er hat gleichwohl nicht nur damals nicht widerrufen, sondern sogar noch einige Zeit gebraucht, bis er mit seinen
jetzigen Angaben hervortrat. Schliesslich mussten auch noch die Widersprüche, die zwischen den Angaben von Rosendahl und von Kersten vorhanden sind für sich ein Indiz gegen Kersten sein. Diese zeigen, wie
wenig in die beiderseitigen jetzigen Angaben derselben Übereinstimmung
zu bringen war, während die Angaben, die Rosendahl macht, mit dem früheren Geständnis des Kersten ohne weiteres in Einklang stehen. Weiter
war festzustellen, dass Rosendahl Anfangs an sich sogar geneigt gewesen ist, Kersten wahrheitswidrig zu schützen, so dass auszuschliessen
war, dass er ihn wider bessern Wissen belasten könnte. Das letztere
ergibt sich daraus, dass sich Rosendahl zunächst in der Hauptverhandlung dahin eingelassen hat, dass Kersten überhaupt kein Geld erhalten
habe und dass er später am Schlusse der Hauptverhandlung zu dem gleichen Punkte, offenbar, weil er sich seiner ersten Einlassung nicht

mehr bewusst war, angab, wie das auch früher Kersten getan hat, dass er einmal 1,-RM von Kersten bekommen habe, allerdings jetzt nicht mehr wisse, für was. Kersten hat diese spätere Behauptung auch nicht einmal in Abrede stellen können. Nur versucht er sie dahin abzuschwächen, dass er allerdings sich einmal 1,-RM bei Rosendahl geliehen habe; diese sei von ihm aber zum grössten Teil in Naturalien und bestenfalls zu einem kleineren Betrage in Geld wiedergegeben werden. Alle diese Umstände mussten davon überzeugen, dass Kersten s.Zt. vor der Polizei und bei seiner richterlichen Vernehmung die Wahrheit gesagt hat.

Nicht nachzuweisen war dagegen ein Vorwurf, den die Anklage noch dem Angeklagten Sander gemacht hat, indem sie annahm, dass Sander die Person sei, die Rosendahl den Auftrag erteilt habe, "Felix" in Amsterdam aufzusuchen. Beide Angeklagte haben dies in der Hauptverhandlung auf das entschiedenste in Abrede gestellt. Früher haben sie allerdings übereinstimmend die Annahme der Staatsanwaltschaft bestätigt. Ihre Einlassung, dass sie sich zu diesen Angaben durch besondere Umstände s.Zt. hätten bestimmen lassen, ohne damit aber die Wahrheit zu sagen, erschien immerhin nicht unmöglich. Denn der Teil der Aussage, dass Sander dem Rosendahl das Schriftstück wieder zurückgegeben habe, erscheint bei der Stellung, die Sander einnahm, so unglaubwürdig, dass davon ausgegangen werden musste, dass in Wirklichkeit ein anderer Sachverhalt vorlag, dass insbesondere der von Rosendahl nach Deutschland herübergebrachte Zettel tatsächlich noch nicht die Stelle, für die er bestimmt war, erreicht hatte.

Das Reichsgericht hat in dem bereits erwähnten Urteil vom 4. Januar 1934 die Feststellung getroffen, dass die SAP hochverräterische Ziele verfolgt. Auch das Oberlandesgericht in Hamm ist in zwei Urteilen, nämlich in dem Urteil des 1. Strafsenats vom 30.5.1934 in der Strafsache gegen Schroth u. Gen. (O.J.71/34) sowie in dem Urteil des 3. Strafsenats vom 28.6.1934 in der Strafsache gegen Völker u. Gen. (O.J. 942/33) zu der gleichen Feststellung gelangt. Der Senat hat auf Grund erneuter Prüfung unter Verwendung des vorliegenden Materials ebenfalls diese Überzeugung gewonnen.

In den wesentlichen Punkten nähern sich die führenden Kreise der SAP mit ihren Zielen der KPD. Sie betreiben, wie jene, die Bildung einer einheitlichen proletarischen Klassenfront unter ihrer Führung und wollen unter Anwendung von Gewalt an die Stelle der heutigen Staatsform die Diktatur des Proletariats setzen.

Wie das bezeichnete Urteil des Reichsgerichts ergibt, sind diese Bestrebungen in der SAP schon auf ihrem Parteikongress in Dresden vom 11. März 1933 bis zum 15. März 1933 klar als Ziele der Partei dargestellt worden. Aus dem Urteil ist tatsächlich festzustellen, dass der Parteiführer der Opposition Zweiling, der den Kongress einberufen hatte, um gegen die Beschlüsse von Seydewitz und Rosenfeld die Aufrechterhaltung der Partei zu beschliessen, dort ausgeführt hat, dass auch der jetzige Staat durch innere politische und wirtschaftliche Verhältnisse beeinflusst werden und in seiner Machtstellung ganz wesentlich gefährdet werden könnte. Die Deutsche Arbeterklasse brauche die neue kommunistische Partei, die neue revolutionäre Führung, die imstande sei, die kommende proletarische Massenbewegung überzuleiten in die proletarische Diktatur. Der Redner Jakob Walcher hat sich dahingehend ausgesprochen, die Partei wolle durch die Methode der Einheitsfrontpolitik erreichen, dass die sozialdemokratischen Massen in die Kampffront eingereiht und so vom reformistischen Lager in das revolutionäre Lager herübergeleitet würden. Die SAP sei berufen, aus den Trümmern der SPD und KPD die neue revolutionäre Partei der Deutschen Arbeiterklasse aufzubauen. Diese Ausführungen sind in das Protokoll des Parteitages aufgenommen und als die neue Arbeitsweise der Parteileitung anerkannt worden.

Der Senat ist der Überzeugung, dass dieses auf dem Dresdener Kongress aufgestellte Programm in der danach einsetzenden illegalen Zeit aufrecht erhalten geblieben ist, und dass von der Leitung der SAP der Gedanke des gewaltsamen Umsturzes in besonders intensiver Weise seitdem fortgesetzt propagiert wird, wobei sie den Weg dazu in der Anlehnung an die KPD erblickt. Einen ausreichenden Anhaltspunkt hierzu gaben dem Senat das mit der Aufdeckung der Organisation in Köln beschlagnahmte und zum Gegenstand der Verhandlung gemachte Exemplar des "Banner", die eigenen Angaben der Angeklagten, die ohne weiteres zeigen, dass auch die übrigen im Verkehr gebrachten Ausgaben des "Banner" immer wieder für die erörterten Ziele geworben haben, aber auch die ebenfalls zum Gegenstand der Verhandlung gemachten Fotokopien des beschlagnahmten Exemplars "Der Arbeiterkampf".

Aus den bei den Akten befindlichen "Banner" mag auf folgende Wendungen hier hingewiesen werden:

Aus dem Artikel "Hitlers 18. Brumaire"

"Es ist erklärt worden, dass der Appell an das Deutsche Volk dem Hitler von der Reichswehr aufgezwungen sei ..... Denn

Plebiszit ist seit Napoleon I. das Mittel, auf das solche Diktaturen sich stützen. Das mit allen Mitteln der Gewalt aus völlig Wehrlosen herausgepeitschte Ja, das mit allen Tricks abseits von der Kontrolle erfälschte Resultat ist die wirkliche Legitimation, die aushält, bis die Massen das Papier wegschleudern und zur Waffe greifen ... Die höhere Bedeutung des Staatsstreichs wird klar, wenn wir eine jener Illusionen vornehmen, die nichts anderem als der politischen Feigheit entspringen. Als vor Monaten die Frage der Nachfolge Hindenburgs akut wurde, vertrat man in den Kreisen des Prager Parteivorstandes der SPD die Meinung, es sei zu wünschen, dass Hitler Reichspräsident werde. Denn dann wäre er aus der Politik ausgeschaltet und zu der Dekoration geworden, die Staatsoberhäupter nun einmal sind. Ein Beweis für die klägliche Unfähigkeit, das blöde parlamentarische Denken abzulegen ....."

s dem Artikel "Antifaschisten ! Genossen !"

"Ende August vorigen Jahres wurden die Genossen Max Köhler, Edith Baumann, Karl Baier, Klaus Zweiling, Lotte Adel, Hand Beldner, Gustav Seeger und eine grosse Anzahl anderer Genossen im ganzen Reich verhaftet......

Es war ein schwerer Schlag, den die Gestapo damals gegen die SAP führte. Aber es zeigte sich wieder einmal, dass keine revolutionäre Energie verlorengeht.....Aus den Reihen der Partei treten neue Kämpfer freiwillig in ihre Reihen. Heute wissen wir, steigend .... erhalten wir die Beweise: Die SAP hat diese Schläger überstanden. Sie erfüllt weiter ihre revolutionäre Pflicht.....

So wie es der "Populaire" gefordert hat, muss sich überall die Einheitsfrontbewegung in mächtigen Demonstrationen für die Freiheit auch unserer SAP-Genossen, wie der Thälmanns und der anderen tausenden Antifaschisten einsetzen......."

s dem Artikel "Wels hofft auf die Reaktion".

" Vor uns liegt ein Rundschreiben der SPD an ihre Funktionäre in Deutschland ..... Dieses Dokument zeigt, dass die Wels u. Co. ihr politisches Wesen nicht im geringsten geändert haben. Sie, die ihr "revolutionäres Programm" verkündeten, rechnen nicht im geringsten auf die Kraft des Proletariats. Sie spekulieren auf die Duldung durch die Reaktion und sind bereit, die Reaktion zu tolerieren. Sicherer Weg in den Abgrund....."

s dem Artikel "Einheitsfront und Einheitspartei"...

" Das Problem entsteht mit der Spaltung der politischen Arbeiterbewegung in einen reformistischen und einen revolutionären Flügel, aus dem äusserlichen Widerspruch zwischen den proletarischen Tagesinteressen und dem Endziel - ein Widerspruch, der sich real in den verschiedenen Reifegrad des Bewusstseins der Arbeiter ausdrückt. Die Kommunisten, die stets das Gesamtinteresse und die historischen Ziele der Arbeiterklasse vertreten müssen, dürfen - solange sie nicht die übergrosse Mehrheit der Arbeiter für die Revolution gewonnen haben - nicht darauf verzichten, in jedem Moment die Aktionseinheit der ganzen Klasse in solchen Kämpfen sicherzustellen, die den "nur" unmittelbaren Tagesinteressen dienen .... Die Einheitsfrontbewegung geht also gerade von dem Gegenteil der "Einheit" aus: Von dem Vorhandensein prinzipieller Gegensätze in der politischen Arbeiterbewegung, die sich in deren Spaltung manifestieren. Weiter aber geht sie davon aus, dass die entscheidende Mehrheit der Arbeiterklasse, unbeschadet der bestehenden prinzipiellen Gegensätze, bereit ist, für bestimmte einer gegebenen Situation entsprechende Gegenwartsforderungen ..... in einheitlicher Front zu kämpfen........... Die Proletariermassen werden sich bei richtiger Führung seitens der Kommunisten im Verlaufe ihrer eigenen unmittelbaren Erfahrung während der Aktionen von den reformistischen Vorurteilen befreien und die reformistischen Parteien verlassen. In diesem Sinne bedeutet die Einheitsfrontpolitik auch den Weg zur Einheit des Proletariats auf kommunistischer Basis......"

Von den Einlassungen der Angeklagten sind nachstehende hervorzuheben:

Der Angeklagte Sander, dem ein Unterscheidungs- und Urteilsvermögen in dieser Hinsicht ohne weiteres zuzutrauen ist, hat auf Befragen zugegeben, dass das "Banner" hochverräterische Dinge enthalten habe. Ransenberg, der ebenso urteilsfähig ist, bekundet, dass er aus dem "Banner" ersehen habe, dass, wie früher, "radikale Richtungen" vorhanden waren, d.h. solche mit revolutionären Bestrebungen im Sinne der KPD im Gegensatz zu dem reformistischen, Anlehnung an die SPD suchenden Meinungen. Er habe nur auf der anderen Seite geglaubt, aus den Zeitungen entnehmen zu können, dass ebenso Richtungen vorhanden waren, die in keiner Weise hochverräterisch eingestellt seien. Ballin hat, wie er sich einlässt, auf Grund des Lesens des "Banners" eine Unterhaltung mit Sander gesucht, bei der ihm Sander dann damit beruhigt haben soll, dass er erklärte, in der Partei seien Streitigkeiten, die verschiedenen Strömungen müsse man vorläufig hinnehmen. Ballin will darauf entgegnet haben, dass er einen gewaltsamen Umsturz nicht mitmachen werde. Schmidt spricht von "zu radikalen Artikeln". Ihm sei, als er darauf zu sprechen gekommen sei, gesagt worden, dass man darauf keinen Einfluss habe, es

seien Schwierigkeiten vorhanden, die hoffentlich bald behoben würden.
Wie Hirsch ausgesagt hat, hat er mit Ballin sich unterhalten, weil
er den Kurs der SAP für "zu radikal" hielt. Man habe ihm zwar gesagt,
dass die SAP der SPD ähnele, er habe aber gesehen, dass es in dem
"Banner""anders stand". Bei dem Gespräch mit Ballin habe er dann auch
noch hervorgehoben, dass ihm "Der Arbeiterkampf" besser zusage. Ballin
habe geantwortet, dass er auch schon mit Sander darüber geredet habe,
dieser habe erklärt, es sei schon der Versuch gemacht worden, die
Meinungsverschiedenheiten beizulegen, man müsse abwarten, dass es besser würde. Weil hat sich dahin eingelassen, dass auch ihm der Kurs
des "Banner" zu radikal gewesen sei. Darüber habe er mit Hirsch gesprochen, der gleicher Ansicht mit ihm gewesen sei. Rosendahl lässt
sich dahin ein, dass in einer der letzten Nummern des "Banner" etwas
gestanden habe, "was ihm auffiel". Er habe sich dann durch Sander wieder beruhigen lassen. Wie Höhl geltend macht, hat er Rosendahl schon
im Mai 1934 gesagt, dass er nicht mehr mitmachen wolle, weil "die
Tendenz ihm zu stark sei". In ähnlicher Weise meint Loosen, dass man
sich beim Lesen der Zeitschrift habe sagen müssen:" Hier stimmt etwas
nicht". Schliesslich ist auch noch die Einlassung des Angeklagten Appelmann in diesem Zusammenhang zu erwähnen; dieser hat bekundet, dass
er nach dem Lesen der Zeitschrift sich zu Schneider geäussert habe:"
Das ist doch ziemlich starker Tee". Schneider habe ihm daraufhin gesagt, das dürfe man nicht so genau nehmen, die Leute wollten jetzt
mit dem Kopf durch die Wand.

Kann aber mithin insbesondere über das Ideengut des unter den
Anhängern der SAP mit aller Regelmässigkeit und in vielen Exemplaren
verbreiteten "Banners", das zudem in bezeichnender Weise den vollen
Titel "Banner der revolutionären Einheit" trägt, irgendein Zweifel
nicht bestehen, dann auch nicht mehr über den Charakter der SAP; denn
das "Banner" ist zum wenigsten in der hier in Frage kommenden Zeit
deren offizielles Organ gewesen. Dass die SAP in ihrem eigenen Sprachrohr jedenfalls nicht in diesem Ausmasse ihr fremde Ansichten propagieren liess, ist selbstverständlich .Nicht von Belang ist es, wenn
auch heute noch in der SAP wirklich gemässigte Richtungen vertreten
sein sollten. Das schon nicht, weil ganz offenbar innerhalb der Führung, wie aus der Tendenz des "Banner" hervorgeht, die radikalen Elemente die Überhand haben. Von dieser aus aber wird das Parteiprogramm
und damit die Partei als solche notwendigerweise massgeblich bestimmt.
Im übrigen wäre es jedoch sogar nicht einmal so sehr auf die Fest-

stellung angekommen, ob die vorhandenen der KPD und deren Ziele nahestehenden Anhänger der SAP gerade die Führung der Partei in der Hand hatten und ob das Bestehen eines einheitlichen Parteiprogramms in derem Sinne zu bejahen ist. Wenn überhaupt eine Partei es zulässt, dass in ihr frei bestimmende verschiedene Richtungen diskutiert werden, und sie es zunächst jedem Mitglied überlässt, welcher Richtung es sich anschliessen will, - das ist die Darstellung des Angeklagten Ransenberg - so macht sie sich jedenfalls solange zur Trägerin aller in ihr vertretenen Richtungen, bis sie sich entgültig auf einen bestimmten Kurs festgelegt hat, dessen Beobachtung sie auch von ihren Mitgliedern unter Strafe des Ausschlusses verlangt.

Einer weiteren Erörterung über die hochverräterische Natur der SAP bedarf es nicht. Dass die durch sie getragenen Ziele einen Angriff auf die geltende Verfassung enthalten, ist offensichtlich. Dass der gewaltsame Umsturz für einen nach Möglichkeit alsbaldigen Zeitpunkt in Aussicht genommen ist, beweist schon die Anlehnung an die KPD. Diese Feststellung lässt sich nicht damit ausräumen, dass, wie die Angeklagten geltend machen wollen, sich die SAP bisher nur an einen kleinen ausgewählten Kreis von Gesinnungsgenossen gewandt haben soll und dass insbesondere vorgesehen gewesen sei, dass das "Banner" nicht über diesen Kreis hinaus verbreitet werden dürfe. Angesichts der Gefahren, die für die Partei und die Einzelpersonen mit einer Aufdeckung verbunden waren, würde ein solcher Parteibefehl nur so ausgelegt werden können, dass man die Werbetätigkeit zunächst an der wirksamsten Stelle einsetzen wollte, wobei damit gerechnet war, dass die im Sinne der SAP informierte Personen deren Gedankengut zu gegebener Zeit weiter verbreiten sollten. Was insbesondere die Verbreitung des "Banner" anbetrifft, so ist insoweit aber auch festzustellen, dass eine solche Anordnung nur den Sinn gehabt haben kann, dass die Unterverteiler bei der Weitergabe desselben vorsichtig sei sollten. Denn schon mit der Weitergabe weniger Exemplare desselben ohne bestimmte Nennung jedes Einzelempfängers, begab man sich bewusst der Kontrolle, die die behauptete Einschränkung des Vertriebs des "Banner" hätte gewährleisten können.

Wer sich einer auf Hochverrat ausgehenden Partei anschliesst oder sie auch in irgendeiner Weise unterstützt, macht sich, wenn er das bewusstermassen tut, selbst der Vorbereitung eines hochverräterischen Unternehmens schuldig; denn notwendigerweise wird mit der kleinsten Unterstützung der Kampf der Partei um Erreichung des von ihr getragenen Zieles gefördert.

Danach waren aber sämtliche Angeklagten, mit Ausnahme der Angeklagten Wilhelmine Oswald und des Angeklagten Pesch, des Verbrechens der Vorbereitung eines hochverräterischen Unternehmens für schuldig zu erachten.

Der objektive Tatbestand bedarf bei keinem dieser Angeklagten, abgesehen von ihrer Einreihung in die verschiedenen gesetzlichen Sondertatbestände, einer näheren Erörterung mehr.

Auch die subjektive Seite ist für fast alle von ihnen schon aus allgemeinen Erwägungen heraus zu bejahen. Mit Allgemeingültigkeit war davon auszugehen, dass dann die von jedem einzelnen der Angeklagten vorgebrachte Behauptung, er selbst habe gewaltsame Änderung abgelehnt, unerheblich ist, wenn er sich dessen bewusst war, dass in der SAP auch die radikalen Elemente in grosser Zahl vorhanden waren und unter Umständen ausschlaggebend sein könnten. Denn derjenige, der trotz dieser Kenntnis gleichwohl der Partei angehörte oder sie auch nur sonstwie unterstützte, tat das nur, wenn er auch damit einverstanden war, dass möglicherweise auch der von ihm abgelehnten Richtung seine Arbeit oder Leistung zugute kam. Allgemein gilt ferner für jeden der Angeklagten, der das "Banner" gelesen hat, dass ihm nicht zu glauben ist, wenn er angibt, ihm sei das Vorhandensein einer beachtlichen radikalen Richtung innerhalb der SAP, die gewaltsamen Umsturz plante, nicht bewusst geworden. Denn das "Banner" war in dieser Hinsicht so eindeutig gehalten, dass sich dieses Bewusstsein auch dem einfachsten Mann unter ihnen aufdringen musste. Die Mehrzahl der Angeklagten hat das übrigens für sich, wenn auch mit Einschränkungen, wie dies bereits erörtert ist, zugegeben. In sehr bezeichnender Weise hat der Angeklagte Appelmann dieser seiner Erkenntnis in dem Gespräch mit Schneider mit den Worten:"Das ist doch ziemlich starker Tee" Ausdruck gegeben. Nicht daran vorbeigegangen werden kann auch, dass in dieser Zeit schon jedermann, der mit einer illegalen Partei Berührung unterhält, selbstverständlich von vornherein weiss, dass er sich in strafbare Beziehungen irgendwelcher Art einlässt. Dass einer der Angeklagten aber unter diesem Eindruck das "Banner", das, wie gesagt, keine Deutungen zuliess, doch gelesen haben sollte, ohne sich über dessen Bedeutung genügend klar zu werden, muss als ausgeschlossen gelten. Das umso mehr, als ihm jedenfalls aus den Aufklärungsmassnahmen der Regierung der hochverräterische Charakter der den erörterten Tendenzen der SAP nahestehenden KPD bekannt gewesen sein muss. Der Gedanke, dass das Ideengut der SAP, das er las, ebenso zu beurteilen sei, war für ihn unter solchen Umständen zu naheliegend. Schliesslich ist in diesem Zusammenhange auch hervorzuheben, dass, wie das vorliegende "Banner" zeigt, die Leser desselben darin darüber orientiert wurden, dass gegen SAP-Leute Hochverratsprozesse schwebten. Schneider hat bei seinen Versuchen, andere zu werben, dieses Thema auch gerade ausdrücklich angeschnitten. Dass auch auf diese Weise jedem der Angeklagten die nötige subjektive Einsicht in sein Tun vermittelt worden ist, kann ohne weiteres angenommen werden.

[Im einzelnen ist der Senat zu folgenden <u>Schuldsprüchen</u> gekommen:]

<u>Sander</u> ist des Verbrechens gegen § 83 Abs. 3 Ziffer 1 u. 3 StGB schuldig, während ein Verstoss gegen § 83 Abs. 3 Ziffer 2 ihm nicht nachgewiesen ist. Seine Tat richtete sich darauf, zur Vorbereitung des Hochverrats einen organisatorischen Zusammenhalt herzustellen und aufrecht zu erhalten; sie war gleichzeitig auch auf Beeinflussung der Massen durch Verbreitung von Schriften gerichtet. Weder in objektiver noch in subjektiver Hinsicht kann das noch zweifelhaft sein. Seine Gesamteinstellung wird auch noch dadurch besonders gekennzeichnet, dass er sich dahin eingelassen hat, er sei der Ansicht gewesen, sich mit der SAP verbinden zu müssen, da dort teils seine Ansichten noch vorhanden gewesen seien; diese habe deshalb den grösseren Anklang für ihn gehabt. Das "Banner" habe er verbreitet, obwohl hochverräterische Dinge darin gestanden hätten, weil darin andererseits gewisse Sachen enthalten gewesen wären, die seiner Meinung entsprachen.

Bei <u>Ransenberg</u> war auf Verurteilung aus § 83 Abs. 3 Ziff. 1 StGB zu erkennen. Eine Verurteilung aus § 83 Abs. 3 Ziff. 3 kam dagegen nicht in Frage, da insoweit der gegen ihn festgestellte Tatbestand nicht ausreicht. Er hat bewusst den organisatorischen Zusammenhalt der SAP hergestellt und aufrecht erhalten, wie sein Verhalten ohne weiteres ergibt. Das hat er auch noch nach April 1934 getan, indem er regelmässig die Zeitschrift "Das Banner" abnahm. Aus seiner früheren Stellung heraus wusste er genau, dass die Abnahme der Zeitschrift diejenige Verpflichtung war, die jedes SAP-Mitglied unbedingt zu erfüllen hatte. Bei ihm ist noch hervorzuheben, dass er zugegeben hat, er sei sich darüber klar gewesen, dass "wenn die Gestapo dahinter käme, sie hops gingen".

[Bei <u>Ballin</u> liegt der Tatbestand des § 83 Abs. 3 Ziff. 1 u. StGB vor. Auch er hat bewusst daraufhin gearbeitet, den organisatorischen Zusammenhang der SAP herzustellen oder aufrecht zu erhalten.

Ausserdem ist er aber auch auf Beeinflussung der Massen durch Verbreitung von Schriften ausgegangen. Eines näheren Eingehens auf ihn bedarf es nach allem nicht mehr.]

Reiter war aus § 83 Abs. 3 Ziff. 1 StGB zu verurteilen. Er hat dadurch, dass er auch freiwillig Beiträge zahlte, gezeigt, dass er sich in den organisatorischen Zusammenhalt innerhalb der SAP einfügen wollte. Dass er dabei die nötige Kenntnis gehabt hat, wieweit diese sich ihre Ziele gesteckt hatte, konnte unbedenklich angenommen werden. Seine Herkunft als auch seine eigene frühere politische Tätigkeit wie schliesslich seine Erziehung auf der höheren Schule lassen es ganz besonders unmöglich erscheinen, dass er die Tendenz des "Banner" das er unzweifelhaft gelesen hatte, verkannt hätte. Dann hat er aber auch die nötigen Rückschlüsse auf die SAP selbst gezogen.

Gegen Schmitz war wiederum der Tatbestand des § 83 Abs. 3 Ziff. 1 u. 3 StGB festzustellen. Die Zahlung von Beiträgen durch ihn überzeugt, dass er den organisatorischen Zusammenhang der SAP aufrecht erhalten wollte. Die mehrmalige Weitergabe von jeweils 3 gleichen Schriften illegalen Inhalts auf einmal an Weiss muss dahin gedeutet werden, dass er damit rechnete, dass Weiss seinerseits diese Schriften irgendwie in Verkehr setzen würde und dass er das billigte. Im übrigen ist auch zu ihm auf das bereits allgemein Gesagte zu verweisen.

Der Angeklagte Weiss musste wegen des Verbrechens nach § 83 Abs. 2 StGB bestraft werden. Er macht zwar geltend, dass er die Schriften, die er bekommen habe, nie richtig gelesen habe. Beim ersten Male habe er allein die Überschrift "Banner der revolutionären Einheit" gelesen und dann sofort das "Banner" vernichtet. Er sei nämlich "bange" geworden, es sei ihm zudem auch aufgefallen, dass er die Zeitungen "heimlich" erhielt. Er habe deshalb auch die Zeitschriften, die er später erhielt, immer vernichtet. Von der SAP selbst habe er nie etwas gehört. Aus dieser Einlassung folgt jedoch, dass der Angeklagte zum mindesten nach dem ersten Male, bei dem er eine Zeitschrift erhielt, das Bewusstsein gehabt haben muss, etwas Strafbares zu tun. Er muss sich auch bei der vorhandenen Sachlage vorgestellt haben, in welcher Richtung eine strafbare Handlung liegen könnte. Daraus, dass er gleichwohl ohne jeglichen wirklichen Zwang die angeknüpften Beziehungen aufrecht erhielt, die Zeitschriften abnahm und Geld gab, ist deshalb nur der Schluss möglich, dass er auf jeden Fall mitmachen wollte. Diese Einstellung steht aber bewusstem Vorsatz gleich.

- 32 -

Für den Angeklagten Hirsch gilt dasselbe wie bei dem Angeklagten Schmitz. Er ist nach § 83 Abs. 3 Ziff. 1 u. 3 StGB strafbar. Die Merkmale der strafschärfenden Bestimmungen des § 83 Abs. 3 StGB sind in der Beitragsleistung und in der Weitergabe von Zeitschriften an andere Personen, bei der er damit rechnen musste, dass diese sie ihrerseits in unkontrollierbarer Weise weitergeben würden, gefunden worden.

Weil ist aus § 83 Abs. 3 Ziffer 3 StGB verurteilt worden. Indem er die Zeitschrift an Lommersum weitergab, von dem er nach seiner eigenen Angabe annahm, dass dieser ihm unbekannte weitere Abnehmer habe, schaltete er sich bewusst in den Zeitschriftenvertrieb, der die Beeinflussung der Massen zum Ziele hatte, ein. Dass ihm dabei der radikale Kurs des "Banners" bewusst war, ist a anderer Stelle erörtert. Bei ihm ist auch besonders hervorzuheben, dass er angibt, im Jahre 1932 aus dem SJV ausgetreten zu sein, weil ihm damals schon dessen Kurs zu "radikal" erschienen wäre. Weitere Ausführungen zu ihm erübrigen sich.

Bei Rosendahl war der Tatbestand des § 83 Abs. 3 Ziffer 1, 3 u. 4 StGB festzustellen. Bei ihm ist nach allem nur noch herauszuheben, dass der Senat ihm nicht glaubte, wenn er sich dahin einlässt, ihm sei erst in Holland zum Bewusstsein gekommen, welche Bedeutung sein Besuch bei "Felix" in Amsterdam zukam. Die Umstände waren so eindeutig, dass eine Persönlichkeit, wie er, sich gleich darüber klar geworden sein muss, dass er den Auftrag übernahm, als Kurier die Verbindung mit einer ausländischen Parteileitung herzustellen.

Bei dem Angeklagten Kersten hat der Senat ein Verbrechen gegen § 83 Abs. 2 StGB für vorliegend erachtet. Wenn er auch noch sehr jung ist, so kann ihm doch schon im Hinblick auf seine politische Schulung von frühester Jugend an nicht entgangen sein, wohin die Ziele der SAP gingen. Er hat das "Banner" verschiedentlich bekommen. Dass er es auch gelesen hat, ist dem Senat selbstverständlich.

Höhl hat sich bewusst dem organisatorischen Zusammenhang der SAP in Köln angeschlossen und mit an dessen Aufrechterhaltung mitgearbeitet. Das ergibt sich aus seiner eigenen Einlassung, dass ihm Rosendahl von einer "neuen Organisation" erzählt und ihm weiter gesagt hat, Beiträge brauchten nicht bezahlt werden, es bestände nur die Pflicht, die Zeitungen abzunehmen. Das hat Höhl dann getan. Dass seine Tat auch darauf gerichtet war, die Massen durch Verbreitung von Schriften zu beeinflussen, glaubte der Senat dagegen nicht mit genügender Sicherheit feststellen zu können, da Höhl die Schriften nur an einen bestimmten Personenkreis gegeben hat und möglicherweise annahm, dass sie von dort aus nicht weitergegeben würden. Er ist nach § 83 Abs. 3 Ziffer 1 StGB strafbar.

Bei Schnog liegt einfache Vorbereitung eines hochverräterischen Unternehmens im Sinne von § 83 Abs. 2 StGB vor. Auch bei ihm konnte die subjektive Seite nicht zweifelhaft sein. Die allgemein angestellten Erörterungen gelten, wie für die anderen Angeklagten auch für ihn, räumt im übrigen auch selbst ein, dass er gewusst habe, etwas Verbotenes zu tun und weiter, dass in den Schriften "manches gestanden habe, gegen das er eine ablehnende Haltung habe einnehmen müssen".

Schneider ist des Verbrechens gegen § 83 Abs. 3 Ziffer 1 u. 3 StGB schuldig geworden. Dass er bewusst an der Herstellung des organisatorischen Zusammenhalts der SAP und dessen Aufrechterhaltung gearbeitet hat und zwar bis zuletzt und dass er weiter sich auch dessen bewusst war, mit der Verbreitung der Schriften auf Beeinflussung der Massen hinzuarbeiten, ist bei dem Umfang seiner Betätigung ohne weiteres zu bejahen. Seine gegenteiligen Angaben kennzeichnen sich als offensichtlicher Versuch für den von ihm selbst zugegebenen Tatbestand eine mildere Beurteilung herbeizuführen. Die subjektive Kenntnis für sein Handeln ergibt sich bei ihm schon aus seinen Erklärungen gegenüber Loosen und Appelmann. Diesen hat er nach deren glaubwürdigen Einlassungen schon gleich zu Anfang von einem gegen frühere SAP-Leute schwebenden Strafverfahren erzählt. Mit Appelmann hat er sich auch über die "starke" Tendenz des "Banner" unterhalten.

Loosen war aus § 83 Abs. 2 StGB zu verurteilen. Bezüglich seiner Person kann auf die allgemein erörterten und seine bereits an anderer Stelle mitgeteilten Einzeleinlassungen zu der subjektiven Seite Bezug genommen werden. Dafür, dass er auch auf die Beeinflussung der Massen durch Verbreitung von Schriften hingewirkt hat, hat die Hauptverhandlung Genügendes nicht ergeben.

Bei dem Angeklagten Appelmann war gleichfalls ein Verstoss gegen § 83 Abs. 2 StGB festzustellen. Für ihn gilt dasselbe wie für Loosen.

Der Angeklagte Stiegelmeier schliesslich ist aus § 86 StGB - a.F. - verurteilt worden, da nicht festgestellt werden konnte, dass er noch nach dem 1. Mai 1934 tätig geworden ist. Dass er sich über seine Handlungen klar gewesen ist, muss bei ihm umso eher angenommen werden, als er nach seiner ganzen politischen Vergangenheit über die nötige Einsicht im besonderen Masse verfügte.

Der Senat hat dagegen Bedenken getragen, festzustellen, dass auch die Angeklagte Wilhelmine Oswald und der Angeklagte Pesch sich der Vorbereitung eines hochverräterischen Unternehmen schuldig gemacht haben. Die Hauptverhandlung hat gegen sie lediglich ergeben, dass sie verschiedentlich die von der SAP in Köln verbreiteten Zeitschriften bezogen haben, nicht dagegen auch, dass sie dafür ein Entgelt geleistet hätten, oder dass sie sich sonst wie für die Zwecke der SAP haben brauchen lassen. Dass sie bei der Annahme der Schriften die Kenntnis gehabt hätten, auch d mit schon die Ziele der SAP zu fördern, musste gegenüber ihren Einlassungen zweifelhaft bleiben. Bei der Wilhelmine Oswald, die allerdings dadurch verdächtig ist, dass sie bereits in früherer Zeit bei der SAP organisiert war, war zu ihren Gunsten die Möglichkeit in Betracht zu ziehen, dass für sie nur persönliche Beziehungen zu Rosendahl massgebend waren. Es musste auch berücksichtigt werden, dass sie unwiderlegt angibt, sie habe, nachdem ihr Bruder das "Banner" entdeckt und ihr vorgehalten hatte, dass sie dieses nicht nehmen dürfe, von sich aus später die Annahme weiterer Schriften zurückgewiesen. Dieser Umstand würde auch dafür sprechen, dass sie nicht die nötige Einsicht in ihr Handeln gehabt hat. Bezüglich des Angeklagten Pesch liegen andere Umstände vor, die zu seinen Gunsten zu erwägen waren. Er hat sich, bis er mit der neu aufgezogenen Gruppe der SAP in Köln Verbindung erhielt, in nachweisbarer Weise jedenfalls nicht politisch betätigt. Bedenklich ist allerdings, dass er seiner Zeit von seinem Arbeitgeber wegen angeblicher Sympathie mit der KPD entlassen worden ist. Immerhin war davon auszugehen, dass sein Einblick in das politische Parteiwesen nicht besonders gross gewesen ist. Es kommt dazu, dass er mit sehr viel Wahrscheinlichkeit vorbring er sei dem Angeklagten Höhl, nachdem er von ihm das erste "Banne erhalten hatte, mit voller Absicht immer aus dem Wege gegangen, weil er mit den Bestrebungen der SAP nichts zu tun haben wollte und e habe es bewusst vermieden, irgendeine Zahlung zu leisten. Es ist deshalb nicht von der Hand zu weisen, dass er sich vielleicht ni klar gewesen ist, dass die SAP in Köln schon darin einen Erfolg für sich sehen könnte, wenn er die Zeitschriften überhaupt nur annahm.

Eine Freisprechung dieser beiden Angeklagten kam allerdings gleichwohl nicht in Frage. Denn sie sind beide jedenfalls des Vergehens gegen § 21 Abs. 1 u. 2 in Verbindung mit § 20 der Verordnung des Reichspräsidenten zum Schutze des deutschen Volkes vom 4. Februar 1933 schuldig geworden. Danach wird bestraft, wer von dem Vorhandensein eines Vorrats von Druckschriften, deren Inhalt den Tatbestand des Verbrechens des Hochverrats begründet, zu einem Zeitpunkte glaubhafte Kenntnis erhält, zu dem das Vorhandensein dieses Druckschriftenvorrats der Behörde noch nicht bekannt ist, und gleichwohl der Polizeibehörde keine Anzeige erstattet und auch die in seinem Besitz oder Gewahrsam gelangten Stücke des Druckschriftenvorrats nicht unverzüglich an die Polizeibehörde abliefert. Dieser Tatbestand liegt bei beiden Angeklagten vor. Sie haben jedenfalls mehrfach das "Banner", dessen hochverräterischen Inhalt feststeht, erhalten. Dass die Exemplare, die sie erhalten haben, aus einem Vorrat von Druckschriften stammten, ist aus dem Ergebnis der Hauptverhandlung ohne weiteres festzustellen. Ebenso ist nicht zweifelhaft, dass dieser Vorrat der Behörde damals noch nicht bekannt war. Beide Angeklagten hatten auch glaubhafte Kenntnis von dem Vorhandensein dieses Vorrats und dem Umstande, dass die Behörde darüber nicht unterrichtet war. Denn sie hatten schon aus den mehrmaligen Belieferungen mit verschiedenen Ausgaben des "Banner" für sich den Schluss ziehen müssen, und ihn nach der Überzeugung des Senats auch gezogen, dass diejenigen, die ihnen die Schriften brachten, über Beziehungen verfügten, die bis zu dem offenbar irgendwie vorhandenen Druckschriftenvorrat, aus dem ihre Banner herrührten, zurückreichen. In gleicher Weise war aus der mehrfachen Belieferung für sie ersichtlich, dass die Behörde von diesem Druckschriftenvorrat noch nichts wissen konnte. Bei der Angeklagten Wilhelmine Oswald kommt auch noch hinzu, dass ihr ausserdem von Rosendahl später ein weiteres Exemplar des "Banner" zum Lesen angeboten wurde. Pesch hatte, was in diesem Rahmen erheblich erscheint, schon aus dem Gespräch mit Rosendahl ersehen, dass dieser politisch sehr interessiert war und sich daraus eine Meinung gebildet, die ihn veranlasste, ein weiteres Zusammenkommen mit Rosendahl zu vermeiden. Dass beide nicht noch genaueres wussten, ist gleichgültig, da die glaubhafte Kenntnis allein schon genügt, diese aber der bestimmten Kenntnis noch

- 36 -

nicht gleichzusetzen ist. Dass die Angeklagten auch den hochverräterischen Charakter des "Banner" mit genügender Sicherheit erkannt haben, war nicht nur dem Umstande zu entnehmen, dass sie nach eigener Angabe gelesen haben. Sie geben es an sich auch selbst zu; denn die Angeklagte Wilhelmine Oswald lässt sich dahin ein, dass sie sich klar gewesen sei, dass "etwas nicht stimme". Zudem hatte ihr Rosendahl gesagt, sie sollte das "Banner" nach dem Lesen vernichten. Auch das musste für sie eindeutig sein. Pesch sagt aus, dass er nach dem Lesen des ersten "Banner" sofort gesehen habe, dass "die Sache nicht geheuer sei".

Auch die Angeklagte Wilhelmine Oswald und der Angeklagte Pesch waren also an sich zu bestrafen gewesen. Der Senat würde aber bei Berücksichtigung der gesamten Umstände, vor allem aber auch ihres noch jungen Alters, bei keinem von ihnen über eine Strafe von 6 Monaten Gefängnis hinausgegangen sein. Da beide bisher noch nicht bestraft sind, die Straftaten auch vor dem 2. August 1934 liegen, war deshalb auf sie das Gesetz über Gewährung von Straffreiheit vom 7. August 1934 anzuwenden. Demzufolge ist gemäss § 2 dieses Gesetzes auf Einstellung des Verfahrens gegen diese Angeklagten erkannt worden.

Bei der Bemessung der gegen die übrigen Angeklagten auszubringenden Strafen musste jeweils Ausgangspunkt der im Gesetz vorgesehene Strafrahmen sein. Das Verbrechen nach § 83 Abs. 2 StGB ist mit einer Mindesstrafe von 1 Jahr Zuchthaus und einer Höchststrafe von 10 Jahren Zuchthaus bedroht. In den qualifizierten Fällen des § 83 Abs. 3 Ziff. 1 - 4 StGB ist die Todesstrafe, lebenslängliches Zuchthaus oder Zuchthaus nicht unter 2 Jahren vorgesehen. In minder schweren Fällen können allerdings nach § 84 StGB die Strafen aus § 83 auf Gefängnis nicht unter 1 Jahr lauten. Einen minder schweren Fall hat der Senat jedoch bei keinem der Angeklagten, die unter die Strafbestimmung des § 83 StGB fallen, als vorliegend erachtet. Die Einzelumstände der Straftaten schlossen das auch bei den Angeklagten, die noch in jungen Jahren stehen, ohne weiteres aus. Der § 86 StGB - a.F. - bestimmt Zuchthausstrafen bis zu 3 Jahren oder Gefängnis von 1 - 3 Jahren oder Festungshaft von gleicher Dauer, bei mildernden Umständen Festungshaft von 6 Monaten bis zu 3 Jahren. Es waren sodann die für die einzelnen Angeklagten jeweils verschiedenen strafschärfenden und strafmildernden Umstände, die die Hauptverhandlung ergeben hat, zu berücksichtigen. So war insbesondere als strafschärfend anzusehen, wenn die entwickelte Tätigkeit besonders umfangreich war oder sich sogar als leitende darstellt. Desweiteren war straferschwerend in Betracht zu ziehen, wenn sich die strafbare Tätigkeit über einen besonders langen Zeitraum erstreckt hat und sie sehr weit über den 2. Mai 1934 hinausgegangen ist, vor allem wenn sie auch noch nach der Volksabstimmung vom 19. August 1934 fortgesetzt ist. Wer in dieser Zeit sich noch gegen den geeinten Willen des deutschen Volkes erhoben hat, muss harte Strafen auf sich nehmen. Auch die persönlichen Verhältnisse des Angeklagten, insbesondere ihre Vorbildung musste teilweise nach dieser Seite hin Berücksichtigung finden. Bei jemanden, der durch die höhere Schule gegangen ist, musste davon ausgegangen werden, dass er grosse Hemmungen gehabt hat und sich doch darüber hinweggesetzt hat. Etwaige Vorstrafen waren zu beachten. Als erheblich strafschärfend musste weiter angesehen werden, wenn einer der Angeklagten z.Zt. der Begehung der Straftat Mitglied der deutschen Arbeitsfront war; denn er hat sich dann auch weiter eines Treubruches gegen den Führer, dem er freiwillig Gefolgschaft gelobt hat, schuldig gemacht. Schliesslich musste die Strafe bei einzelnen Angeklagten mit Rücksicht auf ihre gesamte Persönlichkeit zur Erreichung des Strafzweckes höher ausfallen. Nach der anderen Seite hat der Senat zunächst generell dem Rechnung getragen, dass die SAP als solche objektiv als minder staatsgefährlich im Verhältnis zu der KPD betrachtet angesehen werden kann. Es rechtfertigt sich deshalb, unter die Strafen zu gehen, die bei gleicher Lage des Falles für die Betätigung innerhalb der illegalen KPD hätten erkannt werden müssen. Als strafmildernd ist bei einer Reihe von Angeklagten im einzelnen dann ihr noch junges Alter in Betracht gezogen worden. Bei anderen von ihnen konnte ihre Kriegsteilnehmerschaft in diesem Sinne berücksichtigt werden. Auch schlechten wirtschaftlichen Verhältnissen der einzelnen hat der Senat, soweit die Tat unter diesem Eindruck begangen sein kann, in etwa Rechnung getragen.

[In einzelnen sind folgende Strafen als ausreichende aber auch angemessene Sühne angesehen worden:]

Bei Sander eine Zuchthausstrafe von 10 Jahren. Seine Strafe musste hoch ausfallen. Denn er ist offenbar der Kopf der SAP in Köln gewesen. Seine Tätigkeit war überaus aktiv. Er hat sogar den Versuch gemacht, auswärts für die illegale SAP zu werben. Er trägt die Verantwortung dafür, dass die meisten Angeklagten sich mit der illegalen SAP eingelassen haben. Seine Tätigkeit reicht von Dezember 1933 bis August 1934. Dazu kommt, dass er studiert hat. Er ist noch jetzt, wie seine eigene Einlassung beweist, grundsätzlich gegen den heutigen Staat eingestellt. Seine wirtschaftlichen Verhältnisse waren geordnet. Irgendein besonderer Milderungsgrund ist bei ihm nicht vorhanden.

Bei Ransenberg eine Zuchthausstrafe von 6 Jahren. Auch er ist von Januar bis April 1934 leitend bei dem Aufbau der SAP in Köln tätig geworden. Dass er dabei nach aussen nicht weiter hervorgetreten ist, konnte keine Berücksichtigung finden, da das aus Berechnung geschehen ist. Bis Juli 1934 hat er sich dann zum mindesten noch als einfaches Mitglied weiter betätigt. Er hat studiert. Auch er bekämpft wie Sander grundsätzlich das heutige Deutschland. Strafmildernd konnten bei ihm seine schlechten wirtschaftlichen Verhältnisse in Betracht gezogen werden. Der Senat hat auch in etwa seine körperlichen Fehler bei der Bemessung der Strafe Rechnung getragen.

Bei Ballin eine Zuchthausstrafe von 5 Jahren. Er hat sich mit einer grossen Aktivität für die illegale SAP eingesetzt. Für eine Reihe seiner Mitangeklagten ist er verantwortlich. Zudem ist er Abiturient, und muss auch sonst durch seine Herkunft Hemmungen gehabt haben. Auch lebte er in geordneten Verhältnissen. Seine Tat fällt in die Zeit von Januar bis Ende August 1934. Strafmildernd konnte seine Jugend Berücksichtigung finden sowie der Umstand, dass er in frühen Jahren seinen Vater verloren hat, was auf seinen Entwickelungsgang nicht ohne Einfluss geblieben sein mag.

Bei Reiter eine Zuchthausstrafe von 3 Jahren. Seine Tätigkeit ist zwar minder schwerwiegend gewesen. Sie dehnte sich aber immerhin bis über die Zeit von März bis jedenfalls Juli 1934 aus. Zudem ist er Abiturient. Er lebte auch in geordneten Vermögensverhältnissen. Weiter war er Mitglied des Deutschen Handlungsgehilfenverbandes. Das einzige strafmildernde Moment ist seine Jugend.

Bei Schmitz eine Zuchthausstrafe von 3 Jahren und 3 Monaten. Seine Tätigkeit geht etwas über die Tätigkeit des Angeklagten Reiter hinaus. Im übrigen liegen die Umstände bei beiden fast gleich.

Bei Weiss eine Zuchthausstrafe von 2 Jahren. Er ist nicht in erhöhtem Umfange tätig geworden. Seine Tätigkeit erstreckt sich aber über mehrere Monate, nämlich von Frühjahr 1934 bis mindestens Juli 1934, hinaus. Straferschwerend musste auch gewertet werden, dass er Ausländer ist. Der Eingriff eines solchen in innere deutsche Verhältnisse in dieser Art ist unter allen Umständen streng zu bestrafen. Strafmildernd konnte bei ihm seine Jugend in Betracht gezogen werden und auch, dass er zuletzt erwerbslos war. Im Hinblick auf die straferschwerenden Momente war allerdings die Annahme eines minder schweren Falles noch nicht zu rechtfertigen.

Bei Hirsch eine Zuchthausstrafe von 3 Jahren und 3 Monaten. Er hat eine intensive Tätigkeit, die über den Rahmen eines einfachen Mitgliedes hinausging, entfaltet. Sie fällt in die Zeit von Januar 1934 bis mindestens Juli 1934. Seine Verhältnisse waren geordnet. Strafmildernd war bei ihm auf seine Jugend Rücksicht zu nehmen.

Bei Teil eine Zuchthausstrafe von 3 Jahren und 3 Monaten. Seine Tätigkeit ist an sich geringfügiger als die des Angeklagten Hirsch. Sie fällt in die Zeit von April 1934 bis mindestens Juli 1934. Strafschärfend war bei ihm besonders zu berücksichtigen, dass er anscheinend besserer Einsicht nicht zugänglich ist; denn er ist Oktober 1932 aus dem SJV ausgeschieden, weil ihm dessen Kurs damals zu radikal erschienen ist. Das war für ihn aber kein Hinderungsgrund, bei der illegalen SAP wieder mitzumachen. Strafmildernd konnte nur Berücksichtigung finden, dass er längere Zeit erwerbslos war.

Bei Rosendahl eine Zuchthausstrafe von 10 Jahren. Er hat sich nicht nur in sehr intensiver Weise in Köln für die Belange der SAP eingesetzt, und trägt die Verantwortung für manchen seiner Mitangeklagten. Ganz erheblich straferschwerend war bei ihm zu berücksichtigen, dass er sich dazu hergegeben hat, als Kurier die Verbindung mit einer ausländischen SAP-Stelle herzustellen. Noch nach dem 19.8.1934 hat er die nach Deutschland eingeschmuggelte Instruktion für den Adressaten derselben bereit gehalten. Der Senat ist der Auffassung, dass auf ein solches Verhalten; nur mit den allerschärfsten Strafen entgegnet werden kann. Seine Tätigkeit dauerte im übrigen von Januar 1934 bis Ende August 1934. Dazu ist er Abiturient. Seine Verhältnisse waren geordnet. Ein besonderer Milderungsgrund für seine Tat konnte nur in seiner Jugend gefunden werden.

Bei Kersten eine Zuchthausstrafe von 1 Jahr und 9 Monaten. Seine Tätigkeit ist im Verhältnis zu der Tätigkeit seiner Mitangeklagten nicht besonders schwerwiegend. Sie fällt in die Zeit von April bis August 1934. Ausserdem ist bei ihm festgestellt worden, dass er Mitglied der Deutschen Arbeitsfront war. Als erheblicher Milderungsgrund steht ihm seine grosse Jugend zur Seite. Bei Begehung der Tat war er gerade 18 Jahre alt. In Anbetracht der übrigen Umstände liess sich daraus allerdings nicht die Annahme eines minder schweren Falles rechtfertigen, das umso weniger, als er schon auf Grund seiner politischen Vergangenheit nicht als Mitläufer gelten kann.

Bei Bühl eine Zuchthausstrafe von 3 Jahren. Seine Tätigkeit war nicht übermässig aktiv, geht aber doch über die eines einfachen Mitgliedes hinaus. Sie reicht von März 1934 bis Juli 1934. Strafmildernd ist seine Jugend sowie seine lange Erwerbslosigkeit berücksichtigt worden.

Bei Schnog eine Zuchthausstrafe von 2 Jahren. Seine Tätigkeit ist geringfügiger als die der meisten anderen Angeklagten gewesen. Sie fällt in die Zeit von jedenfalls April 1934 bis August 1934. Nicht ganz ausser Acht gelassen werden konnte, dass er, trotzdem er sich früher nicht betätigt hat, sich jetzt für die illegale SAP gewinnen liess. Strafmildernd ist seiner Jugend Rechnung getragen worden.

Bei Schneider eine Zuchthausstrafe von 5 Jahren. Er ist in besonderem Ausmasse tätig geworden. Dazu gehörte er offensichtlich sowohl zu den Vertrauensleuten von Sander, der ihn an bevorzugter Stelle eingesetzt hat, wie auch den von Brünen, der ihn zugezogen hat, Verbindungsmann zu ihm zu sein. Seine Tätigkeit erstreckt sich über die Zeit von Januar 1934 bis September 1934. Er ist auch einmal einschlägig vorbestraft. Als strafmildernd hat der Senat seine mehrfache Arbeitslosigkeit angesehen. Weiter ist auch berücksichtigt worden, dass er am Kriege teilgenommen hat und dabei verwundet worden ist. Schliesslich spricht zu seinen Gunsten auch der gute persönliche Eindruck, den er in der Hauptverhandlung gemacht hat.

Bei Loosen eine Zuchthausstrafe von 2 Jahren. Ein besonderer Umfang von Tätigkeit für die SAP ist bei ihm nicht festgestellt worden. Er hat aber immerhin von März 1934 bis August 1934 die SAP fortgesetzt untersützt. Als strafmildernd konnte angesehen werden, dass es ihm wirtschaftlich meistens nicht gut gegangen hat. Auch bei ihm ist weiter berücksichtigt worden, dass er Kriegsteilnehmer gewesen ist und eine Verwundung erhalten hat. Schliesslich ist das gegen ihn ausgebrachte Strafmass auch noch durch den ebenfalls guten Eindruck, den er in der Hauptverhandlung machte, beeinflusst.

Bei dem Angeklagten Appelmann auf eine Zuchthausstrafe von 2 Jahren. Seine Tätigkeit war an sich geringer als die des Angeklagten Loosen. Sie fällt in die Zeit von Mai 1934 bis August 1934. Strafmildernd war bei ihm zu berücksichtigen, dass er in der letzten Zeit meistens arbeitslos gewesen ist.

Bei dem Angeklagten Stiegelmeier auf eine Zuchthausstrafe von 1 Jahr und 8 Monaten. Er hat im Verhältnis zu den anderen Angeklagten sich nicht in besonders starken Masse beteiligt. Seine Tätigkeit reicht von Januar 1934 bis April 1934. Im März 1934 ist er der Deutschen Arbeitsfront beigetreten. Als besonderen Strafmilderungsgrund steht ihm zur Seite, dass er im Kriege dreimal verwundet worden ist. Weiter war auch zu berücksichtigen, dass er seit Sommer 1933 erwerbslos war. Eine Gefangnisstrafe konnte bei ihm als Strafe gleichwohl nicht in Betracht kommen. Abgesehen von den schon erörterten Strafzumessungsgründen spricht hiergegen schon der Zeitpunkt der Tat sowie die ganze politische Vergangenheit des Angeklagten.

Den Angeklagten Sandor, Ransenberg, Rosendahl und

Schneider ist ausserdem in Anwendung des § 32 StGB auf Verlust der bürgerlichen Ehrenrechte erkannt worden und zwar ist die Dauer dieser Ehrenstrafen jeweils mit der Dauer der gegen den einzelnen Angeklagten erkannten Zuchthausstrafe in Einklang gebracht worden. Sander sind die bürgerlichen Ehrenrechte auf die Dauer von 10 Jahren, Ransenberg auf die Dauer von 5 Jahren, Rosendahl auf die Dauer von 10 Jahren und Schneider auf die Dauer von 5 Jahren aberkannt worden. Diese Strafen sind gerechtfertigt; denn jeder, der sich in solchem Ausmasse, wie es die Angeklagten getan haben, am deutschen Volke vergeht, stellt sich damit ganz bewusst ausserhalb der Volksgemeinschaft. Er handelt ehrlos gegen diese und verwirkt dadurch den Anspruch auf die besonderen bürgerlichen Ehrenrechte, die an sich überhaupt nur demjenigen zuteil werden dürfen, der gewillt ist, für sein Volk zu arbeiten. Bei dem Angeklagten Ballin ist eine gleiche Strafe erwogen worden. Der Senat hat jedoch von der Verhängung derselben mit Rücksicht auf seine Jugend noch einmal abgesehen.

Sämtlichen Angeklagten, ausgenommen den Angeklagten Kersten hat der Senat mit Rücksicht auf ihr Geständnis, das sie abgelegt haben, in Anwendung des § 60 StGB die Untersuchungshaft auf die erkannte Strafe in Anrechnung gebracht. Bei Kersten ist davon abgesehen worden, weil er die Tat bis zuletzt geleugnet hat.

Die sonstigen Nebenentscheidungen folgen aus §§ 86a, 40 StGB, §§ 464 ff StPO.

gez. Bergmann, Weyl, Hülshoff, Wulff, Broichmann.

Ausgefertigt.
Hamm i./W., den 2. Juli 1935.

Justizangestellte
als Urkundsbeamter der Geschäftsstelle.

Achtung! Dieser Schein muß vor Beginn der Behandlung dem Arzte und bei Arbeitsunfähigkeit innerhalb dreier Tage der Kasse vorgelegt werden. Bei verspäteter Krankmeldung wird Krankengeld erst vom Eingang der Meldung ab gezahlt. § 216 R.V.O.

Allgemeine Ortskrankenkasse für den Stadtbezirk Köln
Machabäerstraße 19—27.

Ärztl. Partei des Gesamtvertrages: Kassenärztliche Vereinigung Deutschlands, Bezirksstelle Köln, Limburger Straße 26

Krankengeldauszahlung nur **156** Meldekonto ....
von 8¼ bis 12½ Uhr. Beitragsklasse ....

Besuch des Krankenbesuchers
am   durch

Krankenschein

Vor- und Zuname _Ballin Gottfried_
Art der Beschäftigung _Lehrling_ geboren am _9.4.14_ verheiratet _/_
Genaue Wohnungsangabe _Weinsfeldgasse_ Str. Nr. _8_ Stockwerk _III_
war bei mit uns vom _10.4.33_ bis _heute_ beschäftigt, zur Kasse angemeldet
und ist nicht entlassen / entlassen zum ....
Der Arbeitgeber
Jetziger Arbeitsverdienst .... M. LENGFELDSCHE BUCHHANDLUNG
Betriebsunfall — ja — nein — am ....
(Betriebsunfälle sind der Krankenkasse stets unverzüglich zu melden.)
Namen d. Berufsgenossenschaft ....
Köln, den _7.9.34_   **Mißbrauch wird strafrechtlich verfolgt**

Krankheitsbezeichnung _Paratyphus ?_
(Deutsche Bezeichnung, wenn noch nicht möglich, Befund oder Beschwerden.)
Berichtigte Krankheitsbezeichnung ....
Betriebsunfall? .... Unfallvers.Berufskrankheit? .... Unf.d.tägl.Leb.?
Folgen eines früheren Betriebsunfalles? .... Versorgungsleiden?
Anfang _18_ ..... Dem Krankenhause überwiesen vom .... bis ....
Arbeitsunfähig objektiv ab _6.IX_ ..... arbeitsfähig ab ....
subjektiv
(Die Arbeitsunfähigkeit ist nur mit Rücksicht auf den versicherten Beruf festzustellen.)
Rückfällig arbeitsunfähig ab .... arbeitsfähig ab ....
Ausgang: morgens _8—11_ ..... nachmittags ....
(Ausgangszeit über die in § 28 des Gesamtvertrages genannte Zeit hinaus ist vom Arzte zu begründen und bedarf der Zustimmung der Kasse.)

Köln, den _8. Sep. 1934_
Der behandelnde Arzt
Dr. Ernst Bendix
Arzt für innere Krankheiten
(Deutliche Unterschrift.)

Trotz dieses Attestes, das einen Verdacht auf Paratyphus bescheinigt, wird Gottfried Ballin verhaftet und in Untersuchungshaft gebracht